2019年福建省中青年教师教育科研项目（社科类）：并购基金助推福建省企业高质量发展的模式与效应研究（JAS19158）

我国并购基金价值创造模式与价值创造效应研究

——基于我国A股上市公司样本数据

陈 颖 著

中国财经出版传媒集团

经济科学出版社

Economic Science Press

图书在版编目（CIP）数据

我国并购基金价值创造模式与价值创造效应研究：基于我国 A 股上市公司样本数据/陈颖著．—北京：经济科学出版社，2020.7
ISBN 978-7-5218-1721-8

Ⅰ．①我…　Ⅱ．①陈…　Ⅲ．①上市公司-企业兼并-研究-中国　Ⅳ．①F279.246

中国版本图书馆 CIP 数据核字（2020）第 126428 号

责任编辑：刘　莎
责任校对：齐　杰
责任印制：邱　天

我国并购基金价值创造模式与价值创造效应研究
——基于我国 A 股上市公司样本数据
陈　颖　著
经济科学出版社出版、发行　新华书店经销
社址：北京市海淀区阜成路甲 28 号　邮编：100142
总编部电话：010-88191217　发行部电话：010-88191522
网址：www.esp.com.cn
电子邮件：esp@esp.com.cn
天猫网店：经济科学出版社旗舰店
网址：http：//jjkxcbs.tmall.com
固安华明印业有限公司印装
710×1000　16 开　17.5 印张　280000 字
2020 年 7 月第 1 版　2020 年 7 月第 1 次印刷
ISBN 978-7-5218-1721-8　定价：62.00 元
(图书出现印装问题，本社负责调换。电话：010-88191510)
(版权所有　侵权必究　打击盗版　举报热线：010-88191661
QQ：2242791300　营销中心电话：010-88191537
电子邮箱：dbts@esp.com.cn)

前　　言

1976年私人合伙企业KKR（Kohlberg Kravis Roberts & Co. L. P.）的成立标志着第一家并购基金管理公司的诞生，由此并购基金由北美洲走向欧洲，最后落地全球，历经近四十年的发展历程。由其主导的杠杆收购成为影响全球经济、带动产业革命的一种创造性的并购模式。如今，并购基金作为欧美国家私募股权基金的主要类型，在成熟市场中已形成了规范化、可持续的行业发展现状。在中国，并购基金的发展历程还十分短暂，其萌芽于2000年左右伴随着国有企业改革而来，直到2011年后中国并购市场才掀起前所未有的并购浪潮，并购基金迎来全面发展时期。

并购基金是金融资本与产业资本高度结合的产物。在成熟资本市场，并购基金收益的根本来源是控股权的价值增长，而股权价值的最大化依附于企业内在价值的提升，价值挖掘与价值创造是并购基金的天然属性。然而当前国内无论是理论界还是实务界，对并购基金的深入研究均较为欠缺，尤其是关于新形势下我国并购基金的价值创造模式及价值创造效应的研究更是少之又少，因此本书具有十分重要的理论及实践意义。

本书研究从四个层面展开，首先，对海外并购基金价值创造背景以及轨迹进行了回顾。海外并购基金价值创造功能的实现，受到全球并购浪潮、宏观经济周期、金融制度变迁以及公司治理结构变革等外部因素的影响呈现出一定的周期性，并在发展周期中形成了稳定的投资人结构、成熟的合约及组织形式，以及高杠杆的财务结构特点。而海外并购基金高杠杆与控制权获取为核心的价值创造模式，使其价值创造具有内生性和自发性：高杠杆为对管理层形成了"软性约束机制"，而以控制权为基础的公司治理则有效减弱了委托—代理问题。

其次，对我国并购基金价值创造面临的现状进行了研究，当前我国并购基金机遇和挑战并存，传统产业转型、资本市场改革、"一带一路"政策机遇等为并购基金的价值创造实现提供了有利的条件，特殊的宏观经济政治环境塑造了独具特色的"中国式并购基金"。但本土并购基金在快速成长的同时，也面临着融资、退出、内部委托代理风险以及谋求转型的困境。

再次，对我国并购基金的传统价值创造模式与新兴价值创造模式——控股型、参股型以及"上市公司+PE"型并购基金的价值创造模式进行了细致的分析。控股型并购基金主要从公司治理优化、公司战略重塑、资源网络共享以及资本运作协助等方面对标的企业展开价值创造过程，形成了由市场价值发掘到内在价值提升的价值创造机制。参股型并购基金则是通过"并购融资+咨询"、财务投资者以及战略投资者等方式对上市公司进行价值创造，其价值创造的核心在于凭借自身的资本运作经验及网络资源优势为并购主导方（大多为产业资本）提供融资咨询、并购重组规划等财务顾问服务，协助其对被并购企业进行重组整合。"上市公司+PE"型并购基金致力于上市公司所在的产业发展，其价值创造作用体现在：一是为上市公司拓宽并购融资渠道、提高并购效率、实现资源优化配置提供了便利；二是帮助标的企业合理避税、减少债务、改善经营管理；三是并购基金投资者可提前锁定退出渠道，享受 A 股市场高估值带来的股票收益。

最后，以我国上市公司为研究对象，对以上三类并购基金的价值创造效应展开研究，同时尝试探索我国控股型并购基金的价值创造机制。在上市公司设立并购基金模式下，上市公司设立并购基金能在短期内给上市公司带来显著的市场价值创造效应，并且该价值创造效应受到高管或大股东参与、并购基金管理人承诺出资的影响。在并购基金控股上市公司模式下，并购基金对上市公司的投资行为同样使上市公司股价在短期内呈现超额收益，并且金融资本型并购基金较非金融资本型并购基金其并购标的在短期内可获得更高的超额收益，同时并购基金的控股并购将显著提高上市公司的经营效率，对于其内在价值的提升有所助益。对于参股型并购基金，由于其在上市公司投资股份相对较低，无法对上市公司战略决策、日常经营产生实质性影响，因此对上市公司的价值创造效应有限。而控股型并购基金的价值创造机制，是通过并购重组所带来的资产整合一定程度上改善企业的财务状况，有效降低其破产风险，使得被并购公司的市场价值获得显著提升。

综上，本书通过以上四个层面的讨论，对我国传统与新兴三类并购基金的价值创造模式、价值创造效果与影响因素以及控股型并购基金的价值创造机制进行了研究，获得了并购基金能够创造价值的结论，并对我国并购市场的制度环境与政策环境建设以及并购基金的运作模式规范提出了相关建议。

目　　录

第一章　引言 ··· 1

　　第一节　研究背景与意义 ································· 1
　　第二节　基本概念界定 ···································· 3
　　第三节　研究思路、方法与结构安排 ················· 11
　　第四节　研究的主要创新 ································ 16

第二章　文献综述与理论基础 ···························· 17

　　第一节　国外文献综述 ·································· 17
　　第二节　国内文献综述 ·································· 35
　　第三节　相关理论基础 ·································· 42
　　第四节　文献评述 ·· 48

第三章　海外并购基金价值创造研究 ··················· 51

　　第一节　海外并购基金的价值创造背景 ············· 51
　　第二节　海外并购基金的价值创造轨迹 ············· 56
　　第三节　海外并购基金的价值创造影响因素 ······· 64

第四节　海外并购基金的价值创造模式 ……………………… 66
　　第五节　本章小结 …………………………………………… 71

第四章　我国并购基金价值创造的背景、动因与机遇 ………… 72

　　第一节　我国并购基金的价值创造背景 …………………… 72
　　第二节　我国并购基金的价值创造动因 …………………… 93
　　第三节　我国并购基金的价值创造机遇 …………………… 96
　　第四节　本章小结 …………………………………………… 100

第五章　我国并购基金价值创造模式研究 ……………………… 101

　　第一节　我国并购基金的传统价值创造模式 ……………… 101
　　第二节　我国并购基金的新兴价值创造模式 ……………… 107
　　第三节　我国并购基金的价值创造机制 …………………… 111
　　第四节　本章小结 …………………………………………… 117

第六章　"上市公司 + PE"型并购基金价值创造效应的实证研究 … 118

　　第一节　"上市公司 + PE"型并购基金概览 ……………… 118
　　第二节　"上市公司 + PE"型并购基金价值创造效应及影响
　　　　　　因素分析 …………………………………………… 128
　　第三节　本章小结 …………………………………………… 165

第七章　控股型并购基金价值创造效应的实证研究 …………… 167

　　第一节　控股型并购基金控股上市公司概览 ……………… 167
　　第二节　控股型并购基金价值创造效应及影响因素分析 … 172
　　第三节　本章小结 …………………………………………… 192

第八章　参股型并购基金价值创造效应的实证研究 …………… 194

　　第一节　参股型并购基金参股上市公司概览 ……………… 194

目录

　　第二节　参股型并购基金价值创造效应分析 …………… 197
　　第三节　本章小结 …………………………………………… 207

第九章　控股型并购基金价值创造机制的实证研究 ………… 209

　　第一节　引言 ………………………………………………… 209
　　第二节　研究设计 …………………………………………… 210
　　第三节　实证分析结果 ……………………………………… 216
　　第四节　本章小结 …………………………………………… 233

第十章　研究结论、建议与展望 ………………………………… 235

　　第一节　研究结论 …………………………………………… 235
　　第二节　政策建议 …………………………………………… 238
　　第三节　局限与展望 ………………………………………… 242

附录 1　说明表 …………………………………………………… 246
附录 2　并购重组政策汇编 ……………………………………… 249
参考文献 ………………………………………………………… 255
后记 ……………………………………………………………… 268

第一章

引　言

第一节　研究背景与意义

1976年，私人合伙企业KKR（Kohlberg Kravis Roberts & Co. L. P.）的成立标志着综合运用杠杆收购（LBO）和管理层收购（MBO）的并购基金的诞生。由此，并购基金由北美洲走向欧洲，最后落地全球，历经近四十年的蓬勃发展，由其主导的杠杆收购成为影响全球经济、带动产业革命的一种创造性的并购模式。如今，并购基金作为欧美国家私募股权基金（PE）的主要类型，在成熟市场中已形成了规范化、可持续的行业发展现状。商业数据供应商preqin根据公开数据统计，2014年全球并购基金参与并购规模达到3 320亿美元，并购交易总量为3 423例，较上一年分别上升了约10%与5%。美国与欧洲更是成为全球并购基金的主要市场，其并购规模分别占比54.5%与28.3%，而亚洲并购基金仅占据4.5%，发展空间巨大。据汤森路透统计，2013年美国并购基金总规模达130亿美元，占据私募基金总规模的88.6%，数量约占53.37%，且近年来增长趋势愈加明显，并购基金在美国PE行业中占据绝对优势地位。

并购基金是金融资本与产业资本高度结合的产物。在成熟资本市场，

我国并购基金价值创造模式与价值创造效应研究

并购基金的收益来源是控股权的价值增长，而股权价值的最大化依附于企业内在价值的提升，价值挖掘与价值创造是并购基金的天然属性。并购基金的价值创造机制，从宏观层面看，其已成为当今复杂的工业化经济中重新配置资本资产的主要的手段之一（Shapiro & Pham, 2009），便利了金融资本、创新技术以及人力资源等在产业和企业间的流动，帮助了资源更直接地被更高附加值的行业加以利用（Gurung & Lerner, 2010; Cressy et al., 2011; Klein et al., 2013）。从微观层面上看，一方面并购基金杠杆收购的债务约束作用、管理层激励以及控制系统可以显著提高被投资公司的投后绩效（Jensen, 1986; Jensen, 1989）；另一方面并购基金还能通过密切的监管活动与被投资企业建立起亲密的关系（Gompers & Lerner, 2002），帮助其拓宽及丰富关系网络（Sorenson & Stuart, 2001），甚至直接参与被投资公司的创业活动（Zahra, 1995），并购基金在杠杆收购与管理层收购中发挥了积极的经济效用（Kaplan & Stein, 1993; Lichtenberg & Siegel, 1989; Palepu, 1990; Smith, 1990）。

在中国，并购基金的发展历程还十分短暂，其萌芽是在20世纪90年代末期伴随着我国国有企业改革产生，直到2004年后外资并购基金进入中国，并购基金的概念才逐渐为人所知。在全面股权分置改革、创业板设立、多层次资本市场发展等一系列制度改革下，上市公司作为并购市场的活跃力量开始崭露头角。2011年后随着我国经济结构调整、产业整合加速，中国并购市场趋于活跃，并购基金迎来全面发展时期。据中国证券投资基金业协会统计，截至2016年10月底，备案的并购基金共833只，管理规模4 640亿元，并购基金数量和规模较2015年末分别大幅增长了156%和176%。

从表面上看，我国并购基金大量设立的导火索是并购市场的快速扩容，但实际上，我国经济新常态下面临的产业结构转型升级、新兴产业创新才是并购基金快速崛起的直接动力。并购的核心问题围绕着并购的价值创造展开，而并购基金作为并购的工具，影响着我国经济结构转型、带动着产业革命的进行。当前国内无论是理论界还是实务界对并购基金的深入研究都还比较稀缺，尤其是关于新形势下的我国并购基金的价值创造研究更是少之又少，因此本研究具有十分重要的理论及现实意义。

必须指出的是，持续的经济体制转型及资本市场改革背景令中国并购基金在特殊的市场经济环境下发展出独有的特色，其组织形式的多样性、资本背景的复杂性以及运作模式的独特性，与海外传统的并购基金形成了鲜明的区别，这也使得我国并购基金的价值创造模式有别于成熟市场并购基金。2011年以来我国并购市场出现了上市公司与私募机构合作设立并购基金这一创新的运作模式，并逐渐发展为当前本土并购基金的主流模式。本书将这种由上市公司参与设立，由私募基金或其他金融机构负责运作，并购投资方向围绕上市公司业务发展，并购标的出售时优先由上市公司购买的私募股权基金，统称为"上市公司＋PE"型并购基金。

在此，本书基于当前我国经济金融发展的特殊阶段，通过对我国传统的控股型与参股型并购基金以及新兴的"上市公司＋PE"型并购基金的价值创造模式、价值创造效应以及价值创造机制进行定性及定量研究，旨在发现我国与成熟市场的并购基金价值创造之异同，得出关于我国并购基金价值创造模式、效应以及机制的结论。尽管限于并购基金信息的不透明、市场数据不完善种种问题，本书仍然竭尽所能应用科学研究方法，可以说本书是对国内并购基金研究领域的一次具有积极意义的探索。

第二节　基本概念界定

一、并购基金

詹森（Jensen，1989）首次提及了并购基金（buyout funds）一词，成为并购基金领域的开创性研究。詹森预测对投资组合公司控股而形成的一种具有高负债资本结构特征的组织形式——杠杆收购联盟（LBO association），在薪酬激励、组织结构、剥离效率上将最终取代公众公司，成为公司治理的主要形式。乔治·芬尼等（George W. Fenne et al.，1995）指出非风险私募股权（non-venture private equity）是采用风险投资基金的形式、投资于企业过渡期和成熟期阶段的杠杆收购基金和夹层基金。怀特和罗比（Wright & Robbie，1998）则认为随着私募股权这一术语被用来撇清敌意收购的广泛应用，私募股权资本（private equity capitalists）可能是对这种非创业风险资本的一个更合适的表述。

而近年来，西方实务界更倾向于将并购基金定义为狭义的私募股权基金。欧洲私募股权与风险投资协会（EVCA，2013）着重从策略角度将其定义为收购已成立公司控股权的一种基金；全美风险投资协会（NVCA，2014）定义其为通过杠杆收购或管理层收购进而获得公司控股权的一种基金。沙达伯（Shadab，2009）将并购基金定义为借入资本通过私有化公众公司获得控制权，进而改善业务和结构来提升企业价值。吉利甘和怀特（Gilligan & Wright，2008）将其定义为私募股权投资基金公司通过借款收购现存公司业务或股权的形式。

通过以上相关文献的回顾可以看出，虽然在成熟市场并购基金的运作已十分规范，但其定义还比较泛化模糊。但可根据国外学术及实务界对并购基金的研究，归纳出海外并购基金的几个主要特征：一是非公开募集；二是投资于扩张期或成熟期的企业；三是运用杠杆收购（LBO）作为主要的融资方式以撬动大规模交易；四是利用资产控制权或者经营控制权主导标的企业的战略决策及日常经营，通过治理优化、战略重塑以及鼓励创新等提升标的企业的内在价值，最终达到提升其市场价值的目的；五是以管理层收购（MBO、MBI）为常见的收购方式，有效减弱了并购标的企业经营权与所有权分离而引起的委托—代理问题。

国内研究方面，学者杨振华和任元宝（1997）首次提出了企业并购基金的概念，将其定义为一种专门为企业特别是国有企业并购重组提供融资的面对中小投资者筹集资金的共同封闭式基金。叶映兰和马兰（1998）将企业并购基金认定为产业投资基金，因其兼具共同基金的共性，又投资于产权交易市场，为企业的资本扩张或重大调整提供融资及相关服务。林晓浙（2004）将并购基金定义为专门从事并购重组的产业基金。王燕辉（2009）将并购基金解释为收购基金，即专门从事收购业务的集合金融资本。伍康鸿（2012）将并购基金定义为："以杠杆收购的方式对目标企业进行收购，以获得目标企业的控制权为目的，并对其进行一系列并购整合、重组及优化经营以提升目标企业的市场价值，最终通过上市、转售或管理层收购等退出机制出售其所持股份，获取资本增值的私募股权基金"。

综合国内外并购基金相关研究，一些学者对将控股权的获取作为定义并购基金的充分条件提出了质疑，随着全球并购市场的活跃，公司并购市场中投融资需求及服务的多样化的发展趋势，使得并购基金的投资模式并不仅仅局限于典型的控股权并购。中国学者叶映兰和马兰（1998）按照并购基金与被投资企业之间的关系将并购基金划分为参与型与非参与型，参与型是以取得企业控制权为目的，深入企业日常经营、战略规划以获得价值增值的并购基金；而非参与型并购基金则是仅为企业并购提供融资和相关咨询服务的金融机构，不以获取企业控制权为目的。而蒂蒙斯（W. D. J. Timmons, 2005）认为并购基金可分为控股型和参股型两种模式。控股型并购基金是以通过杠杆收购获取控股权为前提，从而对被并购企业进行重组、整合以及运营，以获得并购效率和资金使用效率最大化。而参股型并购基金并不以获取并购企业控制权为前提，其主要通过提供夹层资本或股权融资的方式，辅助其他并购方实现对标的企业的并购重组。另一方面，在我国并购市场特殊的政策环境及融资条件下，并购融资工具特别是高收益债券的缺乏，使我国并购基金的投资模式多元化，实际运作中既有控股型又有参股型。

在此，参考已有的并购基金定义并结合我国并购基金运作的实际情况，本书开放了获取目标公司控股权这一条件，将参股型并购基金也纳入研究范围。本书将并购基金界定为：以价值低估的扩张期或成熟期企业为投资对象，并对投资标的实行一系列资源整合、经营提升、管理优化等投后管理手段以实现其价值增值，或者辅助投资标的进行并购重组（为其提供并购融资或相关咨询服务），最终通过分拆、上市、二次转让或管理层回购等形式出售股权以获得投资收益的私募股权基金。

二、企业价值创造

（一）企业价值

企业是特殊的商品，既具有商品性又有资本性，基于不同的价值评估目的出发，可获得不同的界定和理解。企业价值包括账面价值、市场价值、内在价值、公允价值、清算价值。而在并购基金涉及的企业兼并重组的价值创造领域，主要从企业的内在价值和市场价值两个视角考察企业价值的变化。

企业的市场价值是并购重组交易中企业估值的重要依据，反映了企业当前运营状况及未来盈利能力的大小。凯瑟等（Keith et al.，1997）代表的股本市价观认为"企业市场价值等于企业股本（或实收资本）的市场价值，而股本的市场价值等于每股市场价值乘以股本数量"。对于公众公司，其普通股与优先股在股票市场中的价值总和是其价值评估的重要基础。并购中的企业市场价值是交易双方（市场供求双方）对企业价值完成评估后进行博弈的结果，对上市公司来说基于某个基准日的股票价格是其市场价值评估的重要影响因素。另外，内在价值是市场价值的基础，企业内在价值的升高最终反映在其市场价值的增加。在市场供求水平的影响下，企业的市场价值围绕其内在价值上下波动。当市场价值相对内在价值向下偏离，该种偏离被并购方所观察或评估到时，并购机会产生。

企业的内在价值是对企业整体质量以及财富创造能力的度量，是对企业未来盈利能力、创新能力、管理水平以及发展前景等方面的综合评价。"企业内在价值是企业当前净资产与未来的预期盈利贴现之和"（杨依依，2001）。企业内在价值将企业看作各要素有机结合的整体，其价值高低的影响因素是企业拥有的资产（有形资产、无形资产）质量以及资产的盈利能力。企业资产质量包括人力资本（专业知识）的匹配性，资本的充足性，管理水平、企业文化的适宜性以及技术水平的创新性，市场的适应性（企业所处行业、区位以及宏观经济环境）等，而资产的盈利能力是指企业将已有资产进行整合以使其获得价值创造最大化的能力。

（二）企业价值创造

企业价值具有创造性的特点。企业价值创造是一种创新活动，是一种将企业的劳动、资本、土地、信息、技术、管理等生产要素进行补充、重组、整合及变革，通过改变其组合方式及投入－产出效率，最后获得企业价值增长的过程。企业的价值创造已从传统的实物生产过程（生产产品和服务）扩展到金融资本的保值增值领域。现代经济学和公司管理实务一般基于财务视角对企业的价值创造进行评价和研究。莫迪格利安和米勒（Modiglian & Miller, 1958）首次从财务管理视角提出企业价值的概念，是"企业在未来经营期间业务活动所带来的现金流量的折现值"。而后在企业的价值管理及价值评估领域，拉帕波特（Rappaport, 1986）、考比兰德（Copeland, 1991）指出实现股东价值增长的最大化是企业价值增长的重要途径。拉帕波特（1986）认为可从财务及经营角度，包括营运资本投资、固定资产投资、资本成本、公司增长期、销售增长率以及所得税税率来评价企业的价值增长，对企业价值创造进行评价。

（三）并购中的企业价值创造

资本运营理论认为企业培育核心竞争力、获得持续发展优势的关键，是将内部管理和外部交易两种战略的有机结合。而企业的并购重组是一种常见的资本运营手段，也是外部交易战略最复杂的运用形式。并购重组对企业的价值创造作用体现在，一是通过增强资产的流动性而使相关企业的市场价值获得提高，股票市场特有的的"财富效应"使得资产的市场价值远高于账面价值；并购重组、分拆合并等一系列资本运营方式使得企业或企业的资源获得证券化的运作机会，资产的流动性和可变现性大为提高，企业资本获得保值及增值；二是财务杠杆的使用带来的"放大效应"，并购方以较小的股权比例（海外杠杆收购中一般为10%~20%）获取资产的绝对或相对控股权，放大了并购方对企业资源和财富的控制能力，并使并购标的或并购方的股东财富倍增；三是为相关企业带来主营业务价值的增长，一系列协同作用提升了企业生产要素的组合形式和投入产出效率，企业的内在价值获得提升，具体表现为企业财务效果、资本结构、经营业绩以及股利政策的改善；四是对上市企业来说，其市场价值是以内在价值为基础，内在价值的升高将有助于股票市场投资者投资预期的向好。

综上，并购中企业的价值创造具有长期性和持续性，既体现在以股票价格为核心的相关企业市场价值的增加，又体现在以要素组合及投入－生产为基础的内在价值的升高。因此，并购具有价值创造效应，主要体现为企业市场价值和内在价值的变化。

三、并购基金的价值创造

本书借助企业内在价值和市场价值的逻辑，从多维度对并购基金价值创造展开研究，包括并购基金的价值创造背景、价值创造模式、价值创造效果以及价值创造效果的影响因素，涉及并购基金的价值创造动因、结果以及机制，形成了一个闭合的研究环路。

（一）并购基金价值创造模式

本书所指的并购基金价值创造模式是：并购基金从设立到并购项目退出过程中所产生的价值创造链条、价值创造效应以及价值创造对象所构成的有机整体。可见，并购基金的价值创造模式由价值创造主体（并购基金）、价值创造对象、价值创造链条以及价值创造效应四个要素共同构成。随着并购基金并购过程的进行，其价值创造链条得以形成，价值创造效应得以体现，价值创造对象获得收益，各个要素互相联系，缺一不可。并购基金的价值创造对象是其价值创造各环节中的相关获益主体，包括并购标的、并购基金管理人与投资人、并购标的股东；并购基金的价值创造链条是由并购基金价值创造各环节共同组成的价值创造过程，包括价值认可与价值发现、价值持有与价值促进以及价值实现与价值分配；并购基金的价值创造效应是并购基金价值创造的结果，表现为并购标的内在价值与市场价值的增加。

对于不同的国家及区域，其价值创造模式受到不同的经济环境、政治环境、并购市场以及产业发展的影响，从而形成了各异的价值创造机制。而对同一国家和地区，在不同的发展时期其价值创造模式也存在差异。从区域角度，本书将其划分为海外并购基金的价值创造模式与我国并购基金的价值创造模式；从时间维度，本书将其划分为我国传统的价值创造模式与新兴的价值创造模式。传统的价值创造模式是控股型并购基金、参股型并购基金的价值创造模式，新兴的价值创造模式主要指近年来兴起的"上市公司＋PE"型并购基金的价值创造模式。

（二）并购基金的价值创造效应

并购基金价值创造效应是判断并购基金价值创造模式可行性的重要标准，是并购基金价值创造功能的体现。我国并购基金的价值创造效应按照企业价值的不同表现形式可分为：并购标的的内在价值创造效应以及市场价值创造效应；而根据价值创造对象的不同可分为：并购基金对并购标的的价值创造效应以及并购基金投资人的价值创造效应。当并购标的为上市公司时，价值创造效果表现为：在并购基金的投资初期，对于非完全有效市场应首先能观察到上市公司市场价值的变化，这是二级市场投资者基于并购基金投资这一隐含信息的反应；而后随着并购基金投后管理的深入，上市公司内在价值获得提高；最终反映为上市公司市场价值的变化。并购基金价值创造是沿着市场价值—内在价值—市场价值这一正反馈路径进行的。在这一路径中，企业内在价值的提高是并购基金价值创造的根本，而市场价值又是其内在价值的外在表现。

而在价值创造效应的评价手段上，国内外研究一方面是借鉴了并购重组领域的并购效果评价方法，主要包括事件研究法和财务分析法，对并购基金对投资标的的价值创造效应进行评价，另一方面是运用并购基金的业绩测度指标进行并购基金整体业绩的测度，从而获得并购基金的投资回报倍数。而在我国由于并购数据的隐蔽性，难以获得并购基金的完整项目信息，因而无法从并购基金的整体业绩角度对其价值创造效应进行计量，只能采取传统的事件研究和财务分析相结合的方法对并购标的的价值增长进行研究。

在研究数据的取得方面，囿于非上市公司财务数据的隐蔽性，本书只能对并购标的为上市公司的并购基金的并购事件展开研究，主要从并购基金的市场价值创造效果（并购标的的股价超额收益率）以及内在价值（并购标的经营效率）两个角度对其价值创造效应展开研究。

（三）并购基金价值创造效应影响因素

并购基金价值创造效果的影响因素的研究涉及其价值创造效应的影响机制。根据价值创造对象的不同，分为对并购标的的价值创造效应的影响因素，以及对并购基金层面[①]（投资人）价值创造效应的影响因素。国外研究证明，并购基金异质性是影响并购标的价值创造的重要因素之一，投资者类型、地理来源、基金经理项目选择、基金声誉以及过去经验、管理风格、投资模式、擅长的行业领域以及网络资源配置的差异均可能对标的企业的并购绩效产生了不同的影响（Bottazzi et al., 2004; Bottazzi et al., 2008; Cressy et al., 2007; Bertoni et al., 2012b; Manigart & Wright, 2013）。而并购基金整体的绩效持续性受到基金募资规模的影响（Robinson & Sensoy, 2011; Harris et al., 2014）。囿于并购数据的隐蔽性，本书主要基于我国A股上市公司样本数据，对上市公司设立并购基金模式、并购基金控股上市公司模式、并购基金参股上市公司模式的价值创造效应及影响因素展开研究。其中，并购基金控股及参股是从并购基金的价值创造对象（并购标的—上市公司）角度展开研究，上市公司设立并购基金是从并购基金投资人（上市公司）角度展开研究。

[①] 对并购基金整体的价值创造效应其最终受益人是并购基金投资人。

第三节 研究思路、方法与结构安排

一、研究思路

为系统研究我国并购基金的价值创造模式、价值创造效应，深入剖析并购基金的价值创造机理，本书首先从协同效应、价值低估、委托—代理以及管理层激励等核心理论出发，对海外并购基金的价值创造背景、轨迹、影响因素展开研究，同时对我国并购基金的价值创造背景、轨迹、动因、机遇以及价值创造模式进行了分析，探析了海内外并购基金在不同的经济发展背景、金融市场环境以及产业并购浪潮推动下所形成的价值创造特征之差异。

其次，在海外并购基金典型价值创造模式的基础上，基于我国A股上市公司样本数据，对我国传统类型（控股型、参股型）以及新兴类型（"上市公司+PE"型）并购基金的价值创造模式、效应以及影响因素进行了细致研究：

对于控股型并购基金，其价值创造的模式在于，一方面对上市公司实施有效的投后管理，包括优化公司内部治理结构、重塑公司战略、制定有效的薪酬管理体系以及分享社会资源网络等；另一方面，通过帮助上市公司实施资本运作，以助推其实现资本结构、债务结构的改善或外延式扩张。上市公司市场价值及内在价值是并购基金价值创造效果的表现，两者之间存在一个互相促进及转换的过程，通过适当的市值管理策略，并购基金内在价值的增加将最终反映到市场价值上；而市场价值的提升也有助于上市公司并购扩张战略的实现，最终增厚上市公司利润。在价值创造效果影响因素方面，本书研究了并购基金资本背景对其市场价值提升的影响。

对于参股型并购基金，其主要通过"并购融资+咨询"、财务投资者以及战略投资者模式对上市公司进行价值创造，协助其对被并购企业进行重组整合。由于我国参股型并购基金在实际运作中所持股权比例较少，使其在被并购企业中的话语权相对较小，是否能对被并购企业的内在价值和市场价值起到显著的提升作用有待进一步验证。

对于"上市公司＋PE型"并购基金，其价值创造模式体现在上市公司作为投资者不但可获得并购基金的投资收益，还可利用并购基金为其外延式扩张提供隐形的融资杠杆、进行并购标的培育等，一定程度上降低并购风险。该模式的特殊之处还在于上市公司对并购基金更高的参与程度，通过大股东或高管参投并购基金、上市公司持股并购基金管理公司以及上市公司参与投资决策委员会等更深入地参与并购基金的运作，以上因素作为并购基金的异质性特征可能影响其价值创造效应，而上市公司的特征变量，如杠杆率、规模大小对上市公司设立并购基金的动因可能也存在一定影响。

最后，获得本书的研究结论，对我国并购市场制度环境与政策环境建设、并购基金规范化发展等提出了相关建议，同时对未来该领域进一步研究方向进行了展望。综上，本书遵循并购基金价值创造背景—模式—效应—影响因素的思路，对我国并购基金的价值创造展开系统性研究。技术路线如图 1-1 所示。

二、研究方法

第一，文献研究法。在对国内外相关文献收集查阅的基础上，本书首先按照并购基金价值创造机制—价值创造效果—价值创造影响因素的脉络对国外相关研究进行了梳理，同时补充了我国并购基金设立与发展、价值创造的机制及效应等相关文献，系统全面地梳理了国内外相关研究基础及最新动态；其次对协同效应理论、价值低估理论、委托—代理理论、管理层激励理论等并购基金价值创造的核心理论进行了归纳总结；最后在文献综述和理论分析的基础上，针对现有研究的局限性，深入挖掘进一步研究的方向。

第二，归纳演绎法。本书结合海内外并购基金价值创造机制的研究基础及核心理论，按照价值认可与发现—价值持有与促进—价值实现与分配

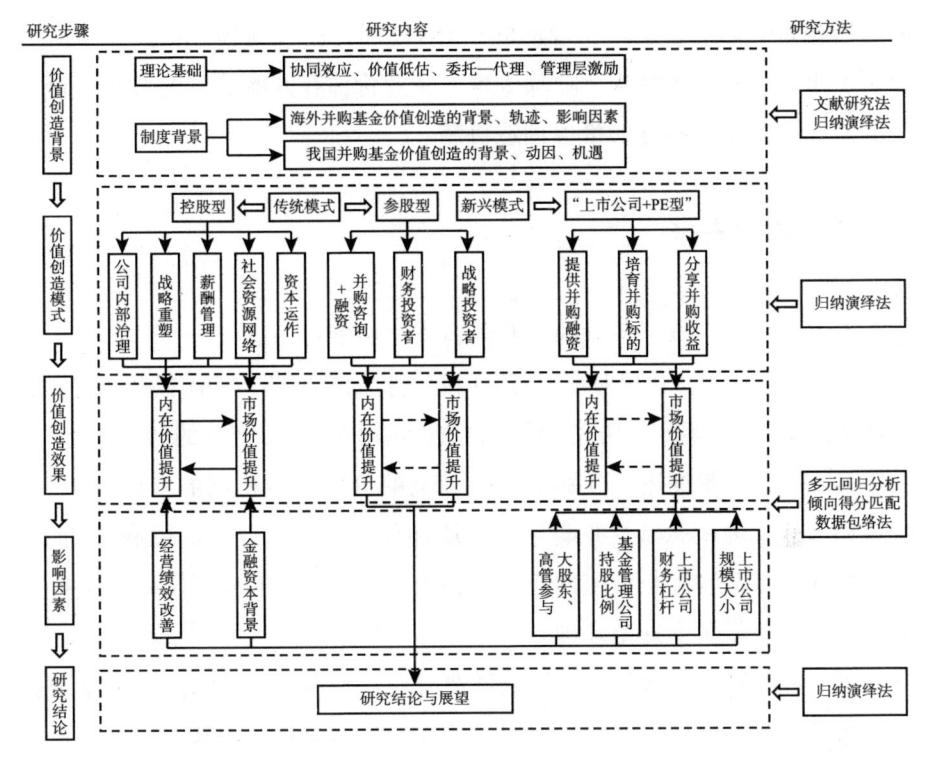

图 1-1 技术路线图

这三个递进的视角，以主流的海外并购基金价值创造模式为基础，构建了并购基金价值创造模式的理论框架，深入剖析了价值创造模式中推动各要素之间相互联系的内在机理。而后分别将该框架运用于分析我国现有控股型、参股型及"上市公司＋PE"型并购基金价值创造模式的理论分析，重点对我国并购基金独特的产融互动机制进行了剖析。

第三，实证分析法。本书基于我国A股上市公司样本数据，首先分别以设立并购基金的上市公司、并购基金控股的上市公司、并购基金参股的上市公司为研究对象，综合运用描述性统计分析、双侧T检验、最小二乘法、倾向得分匹配法（PSM）等统计与计量方法，对我国各类并购基金的市场价值创造效应及影响因素进行研究。同时从财务分析视角，运用数据包络法对上市公司被并购基金并购后的经营效率进行考察，探索基金的并购行为是否对标的企业内在价值的提升有所助益。最后运用财务指标法，分析上市公司的资本结构、业绩表现、企业价值在并购前后的变化，进一步探索控股型并购基金的价值创造机制。

三、结构安排

本书共分为十章，各章的主要内容概述如下：

第一章，引言。主要对本书研究内容进行简要介绍，具体包括研究背景与意义，基本概念界定，研究思路与方法、结构安排以及可能的创新之处。

第二章，文献综述。分别从并购基金的价值创造机制的宏微观视角、价值创造效应的检验以及并购基金异质性与价值创造效果的关联性角度，回顾并评述了并购基金价值创造相关的国内外文献，并梳理了并购基金发展与价值创造相关的理论基础。

第三章，海外并购基金的价值创造研究。本章研究了海外并购基金价值创造的背景、轨迹以及影响因素，旨在通过对海外并购基金发展与价值创造经验的分析，感知我国并购基金所处的发展阶段，反思我国在并购基金价值创造过程中的优势与劣势。

第四章，我国并购基金价值创造的背景、动因与机遇。本章首先对我国并购基金的价值创造背景进行了回顾，其次以金融创新理论为基础对我国并购基金的价值创造动因进行了分析，最后对我国并购基金的价值创造机遇进行了讨论，以便结合我国特定的并购市场结构及产业发展背景，进一步对我国并购基金价值创造模式展开研究。

第五章，我国并购基金的价值创造模式研究。本章主要对我国并购基金的价值创造模式进行研究，探讨了我国并购基金的传统价值创造模式以及新兴的价值创造模式，同时剖析了我国并购基金独特的产融互动机制和盈利模式。

第六章至第八章，对我国主要并购基金类型的价值创造效应进行研究，分别以设立并购基金的上市公司、并购基金控股的上市公司、并购基

第一章 引 言

金参股的上市为研究对象，借助事件研究法和财务分析法对各类并购基金的价值创造效应及其影响因素进行实证研究。

第九章，采用财务分析方法，尝试对我国控股型并购基金的价值创造机制进行研究，从并购基金控股上市公司的资本结构、经营绩效、公司估值的角度，分析我国并购基金对上市公司创造价值的路径及效果。

第十章，全书总结。包括研究结论、政策建议与进一步研究方向。全书架构如图 1-2 所示：

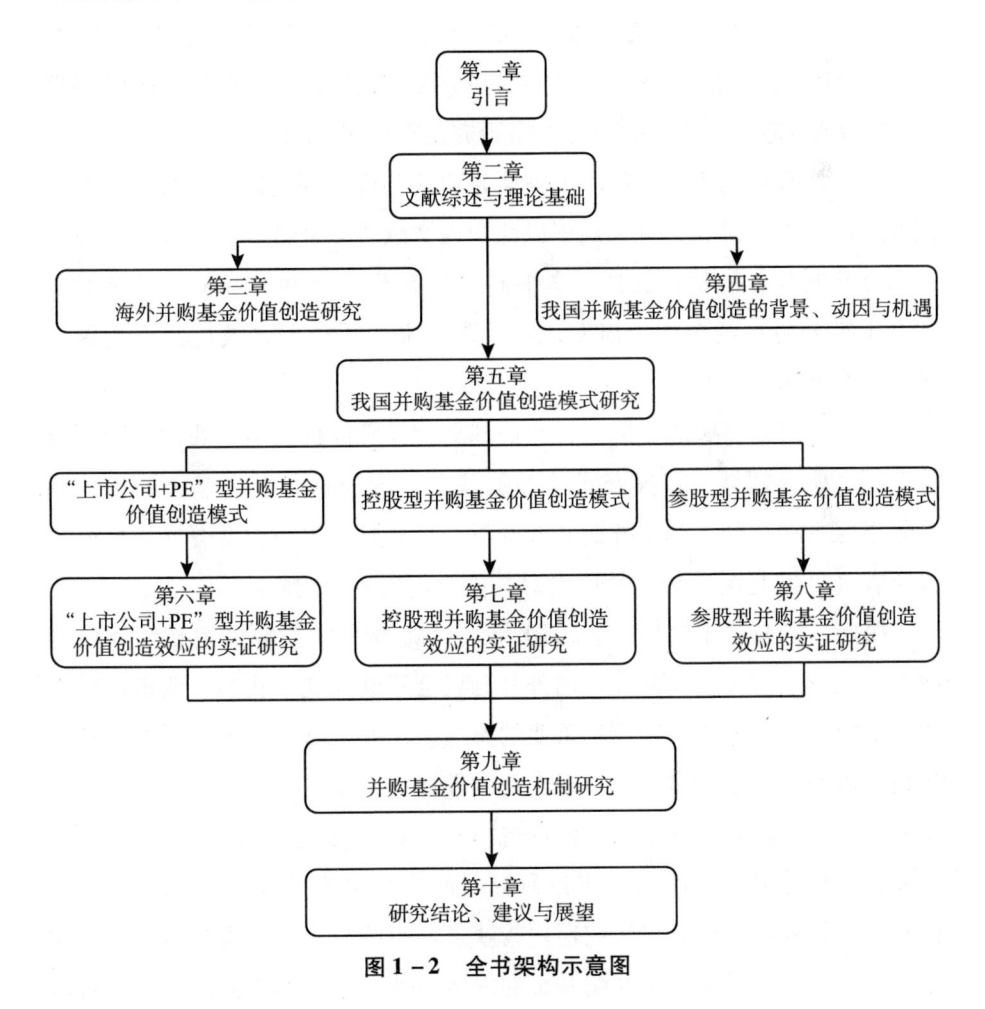

图 1-2　全书架构示意图

第四节　研究的主要创新

第一，研究内容的创新。本书借助中国并购基金飞速发展时机，把握并购市场动态，从海外并购基金的价值创造的背景、轨迹以及影响因素来看我国并购基金的制度与模式创新，对于我国并购基金的发展以及价值创造功能的实现路径，具有一定的指导意义。同时，探讨了并购基金传统与新兴的价值创造模式、产融互动的价值创造机制，从并购基金投资到退出的全部过程对中国并购基金的价值创造路径展开研究，较以往研究在研究内容上有了新的拓展。

第二，研究视角的创新。本书从并购基金价值创造这一独特视角对我国并购基金展开研究，且不同于以往国内文献较多从被并购方即上市公司来研究并购基金的价值创造，本书同时从并购方（并购基金）及被并购方（上市公司）两个视角出发，对并购基金的价值创造效应及影响因素进行了全面研究。

第三，研究领域的扩展。将并购基金的异质性特征引入我国并购基金价值创造研究领域，将投资者（并购基金）异质性与并购基金的价值创造效果联系在一起。基于并购基金的投资者背景、参与程度等深入探究了投资者（并购基金）异质性因素对其价值创造效应的影响。

第四，研究样本的扩展。2010年之后随着我国并购重组政策环境的改善，全球经济缓慢复苏、海内外并购机会不断涌现，我国并购市场进入快速扩容时期。作为并购市场重要的参与者，并购基金的投资模式、投资风格、盈利方式逐渐多元，呈现出新的发展特征及发展趋势。而当前国内少有文献对我国并购基金的价值创造模式、效应及其影响因素展开系统性研究，特别是国内并购基金定量研究时间窗口大多集中在2010年之前，针对本土并购基金的定量研究还比较缺乏。因此，扩展并购基金的研究样本范围，结合新时期本土并购基金的发展现状，对其价值创造问题进行深入探究具有十分重要的学术及实践意义。

第二章

文献综述与理论基础

20世纪80年代以来,随着并购基金的快速发展以及全球化浪潮的推进,海外学者在并购基金领域的研究不断深入,特别是围绕"并购基金价值创造"这一主题,学者们取得了丰硕的研究成果。在该主题下,海外学者主要从并购基金价值创造机制的宏微观视角、价值创造效应的检验以及并购基金异质性与价值创造效果的关联性等方面对并购基金的价值创造机制、效果及影响因素进行了深入的研究。而国内学者主要从并购基金的设立与发展、发展中存在的问题及对策、价值创造的机制及价值创造效应对本土并购基金展开研究。在相关理论基础方面,并购基金发展的理论基础包括制度变迁理论、现代产权理论以及产业演进理论;并购基金价值创造的核心理论包括协同效应理论、价值低估理论、委托—代理理论以及管理层激励理论,以上理论的提出为剖析并购基金的价值创造模式和机制奠定了基础。

第一节 国外文献综述

并购基金的海外研究主要围绕其价值创造机制、价值创造效应以及价值创造影响因素展开。首先,并购基金的价值创造机制体现在宏观及微观两个层面,并购基金在产业及公司两个层面均发挥了独特的价值创造功能。其次，在价值创造效应的检验方面，海外学者分别在并购基金的价值创造的转移及分配的对象——投资标的公司以及并购基金投资者角度展开研究，通过被并购公司股价和会计绩效的变化、并购基金整体的绩效回报度量并购基金的价值创造效应。最后，学者们发现并购基金异质性以及并购基金规模因素是并购基金价值创造效应的影响因素。

一、并购基金的价值创造机制

（一）并购基金价值创造机制的宏观视角

从宏观视角分析，并购基金在经济中的主要功能是促进资源跨时间跨空间的重新配置，而成为熊彼特提出的"创造性毁灭"的企业创新的核心。凯瑟等（2013）指出并购基金在组织创新方面起到了关键的作用，它便利了金融以及其他资源在企业和产业间的流动，帮助了资源更直接地被更高附加值的行业加以利用。古兰和勒纳（Gurung & Lerner，2010）发现相较无PE参与的杠杆收购，PE支持的杠杆收购标的企业在财务压力下能保持更高的增长效率，由此推断私募机构能够通过杠杆收购将有限的资源从低效的生产实体中抽离出来重新分配到更高效的生产实体中去。

并购基金的"创造性毁灭"还表现在对人力资本的重新配置。戴维斯等（Davis et al.，2008）分析了美国1980~2005年私募股权基金的交易数据，认为私募股权支持的并购加快了劳动力市场中的"创造性毁灭"过程，但并购对并购标的（也称为portfolio company，PFC）的就业水平的净影响十分有限。一方面，杠杆收购中涉及对非核心业务的剥离可能导致失业的增加，实证表明并购标的平均就业水平在并购后两年较对照组下降了3个百分点，五年后下降了6个百分点；另一方面，标的公司新业务的扩张导致了新机构的设立从而创造了更多的就业机会。当同时考虑以上两点，得到相对的净失业率仅比并购前降低了1个百分点。可以看出，劳动力的创造性毁灭过程在目标公司内部对劳动力结构进行了快速的重新分配。

古兰和勒纳（2010）、格里希等（Cressy et al.，2011）的研究进一步验证了对人力资源配置的"创造性毁灭"观点。他们的研究指出，美国近年来的数据显示 PE 支持的 LBO 倾向于关闭劳动效率低下的旧有机构，因此在并购交易后的几年劳动力增长并不明显甚至为负，但随后新业务的扩张或兼并又重新释放出新的工作机会，并购有利于劳动力结构的重新调整。威尔森等（Wilson et al.，2012）利用目前最完整的关于英国私募股权支持的杠杆收购的案例数据，发现在最近的全球经济衰退时期，PE 支持的公司其在收入和就业水平下都呈现了正向的增长，私募股权基金的杠杆收购活动有利于增加标的企业的就业机会。

同时，并购基金作为金融市场活动中的微观主体，其价值创造功能的实现也受到了货币和财政政策的系统性影响。凯瑟等（2013）指出，并购基金以债务为基础的资产重组和公司治理具有明显的利率敏感性。其认为美国 PE 行业在格林斯潘和本杰明富兰克林时期的繁荣主要来自联邦储备局的低市场利率政策，同时债务和资本利得收入的税收优惠政策也起到了一定作用。货币和财政政策决定了公司金融活动的方向，而并购基金从低利率和税收优惠政策中的获益显然超越了其他机构组织。

因此，宏观层面看，并购基金的价值创造功能体现在对资源的重新配置，包括产业资源、金融资本以及人力资本的"创造性毁灭"等，便利了金融资本、创新技术以及人力资源等在产业和企业间的流动，帮助了资源更直接地被更高附加值的行业加以利用。同时，并购基金作为金融市场活动的重要参与主体，货币与财政政策的系统性波动亦会对其价值创造功能产生影响。

（二）并购基金价值创造机制的微观视角

并购基金价值创造的微观研究主要探讨的是并购基金与投资标的之间的相互作用关系，涵盖了传统的委托—代理问题、并购基金的战略性企业家角色、并购基金的公司治理改善作用、并购基金与投资组合公司创新活动以及投资组合公司绩效研究等近年来新兴的研究领域。早期的学者主要

我国并购基金价值创造模式与价值创造效应研究

从理论层面探究并购基金对价值创造的重要影响，而近年来更多的学者则利用计量工具或者构建模型，尝试从实证层面进行研究。

1. 并购基金与委托—代理问题的减弱

并购基金委托—代理问题的理论研究和实证检验在并购基金的微观研究领域中占据主导地位。对并购基金的委托—代理问题的讨论涉及两个方面，一方面，并购基金可有效减弱并购标的的委托—代理问题，其可以通过扮演较高的财务杠杆、扮演"基金投资人角色"对并购标的公司治理、管理层激励进行优化改善，以减少公司内部经理层的机会主义行为；另一方面相比于一般的企业，并购基金可以减弱并购基金内部投资人与管理人之间的矛盾，有效减弱组织内部的委托—代理问题。

并购基金与并购标的委托—代理问题方面，詹森（1989）阐释了杠杆收购解决公司代理成本的有效机制。相比于公众公司相对独立的薪酬绩效制度难以控制公司经理层机会主义和损害公司价值的行为，并购基金则提供一套对公司绩效更为敏感并与公司现金流量和债务偿还紧密相连的管理层激励方式，主要依赖于并购基金对标的公司的融资和监管作用。主要体现在，第一，私募机构通过给予管理团队大比例的股票和期权，或者要求管理层对投资标的进行一定比例的跟投，对管理层的经营活动获得形成了一定的约束激励，从而提高标的绩效（Meuleman et al.，2010）。第二，并购中较高的财务杠杆，对管理层的现金流使用及支配也具有一定的约束作用（Kaplan；1989a，b）。第三，并购基金扮演着"积极投资人"角色，勤勉参与标的公司治理和董事会监督工作以提高标的公司绩效，最大化公司价值（Jensen，1986）。

并购基金内部的投资人与委托人之间的委托—代理问题，一方面，可通过投资程序及合约条款的完善而缓解，如采用多阶段投资策略，以及商议与价值创造紧密相关的业绩补偿合约、强制代理人进行资本回收和利润分配等的投资人合约条款得以实现（Sahlman，1990）。同时，基金合伙人之间、基金与投资组合企业之间的合约能够帮助交易各方筛选出优秀的风险投资机构和优质的投资标的，最小化委托—代理成本以及机构经营成本（Cumming，2007）。另一方面，可采用一定的融资结构或策略而缓解，阿克斯尔森等（Axelson et al.，2009）利用博弈模型探讨了现有的大多数私募股权基金采用事前与事后融资相结合的融资方式，即项目搜寻前的股权融资（来自 LP）与项目确定后的债权融资（来自信贷市场）构成的融资结构最有助于减缓基金经理和投资者之间的委托—代理问题。相对于为每个交易分别筹资，通过基金为项目池筹集资金并给予基金经理超额收益的一部分作为业绩激励，将降低经理的逆向选择风险。同时，采用针对每个交易的债权融资将进一步提高基金的运作效率和价值创造效果。

而对于并购基金对标的公司委托—代理改善效应的研究，在获取合适的代理变量方面存在一定困难，因此定量研究比较稀少。但杰斯（Jesse，2014）巧妙地采用了样本公司喷气式飞机的使用数据作为衡量管理层职权滥用行为倾向的代理变量，分别对上市公司、PE 控制的以及非 PE 控制的私营企业进行研究。证明了那些专注于杠杆收购的私募基金控制的投资组合公司相比其他类型公司确实具有较少的委托—代理问题。其研究发现由 PE 控制的公司拥有的喷气式飞机规模平均而言较上市公司减少约 40%，同时当上市公司经过 LBO 私有化后飞机规模显著下降。分位数回归的结果也验证了少数上市公司高管享有额外的津贴和补偿，说明并购基金对投资组合公司的成本控制具有积极正面的影响。

正如其他形式的组织机构，并购基金可看作是成本收益随环境变化的治理结构。该种治理结构减轻了投资组合公司的委托—代理问题，体现了并购基金这种高效创新的投资模式较之那些股权分散的上市公司的优势之所在，即可通过有效的收益补偿协议、投融资结构安排等缓解其基金内部的委托—代理问题。

2. 并购基金的战略型企业家角色

十多年来，与委托—代理理论研究形成有益互补的另一视角是并购基金的"战略型企业家"视角，目前这一视角还未获得十分系统的研究，但却体现了并购基金对 PFC 可能最重要的正面影响之一，亦体现了并购基金价值创造功能的内在作用机制。

一方面，并购基金的并购行为可能使得经理层的管理理念随着激励机制的转变而发生了变化，长期性、整体性的战略性思维模式取代了短期的量化性绩效目标（Wright et al.，2000）。另一方面，并购基金在 PFC 中承担着战略型企业家（strategic entrepreneurship）角色，其帮助 PFC 管理层更充分地发挥企业家精神挖掘以及战略性地管理企业现有资源（包括金融资本、人力资本以及社会资本等），并将这些资源运用于企业的创新活动，通过机会搜寻（opportunity-seeking）和优势挖掘（advantage-seeking）使 PFC 更好地把握成长机遇和保持竞争优势，最终实现财富的创造和价值的成长（Ireland et al.，2003）。

从战略性企业家角度，并购基金价值创造的内在机制体现在，首先，并购的价值创造过程需要经理层特殊的能力和隐性的管理知识以辨别不同的发展机遇（Castanias & Helfat，2001，Coff，1999）。并购基金激发了管理层在并购之前被掩盖的管理技能或者填补现有管理层不具备的治理技巧。其次，社会资本理论亦认为企业应寻求与外部资源所有者共建关系网络，以获得有价值的资源提高企业获利能力（Adler & Kwon，2002）。因此，当企业的能力或资源与现有投资所需存在落差时，企业有动机去寻求并购基金的帮助。最后，根据知识基础论观点（knowledge-based view）并购基金可通过组织学习、理解、吸收过去失败或成功的投资经验完成内部的知识积累，同时在联合投资的过程中交流、吸收、借鉴同行业经验达到外部知识的获取，从而发展出各异的机构能力（De Clercq et al.，2007）。竞争激烈的并购市场迫使并购基金不但要坚持内外部学习，还必须不断扩展、提升、重新配置自身的专业知识和技能以动态地适应市场需求，使得其在资本运作、行业研究以及公司管理方面拥有 PFC 无法比拟的资源和优势，能够持续为 PFC 提供交易筛选、治理监督以及管理咨询等专业服务，弥补 PFC 缺失的资源和能力（Meuleman et al.，2010）。

在实证研究方面，布鲁宁等（Bruining et al.，2013）收集了在 1996~

2004年荷兰的并购数据，通过对PE支持的并购和非PE支持的并购案例的比较研究，发现大多数PE支持的PFC并购后的企业管理水平有了显著提高。研究发现并购后企业与创业管理模式有关的战略定位、奖惩制度、资源定位及成长定位指标发生了明显变化，而创业管理模式决定了企业对机遇和资源的利用以实现企业价值的创造和成长。同时高财务杠杆水平对经理层的行政管理能力的正面效应在PE支持的被并购公司中更为显著。PE帮助并购后企业发展并实现了新的商业创业视角，使公司管理层将注意力重新放在战略、资源和成长路径的重构上以满足未来客户需求。

关于并购基金的战略型企业家功能，一些文献已关注到并购基金的这一功能和定位对PFC的积极影响，但深入的研究还比较缺乏。未来研究方向可概括为不同并购类型中并购基金战略企业家角色对PFC的作用程度的差异、价值传递机制的异同等。并购类型包括以卖方划分，如分立并购、家族企业并购、公众公司私有化并购、二次并购，或以管理层的并购参与方式区别，如管理层收购（MBO）、管理层购进（MBI）、投资者主导收购（IBO）。

综上，并购基金的"战略企业家"视角强调了并购基金在PFC资源的战略性确认、整合、创造、利用中的重要影响。其减弱了两权分离所导致的委托—代理问题的加剧，使得经理们的思考和行为方式与企业家靠近。

3. 并购基金与投资标的的公司治理

并购基金的价值创造功能还体现在改善了标的公司的治理模式。大量的学者围绕并购基金对公司治理的影响机制展开研究，认为并购基金从股权激励、董事会活动、公司资本结构、运营管理等方面改善了公司治理，从而理顺了投资组合公司的价值创造渠道，为其战略决策的实现奠定了基础。

首先，詹森（1989）和凯普兰（1989a，b）阐述了私募股权（private equity）对目标公司融资和治理带来了积极变化。一方面，私募基金公司非常注重管理层激励的运用。典型的管理层激励模式是给予管理层股票或期权使其得以分享公司的价值成长。凯普兰（1989a）的研究发现当上市公司私有化后，经理层的持股比例上升为原来的四倍。私募基金通过一些特殊的条款要求管理层必须对公司进行一定比例的投资，使得管理层收益波动与公司业绩紧密联系，能有效减弱委托—代理问题。另一方面，由于目标公司私有化后股权的非流动性使得经理层在并购基金成功退出前，不能随意转让股权或执行期权，从而将经理层的个人利益与企业的长期发展绑定在了一起，减少了管理层操纵短期业绩的道德风险，更能促进企业的价值增值。

其次，从统计数据来看，管理层的股权激励在并购基金投资的公司股权中较其他公司占有较高比例。阿查亚和葛施拉格（Acharya & Gottschalg, 2010）的研究中，CEO 持有 PFC 的股权比例中位数为 3%，而管理层持有的股份总数高达 15%。凯普兰（1988）研究了 80 年代的上市公司私有化案例中，得到被并购基金收购的标的企业其首席执行官（CEO）平均可以分享公司价值增值的 6.4%，相比之下福布斯排行榜前 1 000 名的公司 CEO 可分享的比例只有 3.5%。同时，凯普兰和斯多姆伯格（Kaplan & Stromberg, 2009）收集了美国 1996～2004 年之间的 43 个杠杆收购案例信息显示，案例的投资中位数在 3 亿美元以上，CEO 持有的股份比例在 5.4%，而管理层总共持有 16%。

再次，阿查亚和葛施拉格（Acharya & Gottschalg, 2010）、考梅利（Comelli, 2008）的研究发现私募股权投资者控制的 PFC 董事会活动比上市公司更加活跃。私募股权基金投资的标的企业与可比的公众公司相比规模较小，董事会的召开也更频繁。阿查亚和葛施拉格（2008）研究指出，私募基金投资的 PFC 公司每年召开 12 次的正式董事会，并有更多的非正式接触。同时，私募投资者也积极替换行动不力的管理层，PFC 中 1/3 的 CEO 在并购的前 100 天就被替换了，而 2/3 的 CEO 在并购的四年之内被替换。

同时，杠杆率的升高带来的本息偿付压力使经理层必须开源节流，有

第二章 文献综述与理论基础

效地减少了詹森（1986）提到的"自由现金流问题"[①]，降低公司的管理成本，提高运营效率。詹森（1989）认为通过杠杆收购的高水平负债能有效约束管理层随意支配现金流的行为，最大化公司现金流使用效用，最终使得公司经营绩效大为提升，公司价值实现最大化。贝克尔和沃鲁克（Baker & Wruck，1990）基于 O. M. Scott 和 Sons 公司的典型的案例研究，得出了与其他大样本数据相似的研究结果，即沉重债务负担的压力以及一定比例的管理层持股对公司绩效的改善大有助益。另一方面，在许多国家，杠杆收购还能通过债务的抵税作用提高公司价值。

最后，并购基金的杠杆收购对经营效率的改善，还体现在全要素生产率的改变。利顿伯格和希格尔（Lichtenberg & Siegel，1990）研究了杠杆收购对投资组合公司全要素生产率（TFP）的影响，发现 1983~1986 年期间被并购的样本公司的全要素生产率确实在并购后显著改善，但并购发生在 1981~1982 年期间的样本公司其生产率却没有受到显著影响。随后英国学者哈里斯等（Harris et al.，2006）利用 1994~1998 年英国的并购数据，发现杠杆收购确实对样本公司的 TFP 有正向的作用。

关于并购基金杠杆收购对目标公司融资和公司治理积极影响的研究在 20 世纪 80 年代就已经开始，而近十年来"管理工程"（operational engineering）的概念被大多数并购基金引入对被并购企业的经营管理当中。凯普兰和斯多姆伯格（Kaplan & Strömberg，2009）指出，并购基金通过引入行业内的经营专家将管理和行业专业知识相结合，弥补其在产业知识上"门外汉"的短板。大部分顶尖的私募基金公司都利用了内部或外部的行业专家组成的咨询团队以帮助其识别行业投资机会，更好地实现投资的价值增长，通过成本削减和效率提高、公司战略的改变或重新订货、管理变更及升级改造等创造投资价值。

综合来看，并购基金以强劲的绩效激励、严格的管理规则以及经营者

[①] 詹森认为成熟行业的目标公司更易拥有低效的公司治理模式，经理们投资于低收益项目而无法将合适的回报返还给股权投资者甚至债权投资者。

和所有者之间紧密的一致，使得经理层站在所有者的角度思考和决策，也使得所有者进行更积极的管理。因此，PE 是比公众公司更加"企业化"的一种治理结构。但除了"企业化"治理优势之外，并购中高杠杆导致的债务约束也可能使 PFC 错过潜在的有吸引力的盈利机遇（Klein et al.，2013）。

4. 并购基金与公司创新

在公司创新方面，勒纳等（Lerner et al.，2011）的以企业专利申请数量作为代理变量，研究被并购后企业的创新活动，发现并购后专利申请更加活跃，同时企业的创新活动更集中于几个核心的领域。克雷恩等（Klein et al.，2013）则回顾了过去大量的研究结果，发现并购基金可能一定程度上促进了以收购标的资本开支、研发投入作为代理变量的公司创新活动的增长，同时也推动了公司雇员的增长。但衡量企业创新水平的传统指标，如专利发明以及新企业设立却受到一定程度的负面影响。因此，并购基金可能促进了企业创新，但可能不是被并购企业创新的唯一驱动力量。

二、并购基金的价值创造效应检验

道格拉斯等（Douglas et al.，2007）提出短期及长期股价波动（事件研究法）、并购基金投资者回报以及被并购标的企业的会计绩效（财务分析法）是用来衡量私募股权基金进行杠杆收购影响的常用方法，这些方法分别从并购标的公司层面以及基金整体回报层面对私募股权的价值创造效应进行计量。本小节将从以上两个层面对并购基金的价值创造效应展开研究。

（一）并购标的绩效检验

1. 并购标的财务指标视角

詹森（1986）、凯普兰（1989）、贝克尔和沃鲁克（1989）是在20世纪80年代并购基金快速发展后较早对并购基金开展研究的学者，他们认为并购基金可通过积极的管理，改善被并购公司的运营状况，从而创造价值。大部分研究从会计指标分析视角（Kaplan, 1989; Smith, 1990; Smart & Waldfogel, 1994），获得了杠杆收购提升了投资标的的财务业绩的结论。

凯普兰（1989a）对美国上市公司私有化案例进行了研究，发现并购后企业的经营收入销售比例较并购前提高10%～20%，现金流量销售收入比较并购前上升了大约40%，资本支出销售收入比也下降了，公司价值的绝对值及经过行业调整的相对值较并购前大为提高。

伦内布格等（Renneboog et al., 2007）对杠杆收购后标的公司股票价格增长的可能原因，如税收优惠、管理层激励调整、公司监管、自由现金流变化、交易成本下降、收购防御、价值低估以及财富转移等进行了分析。其研究结果表明，并购标的投资者财富增长的原因是交易前的价值低估、增长的税盾效应以及管理层激励调整。

威尔等（Weir et al., 2007）基于英国上市公司的私有化数据也获得了并购前的价值低估是并购后价值增长的主要原因的结论。而莱恩和波尔森（Lehn & Poulsen, 1989）则发现杠杆收购创造价值的主要原因是投资标的的并购后自由现金流的增长。怀特等（1996）对英国的MBO数据进行研究，发现经过管理层收购后的上市公司其总资产收益率在并购后二至五年较未经过管理层收购的对照组公司获得显著的增长。

科恩等（Cohn et al., 2014）研究了1995～2007年进行杠杆收购的317个公司在杠杆收购后的资本结构以及业绩表现的变化情况，发现虽然过往的研究观察到那些公开财务报告的公司其绩效确实在并购后获得了提升，但在本书的杠杆收购样本中少有证据证明公司的业绩能有所提高。其同样发现即使公司创造了超额的现金流量，杠杆收购后公司的资产负债率并没有下降，杠杆收购公司持续的资本结构变化实际上是 LBO 中融资结构变化的结果。

以上研究从一类或多类财务指标视角，从不同角度深入挖掘杠杆收购中的价值创造机制，如投资标的资本结构指标（资产负债率）、成长能力指标（总资产增长率、销售收入增长率）、盈利能力指标（ROA、ROE、ROIC）、企业自由现金流量指标以及市场价值指标（企业价值、估值倍数），获得了并购基金可有效改善财务绩效的有益结论。但财务指标可能存在会计操纵的嫌疑（DeAngelo，1986；Lee，1992）因此，对公司并购前后的投入产出效率进行计量可能是更为准确的方法。利奇顿伯格和希格尔（Lichtenberger & Siegel，1990）采用美国劳动普查局的纵向研究数据，对 1972~1988 年的 19 000 个大型制造业收购案进行研究，首先采用两阶段法估计 MBO 对并购标的全要素生产率的影响，发现无样本公司的全要素生产率无论并购前还是并购后都较行业内的可比公司更高。哈里斯等（2006）改进了利奇顿伯格和希格尔的全要素生产率估算方法，利用 GMM 估计方法和一阶扩张的道格拉斯生产函数对英国 35 752 个制造业企业 MBO 前后的全要素生产率进行了检验，发现在并购前 MBO 公司较可比公司而言生产率较低，但并购后其生产率获得了显著的大幅增长。

此外，逆向杠杆收购（Reverse－LBO）以更长期的视角考察了并购基金对 PFC 的价值创造效应。逆向杠杆收购是指杠杆收购私有化的企业重新上市。一些学者利用该类企业在上市后绩效以及资本市场表现的公开信息，考察并购基金对 PFC 经过一段时间的综合治理和充分经营后 PFC 与其他可比企业经营绩效及市场估值的差异，从而探讨并购基金是否对并购标的具有价值提升的作用。

如卡茨（Katz，2009）筛选并收集了 1980~2005 年 147 个 PE 支持的 IPO 案例，发现 PE 支持的公司的盈余管理显著少于无 PE 支持的公司。曹和勒纳（Cao & Lerner，2009）收集了 1981~2003 年的 526 个 RLBO 案例数据，并观察了它们 IPO 后 3 年及 5 年的股票收益，得出 RLBO 的公司资本市场整体上表现优于其他 IPO 公司，但随着时间的推移，其股票收益水平有下降趋势。同时从时间轴上看，PE 支持公司在 IPO 后较 IPO 前的会计质量和盈利能力有所提高。王（Wang，2010）收集了 351 个反向杠杆收购公司（reverse leveraged buyout）的样本数据，发现与管理层决策高度相关的应计利润质量在反向杠杆收购之后较杠杆收购之前有了显著的改善。

2. 并购标的公告效应视角

在并购的公告效应研究领域，伯格和奥菲克（Berger & Ofek，1999）研究了 1984～1993 年上市公司以回归核心业务为目的的并购事件的公告效应，发现归核化并购可带来约 7.3% 的累计超额收益。

斯温（Schwen，1996）对美国 1975～1991 年 1 814 家上市公司的并购重组活动引起的股价效应展开研究。结果发现，并购标的公司在要约收购期间可获得平均为 35% 的累计超额收益率，而当收购成功时并购标的公司股东获得的资本溢价更大。在 [-42, 126] 的事件窗口内，666 家公司可获得平均 26.3% 的累计超额收益率。

伦内布格等（2007）检验了 1997～2003 年第二次并购浪潮期间上市公司私有化案例中上市公司股东获得的股票收益，平均而言在并购前即持有的股东在收购完成后可获得 40% 超额收益，而上市公司股价在公告后可获得 30% 的超额收益。

郭等（Guo et al.，2008）对 1996～2006 年美国的上市公司私有化并购案例的研究发现，经营利润和现金流的提高幅度小于 80 年代美国的数据以及 90 年代欧洲的数据，但他们同时发现经过行业和整个市场系统调整后的并购标的公司的投资者收益还是保持了较高水平。阿查亚和葛施拉格（2010）的研究同样发现在欧洲的公众企业私有化过程中有相似的情形。

戴（Dai，2011）以 [6, 100] [6, 250] [6, 500] 为事件窗口，

分别计算不同窗口期内私募基金对上市公司进行股权收购期间上市公司超额收益率的变化，获得了采用多阶段投资策略的私募基金在不同轮次的投资期间均比采用单阶段投资策略的并购基金，其并购标的可获得更高的财富效应。

综上，相当多国外学者的研究支持了并购基金具有正的财富效应这一结论。但因上市公司股价波动受到诸多因素的影响，必须加以区别并对样本进行行业和市场调整（Weir et al.，2008）。

（二）并购基金投资回报检验及持续性

1. 并购基金投资回报检验

居维斯特和理察德森（Ljungqvist & Richardson，2003）根据获取的1981~2001年的PE现金流数据（其中并购基金数量占比90.4%）。实证发现期间包括并购基金在内的PE均获得较显著的超额收益率。特别地，1981~1993年成立的并购基金扣除费用后的平均内部收益率高达19.81%，而同期S&P500指数收益率仅14.1%，经风险调整后，基金的超额收益率依然明显，而采用风险调整后的资本成本对现金流折现，基金的平均投入资本金回报率（ROIC）仍高达24%。

法利波和葛施拉格（Phalippou & Gottschalg，2009）认为准确的绩效评估需要足够的到期基金，因为考察未退出投资的基金绩效不可避免地存在噪音。为此，他们筛选Thomson Venture Economics（TVE）数据库中1980~2003年间的基金数据，只保留已经清偿和"有效"清偿的852只基金，其中包括616只风险资本基金和236只并购基金。他们发现样本期内并购基金按承诺资本加权的平均获利指数（PI）和内部收益率（IRR）分别达到1.06%和16.79%，并购基金的绩效明显优于风投基金。

梅特里克和安田（Metrick & Yasuda，2010）根据获取的1993~2006年94只风险投资基金和144只并购基金样本数据，对两类基金的投资收益进行对比。他们发现样本期内，并购基金管理人平均从每单位管理资本获取的收益小于风险投资基金管理人。但从基金内部合伙人的收益分配角度，并购基金内部平均每位合伙人获取的收益现值以及基金管理人员人均收益的现值均优于风投基金。

希格森和斯图克（Higson & Stucke，2012）指出由于 PE 行业自身特殊性和非公开性，学者在研究包括并购基金在内的私募基金绩效时面临极大挑战。除了数据来源单一、选择性偏差等数据库问题，并购基金绩效具有周期性特征，因此研究结论面临样本时间段选择的风险。同时，并购基金收益只有在其完全清偿时才能准确测算，这通常需要超过 10 年的基金存续年限，而并购基金仍是很年轻的行业，导致大部分绩效判断只能基于 20 世纪 80 ~ 90 年代的数据。他们使用 Cambridge Associates 数据库，并从大量并购基金有限合伙人处获取和扩充数据，研究美国 1 169 只并购基金 1980 ~ 2008 年间的绩效，发现样本期内并购基金绩效平均每年超越 S&P 500 指数 500 个基点，排除 2006 ~ 2008 年间新成立的并购基金后，超额收益率每年达到 8% 以上。

法利波（Phalippou，2012）使用公开数据（Preqin 数据库）而非私人数据检验并购基金绩效，他主要选取美国 1993 ~ 2010 年间 392 只并购基金作样本，发现并购基金主要投资于小盘股和价值型股票，且平均收益优于 S&P500 指数。但当调整规模溢价后，并购基金平均绩效与小盘股指数相近。但当绩效衡量基准由 S&P 500 指数变为小盘股和价值型股票指数时，并购基金每年的超额收益降至 - 3.1%。

帕特里夏和巴拉斯（Patrícia & Balázs，2014）利用 EVCA 等数据来源，在其研究中发现美国和欧洲的并购基金平均绩效都优于风险投资基金。同时，他们发现 90 年代美国的并购基金表现优于欧洲的并购基金，但 2000 年后欧洲并购基金的收益更高，研究结论同时揭示了资产类别和配置对经济周期的敏感性。

综上，大部分学者的研究证明，在同一时期内并购基金相较于市场指数和其他风险投资基金具有更强的盈利能力，但在绩效的持续性方面却未能获得一致结论（Harris et al.，2014；Robinson & Sensoy，2011）。

2. 并购基金绩效的持续性检验

凯普兰和舒尔（Kaplan & Schoar, 2005）从普通合伙人角度考察并购基金绩效的持续性，结果发现与共同基金较低绩效持续性的现象显著不同的是，表现优于行业水平的并购基金在下一轮投资中倾向于表现优异，并购基金绩效具有较强持续性且普通合伙人的募资能力与其过去绩效显著相关。罗宾逊和森索伊（Robinson & Sensoy, 2011）在控制了年度效应后，同样得出并购基金绩效具有持续性的结论。

哈里斯、詹金森、凯普兰和斯图克（Harris, Jenkinson, Kaplan & Stucke, 2013）在 Burgiss 数据库中选取 1984~2008 年间共 607 只并购基金，验证了并购基金绩效在 2000 年前具有较强持续性，但在 2000 年后的并购基金绩效中，除了处于绩效分布下端的并购基金，他们未发现明显的绩效持续性。他们认为并购基金绩效持续性减弱可能是由于并购业务转向、普通合伙人互相学习等因素造成的。

常（Chung, 2010）选取 Preqin 数据库中 2005 年前共 722 只并购基金的 IRR 研究绩效持续性，发现并购基金绩效持续性只在短期中存在，长期来看不同并购基金的绩效倾向于收敛。在控制并购基金过去绩效的影响后，资金流入会减少并购基金的绩效持续性。基于此结论，他认为并购基金过去的绩效可能成为未来绩效的误导性指标，投资者应该积极管理和调整他们的投资组合。

综上，并购基金普遍具有正的整体收益率，可获得超越市场基准收益率（S&P 500 指数）的整体收益率以及较高的内部收益率（IRR），相较于风险投资基金其盈利能力更强，而在绩效的持续性方面则未能获得一致的结论。

三、并购基金的价值创造效应影响因素

（一）并购基金异质性与并购标的公司绩效

研究发现，并购基金或者私募投资者在并购中差异化的角色和作用，

第二章　文献综述与理论基础

即投资者的异质性是造就并购绩效差异的原因之一，投资者类型、地理来源、基金经理项目选择、基金声誉以及过去经验、管理风格、投资模式、擅长的行业领域以及网络资源配置的差异对标的企业的并购绩效产生了不同的影响（Bottazzi et al.，2004；Bottazzi et al.，2008；Cressy et al.，2007；Bertoni et al.，2012b；Manigart & Wright，2013）。

　　投资者异质性对 PFC 绩效的传导作用，可以表现为以下几个方面。首先是并购基金（buyout fund）或私募股权基金（private equity fund）专业化程度的差别。博塔兹等（Bottazzi et al.，2004）基于资源基础观的专业化视角，认为专注于特定投资阶段的私募基金可以更深入地参与投资组合公司的运营管理，并提供必要的支持。克里希等（Cressy et al.，2007）利用 89 个英国并购案例数据，从三个维度研究了 PE 公司的专业化程度对并购后 PFC 公司绩效的改善作用的差别。这三个维度分别是，PE 公司类型（独立运行募集还是依靠母公司提供资金进行投资）、PE 公司投资行业的专业程度（投资的 PFC 公司是否处在 PE 公司投资的主要行业）以及 PE 公司投资阶段的专业化水平（是否主要投资于并购重组阶段的公司）。研究发现，PE 公司在专业化程度上的异质性引起了 PFC 绩效的差异，以上三个维度衡量的专业化程度越高，以资产收益率衡量的 PFC 公司的盈利能力就越强。PE 公司在某一领域积累发展的专有经验和知识水平有助于提升其在特定行业的学习能力以及对 PFC 的监督技巧，使其能够帮助 PFC 成功地挖掘并把握商业机遇。

　　其次，并购基金在能力、经验以及资源禀赋上的差别导致了不同 PFC 价值增值过程的显著差异。米乌勒曼等（Meuleman et al.，2010）从盈利能力的提高、效率改善以及效能的增加三个维度考查了并购后的公司的价值创造或绩效的改善水平，同时考查了私募股权投资公司的经验水平、私募股权投资公司的投后管理程度等对并购后 PFC 绩效的影响程度。通过 OLS 回归发现，私募股权投资公司的经验水平（累计并购项目数目）对 PFC 规模扩张有正向影响，基金经理参与投后管理的程度（人均管理的 PFC 数目）越低将导致 PFC 的盈利能力的下降和规模的收缩。马尼加特和怀特（Manigart & Wright，2013）认为私募股权公司的资源禀赋，如投资经理及合伙人等人力资本、投资网络及 PE 公司股东等社会资本，投资经验及法律合规性等方面存在的异质性导致了其投资策略的差别。投资策略包括是否投资于专门的行业、阶段以及细分市场，如何筛选并管理投资组合公司等。而投资策略上的差异性又导致了投资结果的不同，即投资绩效的差别。

最后，不同的并购类型中投资者异质性对并购绩效的影响程度也存在差别。米乌勒曼等（2010）的研究显示，分立并购（divisional buyout）中私募公司的经验水平的增加对 PFC 绩效的正向影响更为明显，而基金经理的投后管理程度的下降对 PFC 绩效的负面拖累也更为严重。分立并购的边际绩效改善程度更为明显，其比其他类型并购更需要并购基金的经验水平和基金经理的投后管理参与。同时，不同规模的并购中，并购基金的角色和影响也存在差别，从而对 PFC 绩效的影响显示出差异。克雷恩（Klein，2008）认为在小规模或者中等规模收购中，并购基金与 PFC 的关系更为紧密，而在中等规模收购中，更积极的董事会治理给 PE 的投资回报带来显著的价值增加。

（二）并购基金规模与并购基金整体绩效

通常认为并购基金规模与并购基金整体绩效具有较强的相关性，但该相关性方向并不明确。如罗宾逊和森索伊（Robinson & Sensoy，2011）的研究发现并购基金绩效与其对数规模呈现倒"U"形关系，即规模更大的并购基金表现更好，但规模增加对基金绩效的边际效应递减。而希格森和斯图克（Higson & Stucke，2012）并没有得出并购基金的规模与绩效间存在倒"U"形关系。他们认为罗宾逊和森索伊（2011）的实证结果可能与其所选取的近几年截断记录有关，因为较大型的并购基金每期末的绩效可能由于数据不完整而被低估。其发现并购基金的规模不管与其绝对绩效，还是相对于 S&P 500 指数的相对绩效，都存在显著的正相关关系。但哈里斯等（2014）则得出完全相反的结论，即并购基金的绝对收益和相对绩效都与总投入资本负相关,尤其绝对收益的负相关更为显著,而产生该现象的原因值得进一步研究和探讨。

第二节 国内文献综述

并购基金在国外经过近四十年的发展已步入成熟阶段,而在我国外资并购基金2000年才刚刚起步,在外资对我国投资管制逐步放松和并购重组领域立法不断完善的背景下,2004年起本土并购基金的发展步伐才逐渐加快。伴随着我国并购基金的发展,国内学者围绕并购基金这一主题的研究也逐步从并购基金的设立与发展、发展中存在问题与对策,扩展到并购基金价值创造机制及其价值创造效应等领域。

一、我国并购基金的设立与发展

早期理论界的研究主要集中于企业并购基金方面,杨振华等(1997)对企业并购基金的设立发展问题进行深入探索,认为企业并购基金最好采用封闭基金的形式,国家财政应为企业并购基金的发起提供资金支持。我国早期的并购基金其投资对象以非上市的、经营存在暂时性困难但可通过加大资本金投入、转变经营生产方式等手段使得其盈利能力有所提高的国有企业为主,因此对并购基金单个项目投资比例作出限制是防范投资风险的必要措施。关于企业并购基金的配套改革问题,可考虑放宽认购私募债券的比例,放开对并购基金发行高收益债券的限制,给予并购企业较市场更低的利息成本,并在还贷期限和方式上提供更多的优待,同时给予并购基金税收方面的一定优惠。关于企业并购基金的风险把控问题,不仅要在基金设立阶段严审把关,还应在投资阶段要把握好基金的流动性、通过严格筛选投资对象、分散化投资等手段把控风险。

随着我国并购基金的进一步演进,基金的形式得到了丰富,学者逐步针对不同模式的并购基金展开研究：

伍康鸿（2012）指出我国资本市场体系的不成熟，导致并购基金市场缺乏成长的根基；专业管理人才和中介机构的匮乏使并购基金所能提供的服务有很大局限；并购基金的逐利倾向使得由其推动的并购活动在推动产业整合升级方面的作用大打折扣。为给我国企业并购基金创造更好的发展环境，需要鼓励民间资本参与设立参股型的并购基金，促进产业升级与并购融合。

罗添添（2012）从组织形式、募资渠道、投资模式和退出机制四个角度对并购基金的基本发展模式进行了归纳分析，认为我国并购基金可以选择政府引导控股型、大型机构设立参股型以及证券公司开展信托制参股型三种发展模式。

范硕（2014）研究发现我国现有并购基金大多采用了产融合作式参股型模式，形成了产业资本与金融资本间取长补短、互利互惠和风险分摊的机制，并经历了两个发展阶段：一是 PE 在产业资本并购中扮演咨询方的角色，通过提供财务方面的融资咨询和更进一步的增值类服务协助并购进程，二是 PE 通过与上市公司合作设立基金的方式参与并购。

赵光明等（2010）认为政府引导基金是一种政府以引导投资为目的设立的非营利性基金，能够通过股权或债权方式投资或资助于创投机构，从而有效引导社会资本支持新兴产业的成长。

肖颖（2013）认为参股型的封闭式基金更适合作为我国政府引导型并购基金的组织形式，为了保证其能够发挥对投资客观独立的引导作用，建议以独立事业法人的形式组建基金；在资金募集方面，政府型引导基金投资者主要以私募股权基金为主的机构投资者为主；在退出机制方面，对于投资标的是上市公司的情况可以综合运用管理层收购、兼并重组等多种方式实现退出，对于投资标的是非上市公司的情况，可考虑以 IPO 退出为主、兼并收购等其他退出方式为辅的退出方式。

颜永平（2015）认为我国 PE 系并购基金的主流模式可分为三种：一是 PE 与上市公司控股股东发起保底产业并购基金模式，该模式的主要优势在于不稀释上市公司层面股权,资产注入时间及方式灵活以及可充分利用 PE 机构的投资管理优势等,劣势在于募集规模可能受限;二是"上市公司+PE"型并购基金,该模式的主要优势在于提前锁定并购标的,提高并购效率,有效减少并购风险,劣势在于可能产生股价操纵等内幕交易风险;三是 PE 入股上市公司并进行产业运作模式,该模式的优势是可帮助上市公司进行战略重构,构建新的产业布局,建立与之配套的内部运营体系,并与模式二类似可能存在内幕交易风险。

赵鑫(2016)在"PE+上市公司"模式并购基金在监管部门鼓励下频繁落地的背景下,以医药类上市公司为例分析了"PE+上市公司"模式的并购基金的运作模式。认为该模式能够有效降低收购风险,让上市公司能够准确判断已有的项目机会协助其进行投后管理,避免了收购过程中的披露和停牌,还能够通过杠杆交易获得更多资金、提高上市公司收益,协助上市公司顺利进入不熟悉的领域。

二、我国并购基金发展中存在的问题及对策

彭威(2012)提出受制于国内产业发展环境与金融发展环境的现实条件、不够发达的资产转让市场、缺少对并购融资的法规支持等因素,国内并不存在完全独立于产业的并购基金。现有条件下,我国券商发展并购基金的优势在于其交易信息获取便利、并购人才较多等,近年来国企改制、产业重组以及跨境并购为券商类并购基金提供了难得的发展机遇。汪诚(2014)、吴晓华(2014)提出我国并购市场目前存在的主要问题主要有融资渠道单一、退出渠道狭窄、缺乏有效的投资手段和企业资源整合能力等。并购基金的发展还需在融资工具创新、支付手段多元化以及退出渠道扩宽等制度建设方面有所突破。

牛晓洁(2014)提出我国现阶段国情特点更符合产业系并购基金的成长要求,但从培育更专业的运作机构的角度考虑,券商系并购基金则更具发展潜力。尽管控股型并购基金能够提供更专业的运作服务,从而创造

更多的利润、提供更全面的保障，但受制于经济环境和政策法规的不完善，我国企业的控制权很难获取，导致并购基金更多的选择参股而非控股型形式。在投后管理方面，与海外并购基金委托职业经理人对并购对象进行经营管理不同，我国并购基金管理人倾向于直接参与标的企业的日常经营管理，管理效率提升程度有限。

在如何解决并购基金市场发展面临的诸多问题方面，董银霞（2013）认为尽管我国资本市场结构单一导致的退出渠道不畅和不能大量运用杠杆工具融资，限制了我国并购基金规模的扩大及收益率的提高，但可通过降低并购贷款人的准入门槛、扩大中小企业私募债的试点范围等方式，拓展融资渠道，降低融资成本；通过加快新三板的建设、完善产权交易平台、鼓励中小企业上市的方式建立多维度的资本市场，从而疏通退出渠道；通过创新金融工具并加强监管，引导私募股权并购基金良性成长。蒙柳燕（2007）结合国外运作经验，提出我国并购基金在战略规划方面，重点应提防政府行政干预导致的运作低效等问题，现阶段应坚持以市场为导向的金融创新作为并购基金的发展重心；在组织结构的选择方面，建议参与型并购基金以公司制组建，非参与型以有限合伙制的形式组建；投资退出机制方面，IPO退出是当前并购基金的最优选择；为促进我国并购基金进一步发展，应从人才培养和选拔、专业中介机构的培育、资本市场建设和投融资手段创新以及税费减免等政策支持方面推进改革。

三、我国并购基金的价值创造机制

并购基金价值创造机制的国内研究，从宏观层面上看，并购基金是私募股权基金发展过程中的高级形态，并购基金的成长对于完善我国市场经济体系意义深远（肖玉香，2011），并购基金的融资功能及财务顾问角色使得其在促进并购交易完成的过程中也实现了对我国市场经济的推动和完善（刘益涛，2012）。在国企改革方面，私募股权基金能够帮助国有企业突破改革中面临的瓶颈，同时在国企股权多元化改革背景下，私募股权基金是一类极具潜力的合格投资者，能够为产融结合提供的重要模式和便捷途径（卢永真，2011）。在产业整合及发展方面，在上市公司以产业整合为目的的并购以及海外并购的过程中，PE的协助能够使并购更顺利完成（金玮，2013）；同时并购基金二次融资的特点可满足大规模并购融资需求，为整合行业资源提供有效的途径（刘益涛，2012）；房地产和养老行业较大的投资需求为私募基金提供了良好的投资机遇，尤其在当前政策支持的背景下并购基金投资模式的不断创新与发展，在以上两个投资领域将具有广阔的发展前景（郭玉姣，2014）；将产业并购基金建立在资本市场的平台上，能够进一步提高上市公司以产业整合为目的的并购能力，提高产业集中度，充分吸引大量社会资金从而扫清民间资本进入产业、支持产业的障碍（陈忠勇，2013）。

并购基金价值创造机制的微观视角研究主要集中在两个方面，第一并购基金在交易中的财务顾问角色，可以帮助并购方安排交易架构，协助其规避法律监管问题，提高交易合规性，同时在交易后并购基金能够输出先进的管理经验，改善被并购企业的经营状况，并购基金的参与将有利于增加被并购企业的附加值，是并购基金价值创造功能的重要体现（刘益涛，2012；金玮，2013）。

第二，在并购基金中，不仅基金投资者和管理人、债权人和管理人之间存在委托—代理问题，就连并购基金和标的企业之间也隐藏着代理问题。借助杠杆收购形成的债务负担，是有效缓解上述代理问题的常用方法之一（陈瑶，2013）。一方面，对于并购基金和标的企业间的代理问题，可以通过给管理者授予股权的方式，将管理者的损益与委托人绑定在一起，从而实现对管理者行为的约束，防范了管理层的利己行为对公司和股东利益造成的损害；通过约束标的企业的股东、有较强控制力的基金投资人和债权人的行为，能够有效改善标的企业的管理水平、提升其经营绩效。另一方面，对于基金投资者与基金管理人间的代理问题，可以通过灵活配置基金股权融资结构得到解决，由于股权结构的复杂化，避免了个别基金投资者对管理人的操控和影响，从而确保并购基金管理人能够更客观、独立地进行判断决策。衣龙涛（2013）认为可以从优化组织形式、提高治理水平和完善激励约束机制三个方面着手应对代理问题带来的低效率。我国并购基金的成长发展离不开市场建设和配套法规的进一步完善，通过建立与并购基金组织治理机制相适应的法律法规、自律机制和中介体系，能够为我国并购基金的成长创造良好的环境。

由此可见，并购基金的发展对于我国市场经济体系的功能完善、国企改革的瓶颈突破、行业整合及发展、并购交易的顺利进行以及被并购企业价值创造等方面都具有重要的意义。

四、我国并购基金的价值创造效应研究

囿于并购基金数据可得性，我国并购基金价值创造效应的实证研究主要以标的公司为视角，采用国际通用的并购重组领域绩效研究方法，主要运用事件研究法及会计指标法对并购基金的价值创造效应进行分析。事件研究法方面，学者们主要通过上市公司并购重组消息公告日前后一段时间内的股价变动情况，测度并购重组是否创造价值及其影响因素（李善民和陈玉罡，2002；张新，2003；李善民和朱滔，2006；唐建新和陈冬，2010）。财务指标法方面，主要通过对比并购前后企业财务绩效的变化，从而评价并购是否能改善企业的经营绩效，进而评价并购为股东带来何种财富效应（冯根林和吴林江，2001；田波平，2006；李善民和周小春；李彬等，2016）。具体说来，传统指标包括账面市值比（book-to-market value）以及各种财务指标（主营业务收入、每股收益、总资产收益率、净资产收益率等）、托宾Q值等，近年则偏向经济增加值（economic value added，EVA）、市场增加值（market value added，MVA）、投资的现金流收益（cash flow return on investment，CFROI）等指标的使用，并且进一步运用数据包络法、因子分析法以及主成分分析法等对以上财务指标进行统计分析。

当前我国并购基金的实证分析受到较多限制，研究成果非常稀少。研究视角以标的公司为主；研究样本以公开的上市公司并购数据为主，需要

第二章 文献综述与理论基础

手动筛选出有并购基金参与的上市公司并购样本。李雅君（2012）采用描述性统计和因子分析法，对上市公司在并购前后的绩效进行对比，讨论了并购基金在并购活动中对上市公司绩效的影响。通过对2005年和2006年由并购基金参与完成收购且其股份位列前五位的上市公司绩效进行分析，发现并购基金能够有效提高被收购公司的长期绩效。

何云月（2010）建立了包括财富效应评价模型、经营效益评价模型和产业升级评价模型在内的并购绩效评价模型，通过实证检验了并购基金主导、协助和支持的被收购公司的绩效水平，得出并购基金更注重资本运作但在公司整体实体经营方面并没有花太多精力的结论。

该两篇论文主要计量的是并购过程中上市公司短期财富效应的大小，以及并购前后中期视角中经营效益能否改善，还未有深入探寻投资者（并购基金）异质性对并购绩效的影响程度。同时，在样本的选取也比较有限，集中在2005~2009年的样本，无法反映当前我国并购基金发展的新趋势和新特点。

但对于"上市公司+PE"型并购基金的价值创造效应研究近年来获得不断拓展，何孝星等（2016）首次对"上市公司与PE合作成立并购基金"这一创新的并购基金运作模式下的价值创造效应展开研究，文中撷取了2011~2015年上市公司设立并购基金的事件样本，研究了上市公司成立并购基金公告日前后其股价效应的变化，并分别从融资和投资两个角度对其上市公司的进行研究。研究发现，上市公司设立的并购基金短期内具有较明显的价值创造能力。同时杠杆水平较高的上市公司，其设立的并购基金会获得更高的财富效应；不同类型并购基金均能创造价值，但关联并购型并购基金比多元化并购型并购基金更具价值创造能力。陈颖（2019）引入了基金管理公司/GP承诺出资比例、大股东或高管参股等并购基金异质性特征变量，从上市公司特征、基金异质性及资本市场特征等方面对并购基金价值创造效应影响因素进行挖掘。

马才华和马芸（2016）运用事件研究法对2014~2015年期间上市公司设立并购基金事件的短期市场价值效应进行实证检验，其研究创新体现在将投资者投机变量（市场情绪变量）引入价值效应影响因素分析，同时研究了不同时间段（不同资本市场背景）下短期价值效应的变化。康永博等（2015）运用事件研究法，考察了2011~2015年间上市公司并购基金信息披露对公司价值的短期影响，其研究视角在于构建并量化了并购基金信息披露质量指数和数量指数，研究并购基金事件公告信息透明程度对其短期收益率的影响。

  我国并购基金的价值创造效应已受到越来越多学者的关注，特别是上市公司设立并购基金领域，基于原有的事件研究法，对其价值创造效应影响因素的挖掘从基金内部微观特征因素扩展到行业、资本市场以及宏观政策背景研究，研究的丰富性大大增加。

  基于众多学者在并购基金研究领域取得的成果，本书认为随着并购基金近年来的蓬勃发展，并购基金在促进我国经济结构优化升级、推进国企改革、拓宽上市公司融资渠道、解决中小企业和民营企业融资难问题等方面将发挥越来越重要的作用，但目前阶段并购基金还面临着设立、融资、投资、投后管理以及外部环境制约等方面的诸多问题，需要配套的法规、监管、税收政策来解决。对于我国并购基金的绩效问题研究，不仅需要选取适当的变量和模型，还应充分考虑我国并购基金市场的发展环境。当前，我国券商资管和基金业务的监管政策正在逐步放松，债权类融资业务的渠道也在不断拓宽，以新的视角研究新环境下我国并购基金的价值创造问题，具有十分重要的理论和实践价值。

  在此，本书将继续扩展数据的广度和深度，从被并购方及并购方两个视角，短期和长期价值创造效应两个维度，基于并购基金的投资者背景、参与程度以及被并购方效率值等深入探究投资者异质性因素对并购绩效的影响。

第三节　相关理论基础

  本小节主要从制度变迁、现代产权以及产业演进理论角度探究并购基金发展的相关理论基础，并从协同效应、价值低估、委托—代理以及管理层激励理论对并购基金价值创造的主要机制展开研究。

一、并购基金发展的理论基础

（一）制度变迁理论

制度变迁理论来源于20世纪70年代前后，长期经济史研究的结论成为解释经济增长的重要依据，最终使得制度因素成为解释经济增长的关键因素。美国经济学家道格拉斯·代诺思（Douglass C. North）指出制度因素对经济增长的重要作用，能够对劳动者个人提供有效激励的制度才能保证经济的增长。

并购基金的产生和发展中，金融制度变迁起着决定性的作用。美国并购基金兴盛于20世纪80年代，恰逢美国放松金融管制、大力布局金融创新以及税收改革的转折时期。我国并购基金的迅速发展也得益于中国经济转型中制度的变迁。从大方向上看我国人民币国际化步伐愈加稳健，资本项目有序开放，金融抑制持续弱化；着眼于资本市场，则有股票发行制度由审核制向注册制迈进，各类衍生工具及金融产品不断创新，与境外资本市场互通互联不断扩大，新三板、OTC等多层次资本市场建设持续推进等。金融制度的变迁为中国并购基金营造了良好的发展环境，促进了并购基金的发展。

（二）现代产权理论

现代产权理论创始人科斯在1960年发表的《社会成本问题》中，系统性地论述了产权的经济作用，其认为只要明确了产权界定，就可以有效地解决经济行为主体之间交易行为的外部性问题，从而在制度上保证了资源配置的有效性。同时，产权理论中的契约不完全性导致了"剩余权利"的问题，企业所有者享有合约中无法完全的剩余部分，包括剩余控制权和剩余索取权。

从海外并购基金的发展历程来看，私有产权保护及控制权市场的发展是推动并购基金发展的主要驱动因素。控制权市场的成熟是要约收购、敌意收购的基础，从而对上市公司管理层形成有益的外部监督，遏制管理层的机会主义和无效投资行为。更为重要的是，控制权的可得性使得以并购基金为代表的金融投资者得以通过控制权获取成为企业的内部人和积极投资者，改善企业的经营业绩并获得投资回报。同时，金融市场的中间市场收购公司（middle-market buyout firms）的发展使小型或中性私营企业的所有权转移更为便利、降低了企业所需承担的风险，增强了这类企业股权的流动性（Shapiro & Pham，2009）。

我国国企经历了三十多年的产权改革，但目前政企不分的隐形制度性缺陷仍然存在，产权不清和所有者缺位日益成为国企改革的障碍，抑制了国企的市场活力。新一轮国企改革以混合所有制为中心，并购基金作为民间资本进入国企的渠道之一，实现了产权主体的多元化，从而实现所有者到位，逐步提高国企的运作效率。并购基金对竞争类国企的并购，将有助于国企通过科学的薪酬改革、积极勤勉的董事会监督建立起高效的公司治理机制，有效改善其因所有权委托人缺位而导致的内部人控制问题，从而实现社会资源的最优配置。

（三）产业演进理论

根据科尼尔产业演进理论，所有产业都存在同样的单项S形的产业整合路径。通过确定自身在科尼尔产业演进曲线上的位置以及判断产业曲线演进趋势，优势企业可以预测并管理其并购活动，成为行业整合者，具体体现为：并购整合是必然的、不可避免的和无法逃避的；所有产业都是全球性的；营业额稳定，但是盈利能力随着产业演进曲线而变化；长期的成功依赖于沿着产业演进曲线上行等。

并购基金是实现产业演进的一个重要工具。并购基金作为一种逐利性的金融资本，从微观上看其以获得目标企业价值增值为目的，在并购过程中能综合运用财务约束、管理层激励以及企业战略重塑等多种手段实现企业内在价值的提升并且外化为企业的市场价值,从中观行业层面上并购基金实现了产业资源的有效配置,加速了落后产业资源向新兴产业的转化,同时协助产业龙头进行其产业链上的并购,更好地发挥并购中的规模效应与协同效应,提高了产业的集中度水平,是实现产业演进的一个有效工具。

二、并购基金价值创造的核心理论

(一) 协同效应理论

协同效应是第三次并购浪潮(20世纪60～70年代)以来经济学者解释企业并购价值创造功能的核心理论之一。协同效应是指企业通过收购兼并,双方可获得资源共享、优势互补,以及产业管理能力和知识的转移与提升,并购双方价值将获得提升。根据协同效应理论,协同效应还可细分为管理协同、经营协同以及财务协同。管理协同是指并购方利用自身的管理资源对标的企业进行管理优化升级,从而为标的企业带来管理绩效的改善。经营协同是指通过规模经济及范围经济,提高标的企业的生产经营效率,增加企业的经营效益。财务协同是指并购企业利用自身较低的资金成本或融资便利,帮助收购标的企业降低财务成本,实现其财务上的成本优化。

对于并购基金其协同效应体现在,一方面可通过参与企业的资产梳理、新增以及剥离等一系列并购重组活动,主导或辅助标的企业作为新的并购方进行多元化并购或产业链上的横纵向并购,使其与被并购方之间形成管理、经营以及财务上的协同;另一方面,并购基金通过聘用产业专家,指导和参与投资企业的日常运营,重新定义公司战略,提升企业经营业绩而获得公司价值的增值,使其与并购基金之间形成管理协同。

(二) 价值低估理论

价值低估理论认为,并购活动发生的驱动因素是目标公司的市场价值对其真实价值或潜在价值的向下偏离。托宾 Q 比率衡量了企业市场价值与资产重置成本之间的比值。当企业托宾 Q 比率大于 1 时，说明并购无利可图，当其小于 1 时并购有利可图。企业托宾 Q 值小于 1 的原因，一是公司的管理效率未得到充分发挥，公司治理及发展战略还可进一步优化；二是外部投资者与公司内部人之间的信息不对称使得市场估值无法反映其内在价值。并购活动的活跃性还与企业托宾 Q 值的变化具有一定相关性，80 年代美国杠杆收购基金兴起的原因是该阶段证券市场估值下降以及资产重置成本的增加。

梅金森和韦斯（Megginson & Weiss，1991）发现被风险投资或私募股权基金投资的公司，较之被其他投资者投资的公司，其公司价值被市场低估。而从并购基金价值创造的角度看，其价值创造的第一步是价值发现，通过专业人才的尽职调查及价值评估，投资于市场价值被低估的企业（托宾 Q 值小于 1）。在该投资阶段，并购基金基于历史投资经验及自身投资策略，评估该并购标的的价值增长空间：是否能帮助并购标的通过战略调整、监管改变、技术创新等一系列整合及改造实现其潜在价值。并购投资决策一旦作出，并购基金则通过长期积极的投后管理促进标的内在价值的增长，在适当的资本市场环境下，并购标的市场价值与内在价值偏差消除，并购基金择时择机退出。在这一过程中，价值低估是并购基金价值发现的基础。

（三）委托—代理理论

在现代企业制度中，所有权与经营权的分离促成了委托—代理关系。委托—代理理论的代表人物是威尔森（Wilson，1969）、斯潘塞和泽克哈维斯（Spence & Zeckhavse，1971）以及罗斯（Ross，1973）。在公司治理中，委托—代理的核心问题是通过一种契约安排机制使得经营者与所有者利益保持一致。根据委托—代理理论，第一，如果委托人不直接介入企业的生产经营活动，则代理人的行为无法被委托人直接观测到，那么代理人和委托人之间存在着信息的对称；第二，由于代理人具备经济人的基本特性，以追求自身效用的最大化为目标，在行使委托责任的时候可能存在逆向选择和道德风险。为避免委托人与代理人的目标函数不一致的现象，所有者必须对其进行监督并付出成本。

并购基金市场涉及基金投资者、基金管理者和被投资者三个主体，在并购基金的运作过程中，存在着两组委托—代理问题。一方面，在并购基金的内部治理环节，作为委托人的基金投资者和作为代理人的基金管理人之间的利益不完全一致，投资者希望并购基金管理人按照其利益行事，而基金管理人对自身投入产出的衡量决定了他的投资决策更倾向于实现自身利益，对此，基金投资者却难以直接观察到；另一方面，在并购基金投资和投后管理环节，并购基金管理人与标的企业的利益不完全一致，加之信息不对称的存在使得逆向选择和道德风险问题突出。

要想解决并购基金运作中的委托—代理问题就需要建立完备的契约制度，通过减少信息不对称和建立委托人与代理人之间风险共担、利益共享的机制，缓解委托—代理问题带来的低效。一方面，可以通过建立优化的激励方案，让代理人以委托人的利益最大化作为其决策的出发点，通过在代理人的报酬中添加风险收入的因素，能够实现代理人和委托人的长期利益捆绑。如通过建立优化的激励方案，如对并购标的管理层实施与公司价值增长相关的股权或期权激励，通过特殊的条款设计提高经理层的持股比例并使其收益波动与公司业绩紧密相连等。另一方面，可以通过设计合理的组织治理机制，利用科学有效的组织管理模式让参与主体间形成制衡，实现并购基金的健康、高效运作。

（四）管理层激励理论

根据舒尔茨和贝克尔的人力资本理论，人力资源作为最主要的经济资源，它对于经济增长的促进作用远大于物质资本，人力资本作为一种稀缺资源，已成为现代企业最核心的竞争力。新制度经济学认为，对稀缺资源产权的界定可以有效降低交易费用和减少搭便车行为。人力资本属于个体私有，其具有独占性的特点，因此要充分调动和发挥人力资本的积极作用，就必须让人力资本和非人力资本共享企业剩余控制权和剩余索取权，将人力资本产权化就成了激励管理层、提高经营者管理能力和道德自律的有效手段。这与管理层激励理论认为剩余控制权与剩余索取权的共享能够让决策者承担经营决策的全部后果的观点不谋而合。

人力资本的报酬可由固定工资和变动工资两部分组成，合理的薪酬设计应充分考虑固定工资与变动工资对代理人的不同激励作用。固定的工资作为基本收入，其获得难以增加代理人的满足感，失去却一定会让代理人产生不满情绪。变动的工资得到后能够增加经营者的满足感，失去却不会令其感到不快，而并购基金给与标的公司管理层的利润分享计划、股票期权计划、管理层持股计划等都属于这类变动工资。薪酬设计中还应考虑代理人是否能够完全承担其决策所带来的成本和收益，代理人薪酬越多受其决策影响，就越能促使其做出有利于实现企业剩余价值最大化的行动。在这个前提下，并购基金通过增大代理人薪酬中允许其通过努力得到增值的部分，使得代理人更有可能倾其全力挖掘企业的更大潜力。

第四节　文献评述

如上所述，并购基金价值创造的海外研究已取得了丰硕的成果，主要以定量研究为主，围绕并购基金的价值创造机制、效应以及其影响因素三个层面，对"并购基金价值创造"展开研究。相比之下，我国学者对并购基金的研究大多还停留在以定性分析为主的现象及机制分析，少有学者展开定量研究。这一方面是海外并购基金经历了四十年的发展十分成熟，吸引着研究者们从并购方、被并购方以及并购市场环境等多个视角对并购基金开展研究，另一方面是专业的商业数据供应商如CapitalIQ、Preqin、Zephyr等提供了比较全面的私人并购数据。对国内研究者来说，以上两方面条件都难以具备，特别并购基金在我国还处于起步阶段，并购基金的发展模式以及并购市场环境都还未成熟。总体来看，国内并购基金相关研究进展比较缓慢，并多以券商报告、网络推文、商业杂志等非正式的研究形式为主。现有的研究成果也多集中在对并购基金的设立与发展、存在问题与对策以及价值创造机制的定性研究领域，相关定量研究十分稀少，更是少有学者从价值创造模式以及价值创造效应的角度对并购基金展开研究。

具体来看国内研究的局限在于，第一，已有的定量研究大多基于传统的并购基金控股模式，对现有的"上市公司＋PE"模式少有详细的分析。该类并购基金是由上市公司参与设立，由私募基金或其他金融机构负责运作，并购投资方向服务上市公司业务发展的私募股权基金。2010年以来随着我国并购市场的发展，该类并购基金逐渐成为我国上市公司进行产业链延伸并购的重要工具，在帮助上市公司进行战略重构和产业重组方面具有突出优势。因此，研究该类并购基金的价值创造模式及效应，尤其是其与上市公司之间的协调作用机制及利益分配模式具有十分重要的理论与实践意义。

第二，目前国内文献大多从并购标的的角度展开研究，如从上市公司的财务特征，少有文献从并购方（并购基金）层面或其投资者异质性特征视角开展研究。例如我国并购基金根据其出资人的背景可划分为产业背景与金融背景两类，根据古波斯等（Gompers et al., 2016）的研究，私募股权公司主要采用了三种特定的策略——金融、监管和经营工程对投资标的进行管理，而私募股权公司的背景特征与其管理风格紧密相关，如发起人有金融背景的更倾向于应用金融工具，而有产业经营背景或产业管理经验丰富的公司则更乐于使用经营管理的工具，因此本书推测这两类并购基金的价值创造机制和效应可能存在差异。

第三，并购基金在并购中所涉及的委托—代理关系对其价值创造效应的影响不容忽略，而国内研究少有涉及委托—代理领域。并购基金中除了一般并购中所有权（并购基金）与经营权（并购标的公司管理层）分离所带来的委托—代理问题，还包括基金内部并购基金管理人与投资人之间的委托—代理关系。特别在"上市公司＋PE"合作投资模式中，复杂的委托—代理关系中涉及上市公司大股东或高管、其他中小股东、基金管理人、标的公司、上市公司等利益主体，并购基金管理公司及GP承诺出资比例、上市公司大股东或高管的参投管理对基金整体回报、投资标的的经营绩效，甚至对上市公司股东收益均可能造成影响。对"上市公司+PE"型并购基金的投资者行为进行定量研究，可一定程度上检验并购基金委托—代理理论的成果。

第三章

海外并购基金价值创造研究

上一章本书对国内外并购基金价值创造的相关文献进行了回顾与分析，指出并购基金作为成熟资本市场私募股权投资基金的主要类型，其在宏观上积极参与到全球产业结构调整中去，促进了全球技术、人才、资本等生产要素的重新配置，推动了全球产业的转型及技术的创新发展；在微观上主导或者协助企业完成并购活动，是并购活动的主要参与者和并购融资工具的主要提供者。在并购基金四十余年的发展过程中，其价值创造功能的实现受到外部宏观因素及内部结构因素的影响，伴随着全球并购市场及宏观环境的周期性发展，而在价值创造模式上体现出不同的轨迹。基于此，本章首先对海外并购基金价值创造的背景进行分析，接着探究海外并购基金发展的轨迹和价值创造的影响因素，最后在已有分析的基础上对海外并购基金价值创造模式以及模式中各要素之间相互联系的作用机制进行分析。

第一节 海外并购基金的价值创造背景

并购基金是一种特有的金融组织形式，其价值创造模式的产生及发展受到一系列政策环境因素的影响。本小节将从全球并购浪潮变迁、宏观经济周期波动、金融制度演变以及公司治理结构变革四个方面，介绍海外并购基金的价值创造背景。

一、全球并购浪潮变迁与并购方式演变

100多年来全球共经历了六次较大的并购浪潮，分别是1897～1904年的横向并购、1916～1929年世界范围内的纵向并购、1965～1969年股票市场的混合并购、1981～1989年高收益债券等新兴融资工具推动的战略并购、1992年至21世纪初互联网泡沫破灭的高新技术产业并购以及2003～2008年的跨境并购。上述六次并购浪潮使世界并购市场环境由幼稚走向成熟，由实体经济内的产业并购扩展到金融与产业资本相结合的并购领域，金融资本在并购市场的发展中发挥着愈加重要的作用。

第六次并购浪潮之后，在次贷及欧债双重危机的影响下，全球并购市场经历了长达六年（2008～2013年）的筑底调整时期，这一时期欧美主要发达国家的实体经济受到严重打击，内外需求放缓甚至陷入衰退，表现为企业利润率大幅下滑、失业率高企以及投资率下降等。而2013年后，美国宏观经济率先回暖，欧洲各国则摆脱衰退阴影，经济向好趋势逐步确立，而新兴市场也在全球流动性充沛的支持下走出滞涨危机，全球经济的复苏态势为新一轮并购浪潮的到来奠定了基础。2014年全球并购交易总额激增到3.34万亿美元，飙升至金融危机以来的最高水平；2015年全球并购市场延续回暖步伐，活跃度继续提升。

在并购浪潮的推动下，全球并购市场逐渐成熟，其参与主体、金融中介以及金融创新工具不断完善及多样化，以满足不断变迁的企业发展策略的变化需求。在这一过程中，企业经历了产业内外部的集团化扩张、核心业务回归以及为获取竞争优势资源和新兴技术资源的资产剥离与并购，相应的并购方式也经历了动态演变，如表3-1所示。

表 3-1　　　　全球并购浪潮下的并购方式动态演变

时期	1897~1904 年	1916~1929 年	1965~1969 年	1981~1989 年	1992 年至 21 世纪初	2003 年至今
企业发展策略	通过数量扩张、区域开拓实现垄断	纵向联合	产品多样化	结构调整，剥离非核心业务	加强核心业务，开拓海外市场，获取竞争优势资源	产业转移与转型升级
并购方式	横向并购为主	纵向并购为主	混合并购为主	战略并购与敌意收购为主	横向并购与跨境并购为主	跨境并购为主

并购基金作为并购市场的重要参与主体，受到全球并购浪潮变迁的周期性影响，并购方式的演变、金融中介的发展以及金融工具的完善为其价值创造功能的实现奠定了基础。

二、全球宏观经济周期与并购轨迹演变

从历史上看，虽然每一次并购浪潮发生的背景、发展的重点、交易类型等都有所不同，但并购热潮发生的时期几乎都是在利率较低而股价上升的经济高速增长时期。一般来说，宏观经济周期中的经济发展、系统性风险以及通货膨胀等因素会影响到并购轨迹的演变，具体体现为：第一，当宏观经济处于复苏阶段时，经济增长速度开始提升，但大量企业因受到经济复苏前的危机或萧条的影响尚处于困境阶段，客观上推动了大中型优势企业并购劣势企业事件的发生，从而推动了并购活动在这一阶段较为活跃。第二，当宏观经济处于通货膨胀阶段时，企业估值同样出现严重泡沫，且并购资金成本高昂，从而降低了并购的活跃度。第三，当宏观经济由滞涨转向衰退时，系统性风险增强，企业估值出现严重泡沫，并购资金出资人风险预期加强使得并购资金供给不足，从而造成并购活动陷入低潮阶段。

并购基金以债务为基础的资产重组具有明显的利率敏感性，全球宏观

经济波动过程中的货币和财政政策变化对并购基金产生了系统性和周期性的影响。20世纪80年代并购基金的快速发展，即是得益于美联储信用紧缩政策的松绑，从而使得长期利率下行、债务融资量上升，使得严重依赖于高收益债权的杠杆收购成为并购基金的主要融资方式。而在90年代初美国再次进入货币紧缩周期，并购基金行业发展放缓，直到2000年初，贷款利率的下调与相对宽松的信贷环境，并购基金才再度发力。而2008~2013年次贷危机和欧洲债务危机的影响令欧美经济增长一度陷于停滞甚至衰退，全球迎来了新一轮的并购低潮。这一时期大规模的量化宽松政策为实体经济扩张及金融资本重新进行资产配置提供了资金支持，在此期间借款利率不断下行、资本市场再度活跃以及全球资产管理组合重新配置，使得新一轮的并购机会得以酝酿，2014年全球并购市场回暖。

三、全球金融制度变迁与并购基金发展

并购基金的产生和发展是具备资本市场基础的金融结构或金融体系为满足企业融资和并购要求、补足金融功能缺口所演化出的创新性边际制度变迁，金融制度变迁是并购基金创新发展的推动因素。20世纪七八十年代初以美国为主的世界经济发生了深刻的变化。在这一时期，经济转型的变革伴随着金融制度的变迁，金融管制的放松及国际资本的流动，成为推动杠杆收购兴起和并购基金发展的主要动力。主要发达国家普遍采取了降低税率的财税政策，并放松了政府对金融市场干预和管制，从而提高了市场的资源配置效率，推动了全球范围内的私有化运动以及资产重组及剥离的并购活动。

这一时期，以共同基金、养老基金、私募基金以及非银行金融机构等专业化货币管理机构的发展，为并购基金大规模并购资本的募集提供了充足的流动性。在金融创新方面，票据、贷款、债券以及衍生品等金融工具及交易技术不断创新，尤其是不断扩大的银行间债务市场和公开市场为大型的杠杆收购提供了丰富的债券产品，如有抵押的银行贷款融资、债务担

保债券、次级债、高收益债券、夹层债务以及可转债等；另外，并购基金投资合同条款和权利设计更加全面，回购条款、追加条款、肯定性及否定性条款构成了灵活的权利调整机制，尤其是估值调整机制（valuation adjustment mechanism）减小了投资标的未来价值的不确定性，有效地保护了投资人的利益并对融资方形成了一定的激励。金融制度的变迁过程中金融创新的发展直接推动了80年代并购基金活动的爆发式增长。因此，金融制度的变迁与并购基金的发展息息相关。

四、公司治理结构变革与并购价值创造

20世纪60~80年代公司治理结构发生了由"经理资本主义"到"金融资本主义"的变革。20世纪60年代多元化经营浪潮使得公司经营规模及复杂性逐渐增加，控制权的分散以及与所有权的分离使大公司对职业经理的依赖程度加深，经理资本主义盛行。然而经理资本主义的最大弊端在于不受约束的公司管理层不恰当地配置公司闲置现金流的行为，所有者与管理者在现金流偿付上存在矛盾[1]。经理资本主义最终造成了公司扩张过快、投资及经营效率低下等一系列问题。而70年代控制权市场的发展及要约收购的出现，形成了对上市公司经理层进行有效监督的内外部机制，公司的资源被谨慎使用，金融资本主义应运而生。表现为以私募股权投资者为代表的"积极投资者"通过拥有公司较大比例的股权或债权而获得了上市公司的控制权，深入参与公司的长期战略决策以及经营管理活动，并通过一系列合理的激励机制约束了经理层的公司治理行为，从而改变了上市公司普遍无效率及僵化的运行机制。

美国公司治理制度由经理人全权执掌、监督机制薄弱的"经理资本主

---

[1] 詹森（1991）将该矛盾概况为：对公司股东来说倾向于减少现金留存，将现金分红分散到自己的投资组合以减少投资风险；而经营者则倾向于增加现金留存，将自由现金流用于扩大公司规模、增加其在资本市场的自主权等有利于经营者自身利益而在长期中无法增加甚至减损股东价值的项目中去。

义"向由投资人监督控制的股东至上的金融资本主义转变的过程中,以私募股权投资者(并购基金)代表的金融资本成为控制权市场的新参与者,并购基金逐渐形成了其特有的价值创造模式及机制,在被并购公司内在价值和市场价值创造中发挥着重要的作用。

第二节 海外并购基金的价值创造轨迹

本小节基于并购基金四十年的发展历程,介绍并购基金的萌芽及两轮发展周期中的价值创造轨迹,旨在全面感知并购基金在优化全球化资源配置、推动产业结构转型升级、助推企业资产剥离与归核化运作以及并购标的内在与市场价值提升中的重要作用。

一、海外并购基金萌芽阶段的价值创造

海外并购基金在20世纪六七十年代后期处于萌芽阶段。20世纪60年代中期,在私募股权基金的发展和国际并购浪潮的推动下,并购基金迅速崛起于美国。为帮助家族企业合理避税和保留家族控制权,同时解决对家族企业收购中融资不足的问题,科尔伯格—克拉维斯集团(KKR)创始人科尔伯格(Kohlberg)在并购中运用杠杆贷款借入大量债务,创建了杠杆收购模式(LBO)。该模式以保留家族继续经营企业的权利为条件,通过将家族企业的大部分股权出售给由股权投资者组成的投资联盟(早期并购基金的雏形),使危机中的企业缓解了财务困难,并保留了家族对企业的经营权。并购资金来源于以投资联盟所获股权为抵押的杠杆贷款,并通过企业未来的经营现金流偿还,给经营者改善现金流状况带来了极大的动力。70年代在对多元化企业剥离业务单元的并购中,科尔伯格又创造性地设计了由标的公司的管理层作为实施主体的杠杆收购,从而统一了管理层激励与公司价值,这种杠杆收购被称为管理层收购(MBO)。1976年,

科尔伯格召集了其在贝尔斯登的两位同事——克拉维斯（Kravis）以及罗伯茨（Roberts）共同设立了私人合伙企业科尔伯格——克拉维斯集团（KKR），这家以大型企业并购重组为主要业务的并购基金的设立，是并购基金诞生的标志，并购基金的基本运作方式得以确立。

在这一阶段，并购基金管理公司在并购活动中的财务顾问、一般合伙人、积极投资者三重身份基本形成。首先是财务顾问，为并购活动提供资本运作、交易结构与方案设计，以及目标企业发展战略规划等服务；其次作为一般合伙人参与杠杆收购投资，与其他合伙人共担风险；最后作为积极投资者，积极参与董事会监督管理层的活动，优化公司治理结构，同时作为中间人协调管理层、股东以及债权人之间的权利义务关系。并购基金的上述三重身份，使得并购基金能够积极有效改善被并购企业的财务状况，完善被并购企业的内部治理结构，进而提升被并购企业的内在价值和市场价值。

二、海外并购基金第一轮发展周期的价值创造

（一）海外并购基金繁荣阶段的价值创造

海外并购基金在20世纪80年代中后期处于第一轮发展周期的繁荣阶段。这一时期，高收益债券成为杠杆收购负债融资的主要工具，收益率的不断攀升使得交易规模不断放大。美国并购基金杠杆融资比率最高为90%以上，并购标的也不再局限于中小型上市公司和非上市公司，许多全球500强中的巨型多元化上市公司也成为众多并购基金竞相追逐的对象。与此同时，并购基金投资风格也发生了转换，由70年代的善意收购发展为针对更多大型企业的敌意收购。

这一时期杠杆收购的高收益吸引了众多著名的投行大步迈入并购基金领域，行业的发展热潮推动着基金募集规模快速膨胀。并购基金的第一次繁荣催生了众多以杠杆收购为主要业务的私募股权机构，如黑石、凯雷以及贝恩资本等，对其后二十几年的全球并购基金行业的发展起到了推波助

澜的作用。

在这一阶段，并购基金的价值创造主要体现在帮助被并购企业实现结构调整以及专业化发展。70年代多元化并购浪潮催生了众多综合类企业，多事业部的发展降低了企业运营效率，核心业务的回归使得资产剥离成为并购活动的主要内容。这一阶段，并购基金的并购标的从非上市公司、中小型上市公司拓展到全球500强中的巨型多元化上市公司，通过帮助并购标的进行业务收缩退出相对劣势的行业，同时在相对优势的业务领域中展开并购，增强被并购企业的竞争力及比较优势。

（二）海外并购基金衰退与萧条阶段的价值创造

海外并购基金在20世纪80年代末至90年代初处于第一轮发展周期的衰退与萧条阶段。20世纪80年代后期，第四次并购浪潮的狂热让大型杠杆收购受到更多青睐，但并购定价的不断高企增大了并购风险。特别是融资结构中须按期偿还的现金流上升，使得被并购企业的利息保障倍数下降到极低水平。同时一系列反收购法律及政治压力以及潜在的经济下行风险，使得垃圾债券市场最终转入衰退（Holmstrom & Kaplan, 2001）。90年代初期，美欧发达国家进入了经济泡沫破灭后的衰退时期，经济滞胀严重、动力不足，实体经济一蹶不振，并购标的公司的市场价格一泻千里，并购中止或失败的事件比比皆是，1989~1992年并购基金发展陷入低谷。在此期间，狂热的并购市场逐渐降温，价值洼地的显现令大量企业再现投资价值，并购基金在投资组合公司价值创造过程中的作用愈加凸显。

从融资结构上看，这一时期收购交易的杠杆比率从鼎盛时期的95%降低到约75%，且其中至少20%为自有资金，从使用垃圾债券重新转向银行的并购贷款和并购基金股权资本。经济下行环境下杠杆率的降低减轻了并购基金的偿债压力，取得企业管理团队和股东的信任的善意收购也更为普遍，投资期限也更倾向长期的战略投资。

在这一阶段，并购基金的价值创造模式主要体现在帮助被并购企业通过战略管理与有效执行来实现价值提升。并购基金充分发挥自身的网络资源优势，更好地扮演着"战略型企业家"角色，更专注于为企业提供发展咨询服务，帮助被并购企业管理层更充分地发挥企业家精神以及战略性地管理企业现有资源，并将这些资源运用于企业的创新活动中去。

（三）海外并购基金复苏与调整阶段的价值创造

海外并购基金在20世纪90年代中期至21世纪初处于第一轮发展周期的复苏与调整阶段。20世纪90年代中期，全球逐渐走出经济衰退阴影，宽松的信贷环境再次助力经济持续增长。在此背景下，高收益债券市场重新活跃，并购基金迅速复苏。但2001年后互联网金融泡沫的破灭，使得全球并购市场热度衰减，债券市场违约率上升，高收益债券在杠杆收购中的比例进一步缩减，债权融资倾向于更为稳健的银行贷款和夹层融资。2001年全球并购交易额较2000年下降了50%，2002年较2001年同比下降了47%。并购基金参与的杠杆收购规模随之陷入低谷，进入调整时期，该阶段并购基金的发展特点是：

一是投资策略的转变。由于高收益债券的崩溃以及股市的繁荣，针对上市公司的大市值并购已缺乏吸引力，该阶段并购基金改变了从依靠高杠杆撬动的巨额资本并购，再次回归到以中小型并购为主的交易策略，针对非上市公司和大型公司分支机构的并购成为主流。

二是并购基金的规模和数量持续扩大，知名并购基金管理机构纷纷设立。1993年德克萨苏太平洋集团创立，1995年橡树基金设立，同时早期的风险投资基金、政府主导的产业发展基金也开始谋求业务转型，如华平、3i公司都将自己的业务范围由早期的创业投资逐渐转到并购重组领域。

三是并购基金经历了一段外部资金充裕，投资模式多元化的时期。这一阶段，并购基金普遍执行并购标的多元化以及跨国跨区域的投资模式，使其投资范围迅速扩张到全球。

在这一阶段,并购基金除了延续前期帮助企业实现结构调整和专业化发展而获取价值的价值创造模式,还通过开拓海外并购市场来实现价值提升。并购基金通过对非上市公司、大型公司分支机构的一系列并购整合和跨境并购,帮助被并购企业在快速强化自身核心业务的同时,实现全球范围内的专业化发展。同时在这一阶段,股东价值成为机构投资者评价公司投融资决策的重要依据,市场价值成为影响并购基金投资决策及收益实现的重要因素。

三、海外并购基金第二轮发展周期的价值创造

(一)海外并购基金的第二轮繁荣阶段的价值创造

2004~2007年是全球并购基金的第二轮发展高潮,全球并购基金的募集和投资呈现出快速增长的势头,2007年并购基金的募资规模达到了2 586亿美元,投资额超过800亿美元,从美国并购基金市场来看,私募基金参与的并购重组占据了并购重组金额的27%[①]。在这期间,全球并购市场迎来第六次并购浪潮,2006年全球并购交易总额达到4万亿美元,私募股权并购基金参与全球并购的数量和规模不断增加。2000~2007年美国市场并购基金杠杆收购的数量和规模,如表3-2所示。

表3-2　　2000~2007年美国市场并购基金杠杆收购的数量和规模

年份	成交量(宗)	成交金额(百万美元)
2000	203	29 019
2001	113	17 050
2002	143	27 811
2003	209	57 093

① 资料来源:merger market 数据库。

续表

年份	成交量（宗）	成交金额（百万美元）
2004	326	86 491
2005	615	122 715
2006	804	219 052
2007	581	486 090
合计	2 994	1 045 321

在这一阶段，并购基金的价值创造主要体现在帮助被并购企业提高经营管理水平来实现价值的提升。这主要是越来越多的并购基金开始吸纳具有产业背景的管理专家，如通用电气的杰克韦尔奇以及 IBM 的郭士纳等，并购基金充分发挥产业人才卓越的企业运营及管理优势，能够帮助并购标的提高经营效率，从而使其市场价值获得更快提升。

（二）海外并购基金的第二轮调整阶段的价值创造

海外并购基金在 2008～2012 年处于第二轮调整阶段。2008 年美国次贷危机持续发酵，最终演变为波及全球的金融危机，受此影响全球并购基金行业进入调整阶段。2008 年全球并购基金规模出现大幅度下滑，全年已宣布的并购总额为 2.9 万亿美元，较上一年减少了 29.6 个百分点，全球宣布取消的并购案例达 1 194 起，创出 2000 年以后的新高。全球低迷的并购环境也对并购基金的市场行为造成了严重的打击，当年新增投资大幅下降了 40%，金额为 1 890 亿美元。同时募集资金也下降了 8%，金额高达 4 500 亿美元（王巍，2011）。这一阶段，并购基金作为一种金融产品受到宏微观领域风险因素的共同影响，尤其是系统性风险诸如宏观政治经济环境、全球经济危机等对其投融资渠道的影响起到了决定性的作用。

虽然相对数值显示出并购基金的成长趋缓，但绝对数字仍然显示了其强劲的发展动力。在这期间，国际知名并购基金，如黑石集团、凯雷集团、KKR 以及德州太平洋集团仍积极参与跨国并购，特别亚太地区投资活跃度不断上升,在全球范围内推动了产业资源的重新配置和整合,促进了全球产业调整升级的步伐,并购基金成为并购市场的主体。同时投资银行和商业银行也通过开设直接投资部门,发起设立并购基金。截至2009年,全美9 000家私募基金管理着超过9 000万亿美元的资产,其中并购基金所占比例达到63%,在私募基金行业中占据支柱地位。

在这一阶段,并购基金的价值创造模式主要是帮助被并购企业通过产业转型升级实现价值提升。在金融危机的背景下,成熟的传统行业例如食品、银行以及汽车等面临结构调整,并购基金开始在全球范围内寻求并购机会和资源整合,帮助被并购企业实现资源的配置升级。

(三) 海外并购基金的第二轮复苏阶段的价值创造

海外并购基金从2013年至今处于第二轮复苏阶段。从表3-3可以看出,全球并购市场规模在2010~2012年间逐年缩减,直到2013年后又快速增长,2015年的成交金额较2012年增长了近1倍,较2014年增长了28%(如表3-3所示)。根据美国私募股权投资协会(PEGCC)发布的报告,2008年后以大规模控股投资为主的并购基金陷入阶段性调整,加之2011年欧债危机的冲击令欧洲股权投资市场十分低迷,拖累并购基金管理规模于2012年降至七年来最低点,但随着美国经济率先走出衰退阴影,2013年后并购基金资产规模才重拾升势。

表3-3　　　　　2010~2015年全球并购市场规模和数量

年份	数量(宗)	成交金额(亿元)
2010	74 214	34 311
2011	74 713	34 175
2012	75 363	32 737
2013	81 732	36 632
2014	89 773	48 100
2015	89 440	61 437

资料来源:Zephyr database.

观察2015年全球并购市场结构,从行业分布来看,化工、橡胶、塑料行业是并购规模最大的行业,达8 021亿美元,但成交数量5 386宗仅次于机械制造、家具,可再生能源和批发零售交易位列第三位,由此可以判断该行业的并购主要以大规模并购为主;从收购目标所处国家来看,美国公司被兼并的数量最多达14 357宗,共计19 427亿美元,而英国是欧盟国家中并购目标数量和规模最大的国家,分别达到7 260宗和5 487亿美元[①]。

在这一阶段,并购基金的价值创造模式主要是帮助被并购企业通过全球资源配置实现价值的提升。在全球经济形势逐步回暖和政策环境相对宽松的背景下,并购基金作为"最聪明的投资资本"在全球资源的优化配置中起到了十分重要的作用,并帮助被并购企业在全球范围内实现内在价值与市场价值的增长。

四、海外并购基金的价值创造轨迹评价

由于宏观经济变化、金融制度变迁以及产业周期更迭等,并购基金支持的并购交易呈现出一定的周期性特征。高收益债券的崩溃、互联网泡沫的破裂以及次贷危机的爆发使并购基金交易活跃度受到一定的影响,呈现出两次明显的放缓-加快周期。在这期间,并购基金的价值创造功能不断演进,从被撮合交易的财务顾问,到助推企业实现结构调整以及专业化、全球化发展的积极投资者;价值创造的地域范围不断扩大,从早期的美国、欧洲扩展到新兴的亚洲并购市场;价值创造的行业对象不断增加,从零售、制造及基础设施等传统行业,扩展到信息技术、媒体、金融服务以及医疗护理等非传统行业和新兴行业;价值创造的类型不断多元,从帮助大型企业集团剥离非核心资产的归核化并购,到实现产业链延伸发展的横纵向并购以及依赖大规模融资的公众公司的私有化并购等;价值创造的实现方式不断演进,从出售给财务投资者与上市退出,到转让给战略投资者

---

① 资料来源:Zephyr database.

与其他 PE 机构的二次收购。经过四十余年的发展，并购基金的价值创造在全球资源优化配置中扮演着十分重要的作用，帮助被并购企业在全球范围内实现了内在价值与市场价值的提升。

第三节　海外并购基金的价值创造影响因素

海外并购基金的价值创造离不开宏观经济周期、金融制度变迁、公司治理结构变革等外部宏观因素的影响，而并购基金的投资人结构、合约及组织形式、财务结构则是影响并购基金价值创造的内部因素。本小节将从并购基金内部组织结构的角度对其价值创造影响因素展开研究。

一、海外并购基金的投资人结构

并购基金的投资人主要由机构投资人组成，包括养老基金、保险公司、大型企业集团的财务子公司、金融机构的下属投资机构、证券公司的自营部门、慈善基金会、主权财富基金以及母基金（专门对其他基金进行投资的私募基金）等。在美国，养老基金的参与极大地推动了并购基金的发展。据不完全统计，截至 2007 年全球 33 家私募股权公司管理着超过 100 亿美元资产，而这些私募基金的投资者按投资规模排名，名列前 25 位的大多为养老基金，CalPERS、CalSTERS、PSERS[①] 以及华盛顿州投资基金会占据了头四把交椅[②]。养老基金已成为成熟市场并购基金最重要的投资机构。并购基金超额的资产收益率，也同样吸引了保险公司、银行、证券公司等金融机构进入杠杆投资领域。另外，一些大型的企业集团也通过成立相关的私

---

① CalPERS（California Public Employees'Retirement System）；CalSTERS（California State Teachers' Retirement System）；PSERS（Pennsylvania Public School Employees Retirement System）。
② 资料来源：Private Equity Analyst（2008）。

募基金，开展一系列横向或纵向并购，以获得规模或协同效应。机构投资者出于自身风险投资偏好，调整并购基金在本机构资产组合中的比例。

并购基金的投资人结构在一定程度上影响着并购基金的价值创造模式，以养老基金为主的机构投资者对投资风险与收益的偏好不同，一定程度上影响了并购基金的并购行为以及并购后的管理策略。

二、海外并购基金的合约及组织形式

私募股权公司作为一般合伙人（GP）发起并募集并购基金，绝大部分并购基金是封闭式运作，在此期间有限合伙人（LP）承诺提供进行股权投资的资本金同时给付私募股权公司一定的管理费用。并购基金存续期一般在十年左右，但可能被额外延长三年，在合约中并购基金可在长达五年的投资期内寻找适合的投资标的。并购基金募集资金到位后，按照基金协议 LP 很难再对 GP 的投资过程进行干预。一般来说，LP 与 GP 之间的协议包括对并购基金投资于单个公司资本比例的限制，以控制投资组合风险，协议中还对并购基金可以投资的证券种类以及并购基金的负债水平做出了规定。一般来说，私募股权公司或者一般合伙人可通过以下途径获得收益，第一是 GP 每年可获得一笔管理费用，一般是管理净值的 1% ~ 2%；第二是可获得业绩分成，亦可称为附带权益（carried interest），当并购基金的净回报率超过 LP 与 GP 约定的目标收益率时并购基金可获得超额部分的一定比例的额外奖励，一般这一比例为 20%；第三是一些 GP 可向他们管理的标的公司收取监管费用，而有时 LP 也可与 GP 一起分享此部分费用（Kaplan & Strömberg，2009）。

在组织形式方面，并购基金本质上是私募基金，因此其组织形式也包括有限合伙制、公司制、信托制等，而在并购市场最为活跃的美国和英国，约有 80% 的并购基金采用了有限合伙制。合伙制成为美国私募股权基金的主要组织形式的原因，很大程度上是其主要的机构投资者如养老金、大学基金以及慈善基金可通过该种组织形式保证其免税地位，同时该种组织形式在报酬安排上较公司制更为灵活，还可避免公司制双重赋税的问题（Sahlman，1990）。

并购基金的合约及组织形式，决定了并购基金以投资人回报最大化为目的，更加注重投资标的公司市场价值的提高，并实施积极的并购策略，以便能够实现在相对较短的时期内创造更大的价值。

三、海外并购基金的财务结构

海外并购基金普遍采取高杠杆的财务结构，在海外并购基金的活跃期，其并购资本中高达80%~90%来自长期的债权融资，财务杠杆率较高。在并购债务中，第一部分是高信用级别和有抵押部分，银行是此类债务的主要认购者，而近年来主要由包括对冲基金的机构投资者购买了大部分的优先债权，对冲基金通过发行贷款抵押债券[①]将不同的贷款项目集中在同一资产池后，再将组合切分为不同优先级的贷款抵押债券再次出售给其他机构投资者。第二部分是初级的无担保债券，由高收益债券及夹层债务提供资金。第三部分由并购基金的投资人提供，形成股权投资，同时被并购公司的新的管理团队也进行一小部分股权投资。

并购基金的财务结构影响着并购基金的资金成本，从而影响其并购策略。资金成本高，则并购基金更为倾向于采取资源整合的方式快速实现增值退出；反之并购基金则可能会为被并购企业提供更多专业化服务，如派出行业专家、财务顾问等，通过重塑公司战略、优化公司治理经营等方式，帮助企业实现内在价值与市场价值的提升。

第四节 海外并购基金的价值创造模式

并购基金价值创造模式是并购基金从设立到并购项目退出过程中所产生的价值创造链条、价值创造效应以及价值创造对象所构成的有机整体。

---

① 这是一种由个人或商业贷款池组合的贷款还款支持的结构性债券，即将贷款资产证券化。

对并购基金来说，其价值创造的根本目标是并购标的市场价值的增加，而并购标的市场价值的增加是以标的内在价值的提高为基础。本节将主要对海外并购基金收购上市公司的价值创造模式进行研究，同时对其价值创造模式中推动各要素之间相互联系的作用机制进行探究。海外并购基金价值创造模式如图3-1所示。

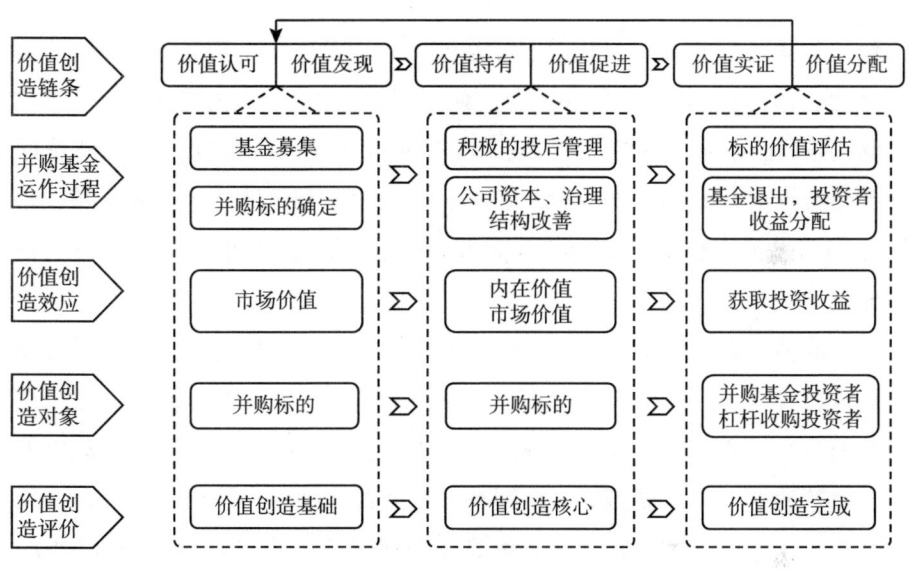

价值创造链条	价值认可 价值发现	价值持有 价值促进	价值实证 价值分配
并购基金运作过程	基金募集；并购标的确定	积极的投后管理；公司资本、治理结构改善	标的价值评估；基金退出，投资者收益分配
价值创造效应	市场价值	内在价值 市场价值	获取投资收益
价值创造对象	并购标的	并购标的	并购基金投资者 杠杆收购投资者
价值创造评价	价值创造基础	价值创造核心	价值创造完成

图3-1 海外并购基金价值创造模式

一、价值认可与价值发现

价值认可与价值发现是并购基金价值创造的基础，并购基金利用专业知识对投资标的未来价值创造的大概区间进行预判，结合宏观经济发展、产业变革趋势以及并购市场政策环境以及并购基金自身的价值创造能力、并购标的内部环境进行判断和选择。在这一阶段并购基金的价值创造的对象是并购标的（上市公司）的投资者，价值创造效应表现为并购标的的市场价值的增加，上市公司投资者获得超额的投资收益。

并购基金价值创造的第一步是价值认可，首先，并购基金是一种具有价值的投资品种，已成为现代投资组合管理中除却货币、债权、股票之外的第四大资产类别，与其他私募股权基金、主权财富基金共属于"另类投资"。高风险、高收益以及低流动性的并购基金，已成为海外以养老保险基金为主的机构投资者的重要投资类别。海外并购基金研究普遍发现，并购基金可获得高于同期市场基准收益率的平均回报，格罗和格特施拉格（Groh & Gottschalg, 2006）选取1984~2004年间199只美国并购基金，与经风险调整后的 S&P 500 指数收益做比较，发现并购基金样本能够获得显著为正的 alpha 值，并且在扣除并购基金支付给合伙人的费用后，样本的超额收益仍然显著，梅特里克和安田（Metrick & Yasuda, 2010）、帕特里西亚和巴拉斯（Patrícia & Balázs, 2014）均获得了相似的结论。并购基金份额的募集代表着投资者对并购基金以往投资声誉、历史业绩以及管理人员专业能力的认可。

并购基金的价值发现是在并购基金融资过后，并购基金管理者对并购标的进行筛选、尽调、评估过程。在该投资阶段，并购基金基于历史投资经验及自身投资策略，评估该标的的价值增长空间——是否能通过战略调整、监管改变、技术创新等一系列整合及改造实现潜在价值的增长。在这一过程中，价值低估是并购基金价值发现的基础。梅金森和韦斯（1991）发现被风险投资或私募股权基金投资的公司，较之被其他投资者投资的公司，其公司价值被市场低估。

另外，并购基金的投资可能具有"认证效应"，并购标的获得并购基金的投资支持，预示着其可获得并购基金来自资本和产业运作方面的专业知识，获得包括投融资运作、产业趋势研判以及社会资源网络方面的优势资源支持。因此，资本市场中并购基金的投资行为隐含着机构投资者对并购标的投资价值的认可信息、资源支持的信息以及并购基金的品牌及声誉保证，可以缓解证券投资过程中的信息不对称问题。针对并购基金收购上市公司的价值创造模式而言，在非完全有效的证券市场中，并购基金的"认证效应"可能引起上市公司市场价值的变化。虽然并购基金还未真正开展对并购标的的监管及改造，但该投资行为可能被认为是一种"积极的信号",引导并购标的投资者认可并购基金价值创造的可能性,并购标的的市场价值可能发生正面的变化,并购标的投资者可能获得超额的投资收益,并购基金表现出价值创造效应。

二、价值持有与价值促进

并购基金价值创造的第二个环节是价值持有与价值促进。在这一环节,并购基金首先进行收购方案的制定、开启商业谈判以及收购意向书的签订,完成并购标的的收购,从而达到并购价值的持有;而后通过一系列的投后管理对并购标的进行重组和改造实现并购相关利益方的价值促进。价值持有与价值促进是并购基金价值创造的核心。在这一环节,并购基金价值创造的对象是标的企业,其价值创造效应表现为标的企业财务指标的优化以及以股票价格为核心的市场增加,最终表现为其内在价值和市场价值的提高。

在海外并购基金的价值促进过程中,其价值创造功能得以实现的两个关键因素,一是财务杠杆的使用,二是控制权的获取。正如上文提及,在海外并购基金的杠杆收购中,并购基金只需以少量自有资本(5%~10%)即可撬动大规模的投资,其多样化的融资产品及广泛的内外部投资者,为并购基金优化融资结构、节约并购成本提供了便利。对标的公司而言,杠杆收购的价值创造作用体现在:一方面是债务的"税盾效应",财务杠杆产生的利息支出可抵减应税收入,同时债务的使用减少了权益资本的投入,使得每股收益升高;另一方面是并购债务对管理层的"约束激励"作用,债务带来的压力与危机预警使得管理层致力于改善公司治理和提高标的企业的资金使用效率。杠杆收购债务和管理层股权激励共同构成了并购基金收购中的"软性约束机制",使得外部投资者、并购基金、目标公司以及目标公司管理层形成了不可分割的利益共同体。

海外并购基金"积极监督"功能得以实现的内在机制是标的公司控制权的获取。控制权的获取减少了项目运营过程中的委托—代理问题,为其经营管理提供了权益基础，有利于并购基金对标的公司监督管理的有效执行。在公司治理方面，并购基金主要通过财务、经营以及管理的协同效应改善投资标的内部治理，同时通过运营战略、产品市场、人力资源以及企业文化等方面的整合，最终实现并购标的经营绩效的改善。在资本运作方面，并购基金辅助并购标的进行投融资决策，优化股权及债权结构，尽可能降低融资成本等，维多利亚和安娜（Victoria & Anna，2010）指出一定比例的加权平均成本（WACC）的降低将直接反映为净资产收益率（RONA）的上升。并购基金还通过节约委托—代理成本、精简机构削减不必要的管理费用。在"软性约束机制"与"积极监督管理"的共同作用下，海外并购基金价值创造具有自发性与内生性，构成了价值创造模式的关键。

三、价值实现与价值分配

并购基金的价值实现，是并购基金在对并购标的进行价值评估之后选择合适的时间、合适的方式退出投资。股权转让、海外上市、分拆上市是海外并购基金的主要退出方式。从并购基金层面来说，投资退出是将无形的内在价值创造表现为有形的市场交易价格的过程，是从隐性的价值增长过渡到显性的货币增长的过程，获取并购标的市场价值的增加是其投资的根本目标。

并购基金的价值分配是以并购基金的成功退出为基础的，该阶段项目投资回报在利益相关方之间有序分配。首先在并购基金以及并购标的其他股东之间进行分配，包括与并购基金联合投资的产业或金融资本、杠杆收购中各级债务的投资者等，各关联方按照投资协议或融资方案按照优先级别获取投资回报。其次在并购基金管理人和有限合伙人之间按照并购基金合伙协议进行分配。

在该环节并购基金价值创造的对象是杠杆投资相关投资人、并购基金管理人及合伙人，价值创造效应是价值创造对象获得以各自项目投入成本为基础的投资收益。

第五节 本章小结

从 19 世纪 90 年代晚期至今，全球共发生了六次并购浪潮，主动参与产业并购浪潮，是企业基于经济发展状况、外部政策规律以及自身战略规划的自然选择。并购基金作为主导或协助企业完成并购活动的主要金融资本，是并购活动的主要参与者和并购融资工具的主要提供者。四十年来，并购基金在美国萌芽，并由北美走向欧洲，最后落地全球，由其主导的杠杆收购成为影响全球经济、带动产业革命的一种创造性的并购模式。伴随着经济发展模式的转变和公司内外部制度的变革，并购基金从中获得了难得的发展和价值创造机遇。其价值创造功能的实现，受到全球并购浪潮、宏观经济周期、金融制度变迁以及公司治理结构变革等外部因素的影响呈现出一定的周期性，并在发展周期中形成了稳定的投资人结构、成熟的合约及组织形式，以及高杠杆的财务结构特点，该类特点是影响其价值创造功能实现的内部组织结构因素。而海外并购基金的价值创造背景、轨迹以及内部组织结构使其逐渐发展出独有的价值创造模式，在该模式下各个要素互相联系，缺一不可。

第四章

我国并购基金价值创造的背景、动因与机遇

上一章本书介绍了海外并购基金价值创造的背景、轨迹和影响因素，发现并购基金价值创造功能的实现离不开并购市场的发展，多元化的并购主体、多样化的并购融资工具以及多层次的资本市场结构将为并购基金提供丰富的投资标的以及稳定的制度环境。回顾我国并购基金的发展历程，2000年以来我国并购基金以其灵活的运行机制获得了快速的发展，在国企改革、海外资产并购以及成长型行业的并购整合领域均取得了一定的成绩，而2010年以来我国并购市场的不断完善和经济转型的加快推进，赋予了并购基金更多的成长机遇。基于此，本章首先对我国并购基金的价值创造背景进行了回顾，其次以金融创新理论为基础对我国并购基金的价值创造动因进行了分析，最后对我国经济转型、产业转型以及资本市场转型背景下的并购基金价值创造机遇进行了讨论，以便结合我国特定的并购市场结构及产业发展背景，进一步对我国并购基金价值创造模式展开研究。

第一节 我国并购基金的价值创造背景

并购基金作为并购市场的重要参与主体，其价值创造功能的实现，离

不开并购市场的发展与并购政策环境的优化。本节将具体介绍我国并购市场发展的轨迹与并购政策环境演变，以及本土并购基金的多元化发展格局，旨在更深入理解我国并购基金价值创造的宏微观背景。

一、我国并购市场发展轨迹及评价

（一）我国并购市场发展轨迹

以资本市场的成熟发展为基础，我国并购市场围绕着经济体制改革与国有企业的改革主线逐步发展起来，其发展历程可划分为四个阶段。

（1）酝酿探索阶段（1984～1991年）

1984～1991年是我国并购市场的酝酿探索阶段，经济体制和国有企业改革的进程拉动了我国企业并购的序幕。党的十二届三中全会开启了我国传统的数量型调控的计划经济体制向市场经济过渡的第一步——发展社会主义商品经济，同时确立了实行政企分开、两权分离的国企改革，以将国有企业改造为自主经营、自负盈亏的社会主义商品生产者和经营者为目标。此轮改革的推进使国有企业成为独立的经济实体提供了政策支持，为我国企业并购的实施提供了政策保障。从总体上看，这一阶段真正意义的市场化并购还未形成，政府意志和国家战略完全主导着企业并购，我国并购市场还处于酝酿探索阶段。这一阶段的我国并购市场具有以下特点：

第一，从政策环境上看，这一阶段推出的一系列的政策措施对未来国有企业的并购重组浪潮起到了积极的推动作用。《关于企业兼并的暂行办法》作为我国第一部企业兼并的行政法规正式出台，使企业兼并真正有章可循、有法可依。

第二，从市场参与者来看，并购基本在国有企业或集体企业内进行，由于政策的限制，民营企业参与的并购重组还未被允许。同时，国企改革仍停留在改善政府部门和企业间关系的层面，还未触及最根本的企业产权改革领域。

第三，从并购方式上看，这一阶段并购以无偿划拨、承担债务、出资购买为主，交易较少，手续也不规范。并购范围主要集中在相同地区的同一部门，并购规模由中小企业间的兼并向大企业间的兼并重组扩展。

第四，从并购效果上看，政府干预下的强弱兼并，虽然一定程度上优化了资源配置，但由于难以满足企业发展的实际需要，导致了大量并购活动的失败。

（2）起步发展阶段（1992~1999年）

1992~1999年是我国经济社会转型发展的关键时期，经济体制、资本市场、国有企业管理三大领域的深刻变革，使我国完成了从计划经济到市场经济的过渡，经济生产的效率和动能被唤醒，同时也掀起了一轮持续时间、并购规模以及影响程度均大大超越以往的兼并重组浪潮。这一阶段是我国并购市场起步发展的重要阶段，我国并购市场的雏形基本建立。这一阶段的我国企业并购是以市场化为主要标志，市场经济体制改革以及国企改革进程决定了我国并购市场发展的模式及路径选择，而证券市场的建立及发展环境的逐步完善又为市场化并购提供了资本和政策基础。这一阶段的我国并购市场具有如下特点：

首先，并购参与者的范围和规模日益扩大。在并购市场的酝酿探索阶段，我国企业并购基本在公有制企业内部进行，而20世纪90年代以后非公经济在所有制中重要地位的认可令国有产权的重组和流动成为可能，私营企业、外资企业对国有及集体企业的并购开始出现，特别是外资企业开始通过并购重组，参与国企的资本结构调整及技术改造过程，取得了良好的试验效果，如柯达对我国胶卷行业的全行业收购、尼桑和东风汽车的重组等。

其次，该阶段国家意志逐步退出，企业的微观主体意识有所加强，并购重组秩序日益规范。90年代后，除了上海及深圳两个场内交易市场，全国初步建立起了地方性的产权交易市场，为不同地域范围内的并购双方搜寻潜在的交易对手提供了方便，又兼具了并购效率及公平性，产权转让行为亦受到更加规范的政府监督。

第四章　我国并购基金价值创造的背景、动因与机遇

再次，在并购类型上更加丰富，逐步出现了产业价值链上的横向、纵向并购以及跨行业的多元化并购。并购方式除了前期国企改革中的常用方式承担债务、无偿划拨之外，还出现了控股并购等方式。同时，这一阶段经济总需求的快速增长令家电、饮料、保健品等消费行业持续扩张，行业内领导公司开始运用并购重组这一市场化的资源配置手段，通过规模经济或范围经济以达到产业整合或多元化经营的战略目标。

最后，并购的操作方法日趋多样。从并购对价的支付方式来看，随着证券市场的建立，支付方式已从最初的现金收购扩展为定向增发、吸收合并或多种支付方式的混合。从收购的方式上看，从一级市场的非公开股权收购到二级市场的举牌收购。同时投资银行等中介机构开始介入企业并购领域，我国市场的并购规则开始向欧美成熟资本市场靠拢。

（3）规范发展阶段（1999～2008年）

1999年亚洲金融危机后，我国经济在一系列强有力的宏观调控政策后终于止跌回稳，自此开启了改革开放以来最长的一段稳定发展时期，国内生产总值由9万亿元增长到2008年的31.6万亿元，一跃成为世界第三大经济体。外贸与投资的双轮驱动令我国经济1999～2008年经历了飞速发展的"黄金十年"，在这十年中市场经济体制由确立到更加完善，国企改革逻辑思路由含糊到清晰，而证券市场也经历了快速扩容和深化改革的过程，更注重公平和效率。在此背景下，法制的健全、市场参与主体的丰富以及并购交易规模的爆发性增长，我国并购市场走向了规范发展的道路。与前两次并购热潮相比，这一阶段的我国并购市场的发展特点是：

第一，从并购市场的开放度来看，从早期的封闭、半封闭并购市场转变为较为开放的并购市场格局，由过去单纯发生在境内国企、民企以及外资企业之间的局部的并购行为拓展到国际资本的入境并购、国内企业的出境并购以及境内跨所有制企业之间的并购，我国并购市场已融入全球的并购浪潮，其并购主体、并购范围以及并购行为的丰富性大大提高。另外，市场的开放程度还体现在企业在并购中微观主体意识的觉醒及加强，以及政府在并购中由市场参与者逐步演变成监管者的角色转变。

第二，从政策环境上看，国家对并购市场的监督管理也更趋严格，并购的法律基础在这一阶段获得较好的完善。《外国投资者并购境内企业暂行规定》，为规范及引导外商投资、合理配置产业及金融资本提供了有力的法律保障；《外国投资者对上市公司战略投资管理办法》以及《关于外国投资者并购我国境内企业的规定》，对跨国公司并购我国行业龙头的经济安全相关问题进行了规范；《上市公司收购管理办法》重新修订，进一步遏制了上市公司收购过程中的内幕交易行为。

第三，从并购动机来看，这一阶段我国企业的并购动机主要表现为两个方面。一是企业之间通过并购形成强强联合，优势互补的竞争格局，特别是在高科技企业之间通过技术上的交流及合作，增强企业的核心竞争力，改善其在市场中的竞争地位及经营条件，如小天鹅与科龙的战略联盟、海信集团与浪潮电子的信息产业合并等。二是与发达国家企业成长路径类似，并购战略已经成为新经济时期我国企业的创新发展模式，通过并购重组实现规模效应，提高市场占有率，攫取行业最新技术成果，或者迅速切入新竞争领域以实现企业资源的优化配置等。

第四，从并购的类型、并购目的以及支付手段来看，这一阶段的并购市场有了全面的发展。从支付手段看，除了无偿划拨、吸收合并、协议转让外，定向增发为上市公司并购活动的开展提供了便利的融资渠道，以股份支付或股份与现金混合支付并购对价作为支付手段被广泛采用。从并购类型及目的来看，除了上市公司为避免退市而进行的"保壳"，为保证再融资而进行的"保配"以及敌意收购、竞价收购之外，管理层收购（MBO）的盛行对这一阶段的并购市场的活跃起到了极大的作用。作为90年代中期"抓大放小"的国企改革战略的延续，国企内部的管理层收购曾经在这一时期十分盛行。但之后关于管理层收购"涉嫌侵吞国有资产"的怀疑也令这一法律边界模糊的国企产权改革陷入了困境，一度转入沉寂。

第五，从并购市场的参与者来看，这一阶段海外私募投资基金开始大量进入我国，而国内的 PE 机构也迅速地成长起来。由于高收益率债券、并购贷款等成熟市场常见的并购支付工具的缺乏，企业在收购中承受着巨

第四章 我国并购基金价值创造的背景、动因与机遇

大的压力。而以并购基金、风险投资为代表的金融资本凭借着资本运作方面的优势，弥补了企业单一运作并购的短板，并通过提供财务顾问服务，参与战略投资，提供过桥贷款等深入地参与到企业并购的过程中去。并购基金等私募股权机构参与或主导的企业并购呈现上升趋势，国外私募如KKR、高盛、凯雷、华平资本，国内如达晨、鼎晖、弘毅投资积极参与到境内或者跨境的企业并购中去，在国企管理层收购、混合所有制改革过程中发挥了重要的作用。

第六，从并购市场容量来看，我国并购市场开始逐步融入了全球并购市场，并成为其中最活跃最具增长潜力的一部分，境内外并购市场容量及平均交易规模均在2007~2008年间达到高潮。一方面境内并购在本土的国有企业、民营企业以及合资企业之间展开，境内并购市场获得了爆发式的增长，如图4-1所示。

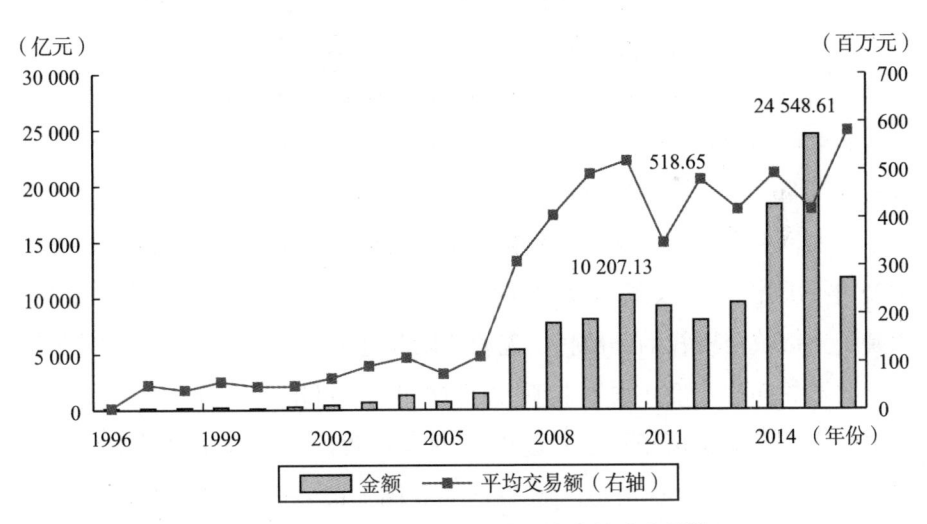

图4-1 1996~2016年期间我国境内并购交易情况

资料来源：Wind资讯。

另一方面越来越多的企业通过境外并购这一市场化手段获取先进技术并切入高增值的海外市场（见图4-2）。获取资源、技术、品牌是这一阶

段我国企业出境并购的内在动力。以石油、金融行业为代表的垄断国企凭借雄厚的资本实力，通过全球化的并购重组进行产业的重新布局与整合；而民营企业为弥补核心技术的研发不足以及消化国内市场的产能过剩问题，纷纷将目光投向海外。

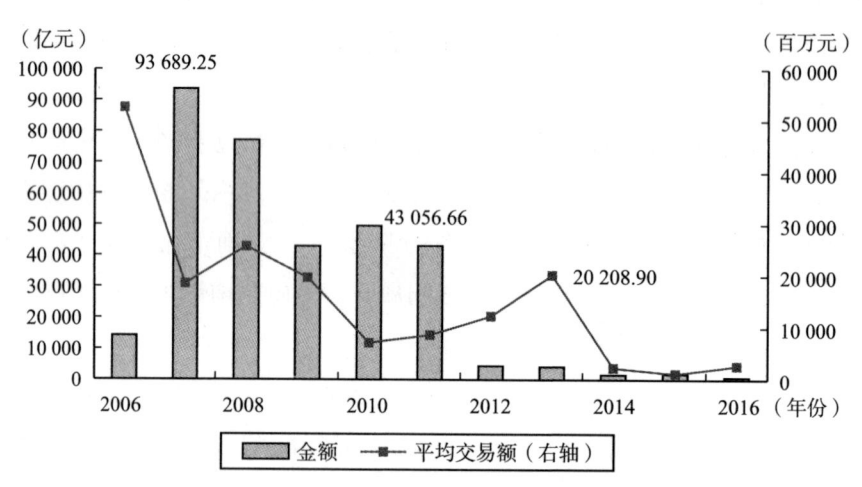

图4-2 2006~2016年期间我国境外并购交易情况

资料来源：Wind资讯。

第七，上市公司并购热潮逐渐兴起。资本市场的日益成熟，加之2005年后股权分置改革的成功推行，结束了我国畸形的二元股权结构，改善了上市公司股权的分散化、流动性以及公平效率不足等问题，为我国上市公司的并购及反并购等市场化行为提供了便利的融资条件，一个制度上更加完备的并购市场被建立起来。2001年我国上市公司并购案件不到50起，金额也不足50亿元，到2005年我国上市公司并购案例已超过500宗，并购金额达到600余亿元，而到2008年围绕上市公司（包括A股和港股）发生的重组类交易（按公开信息统计，交易金额在5 000万美元以上）共计104起，总金额超过2 000亿元人民币①。

---

① 资料来源：Wind资讯。

第四章 我国并购基金价值创造的背景、动因与机遇

（4）快速发展阶段（2009年至今）

次贷危机及欧债危机的双重冲击，使全球并购市场在2008年后经历长期盘整徘徊，直至近年在全球经济复苏趋势确立后，才重新恢复活跃。与全球并购市场的低迷不同的是，处于全球发展最快的新兴经济体之中的我国并购市场在危机后依然经历了两轮的快速发展，成为全球最为活跃的并购区域之一。第一轮快速发展是在2009~2011年，该阶段的我国并购市场呈现出市场容量扩张但平均交易规模中小型化的特点，这一特点一方面符合危机后大多数企业扩张乏力，谨慎投资的策略；另一方面，危机后经济高速增长惯性以及宏观政策宽松调控下，我国企业加紧了海外"抄底"的步伐以及民企境内并购的强劲增长，导致了整体并购市场规模的膨胀。第二轮并购市场扩张是2012~2015年，虽然欧债危机的冲击令我国并购市场的交易规模有所缩小，但全球经济复苏前景以及我国产业结构调整的需求令并购市场逐渐恢复，我国并购市场规模及平均交易额变化情况如图4-3所示。

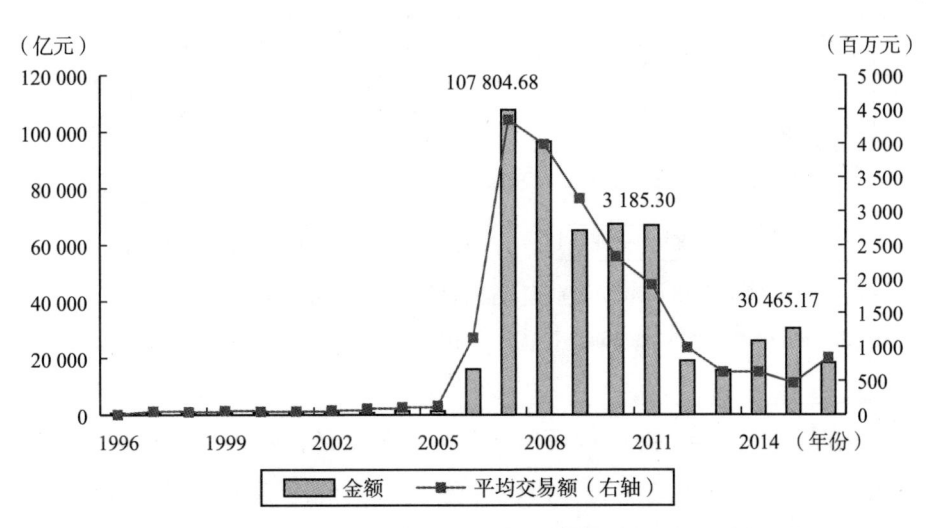

图4-3 1996~2016年期间我国并购市场规模及平均交易额变化情况

资料来源：Wind资讯。

我国并购基金价值创造模式与价值创造效应研究

由图4-4可以看出这一阶段境内并购逐渐成为我国并购市场的主要类型，无论在数量还是金额占比上均占据优势。并购政策环境的完备、公司治理机制的成熟以及资本市场的改革令我国企业特别是民营企业逐渐成为市场化经济体制下最为普遍且最为灵活的并购主体。从金额分布来看，境内并购呈现出明显的顺周期性。在金融危机后，民营企业面临着国内外需求收缩的压力，投资较为谨慎，而随着宏观经济的回暖及资本市场的繁荣预期，产业增长模式调整以及上下游一体化的垂直整合逐渐增多，通过纵向并购追求产业链的价值最大化成为企业战略转型的方式之一，2012年后境内并购市场重新活跃。

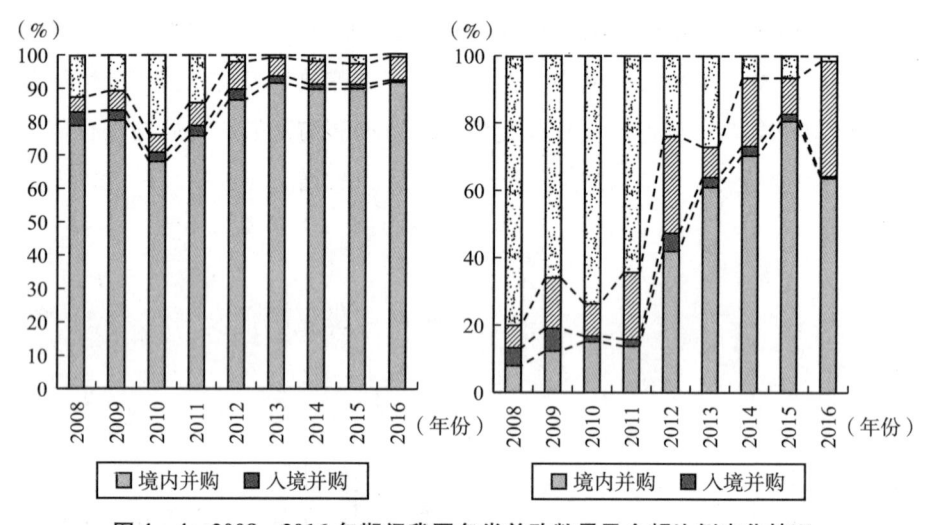

图4-4 2008~2016年期间我国各类并购数量及金额比例变化情况

资料来源：数据摘自Wind资讯。

同时，2008年金融危机后出境并购交易金额占比也呈现出波动上升的趋势。这一阶段，在人民币升值及境外资产价格下降背景下，我国实现了由资本输入国向资本输出国的转变，成为仅次于美国和日本的全球第三大对外直接投资国。作为全球产业结构的深度调整的有机组成部分，我国企业高度重视产业再调整中的战略性布局，通过全球化的并购战略，提高自身在能源、技术、人力等生产要素方面的全球性布局。我国境外并购在相当长的一段时间内将维持加速发展格局。

2008年的金融危机使我国经济告别了经济增长的黄金十年，迈入了经济增速由高速向中高速转变的换挡周期。这既有危机后世界经济萧条的外在影响，更来自之前十年经济高速扩张所带来的产能及库存的消化的调整需求。更重要的是我国经济的基本格局已经发生改变，人口红利的逐渐消失、产业结构的趋势性逆转以及收入结构的调整，使长久以来支持我国经济发展的动力机制日渐衰竭，而全新的增长动力仍处于形成之中。这一时期，我国经济增长方式正由强政府主导的低效增长向市场决定资源配置的效率型增长转换，由要素及投资驱动型增长向创新驱动型增长转换（沈坤荣和滕永乐，2015）。我国并购市场作为产业与金融资本博弈的中心地带，必然折射出经济发展模式转换的微观路径和政策效果，从实体经济与资本市场两个维度揭示了经济及产业变革的现状与未来。这一阶段，我国并购市场迎来了第四次并购浪潮并获得了快速的增长，也反映出与以往不同的崭新特点。

第一，传统行业加快整合，新兴行业加速崛起。一是以能源及矿产、房地产、机械制造为代表的传统行业并购数量均呈现出明显的下降趋势，特别是海外能源并购在油价下滑及国内产能过剩的背景下出现萎缩。二是由IT、互联网、娱乐传媒、电信及增值业务以及广播及数字电视构成的TMT行业则表现出强劲的增长。并购市场中的资本配置反映了当前由传统产业向新兴产业转移的产业结构转型趋势。以并购基金等私募基金为代表的产业及金融资本正大幅增加对创新产业的投入，而上市公司以TMT、生物技术、医疗健康以及清洁技术等为中心的多元化战略布局也正在形成。

第二，我国的并购重组政策环境获得前所未有的优化，并购融资工具不断创新，为我国并购市场快速发展提供了保障，也是第四次并购浪潮得以持续的直接原因。这一阶段，我国构建了自上而下的并购市场监管体系，各类监管政策互为补充构成了逐渐健全的监管机制。在融资工具方面，除传统的股权、现金方式，并购贷款、优先股、私募债以及可转债作为并购支付手段已经获得了政策上的允许和支持，同时私募基金深度介入上市公司并购领域，上市公司设立产业并购基金、并购基金为上市公司提供并购融资辅助等也成为上市公司的创新融资渠道。

第三，并购目的的多元化趋势。早期国企的并购以行业整合、资本运作、资产调整为主要驱动，主要以扩大市场影响力的横向整合以及降低成本的上下游纵向整合为主。如图4-5所示，而2007年以来参与主体的丰富性以及并购策略的灵活性令并购目的多元化。运用并购案例数量衡量并购的活跃度，可以看出多元化并购的交易数量比例不断扩大，跨界经营、产业转型成为上市公司市值管理的一大利器，但对题材概念的过度炒作也引发了2015年上半年股市的泡沫堆积。另外，获取资质、收购品牌、获取资格牌照等纯技术性收购也不断涌现，体现了产业整体对核心竞争力的重视。

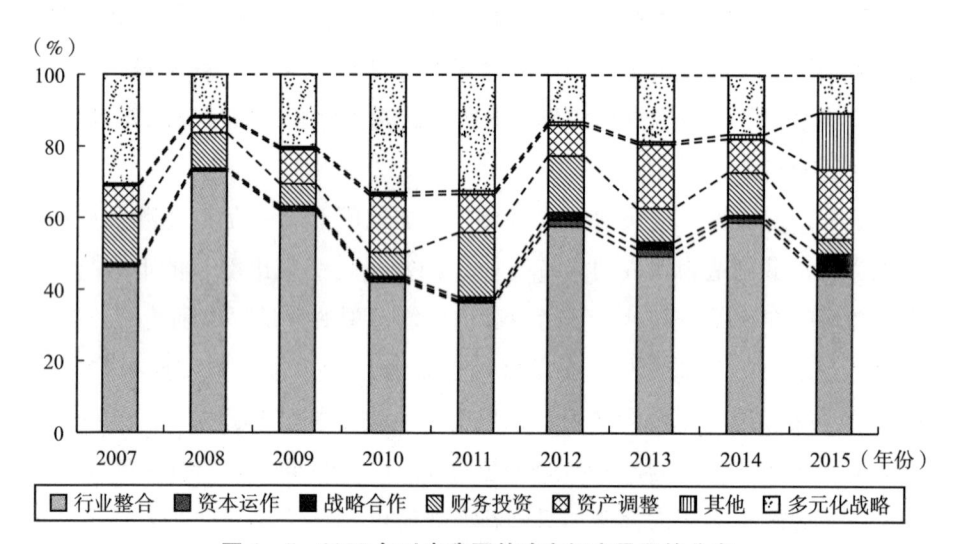

图4-5　2007年以来我国并购市场交易目的分布

资料来源：数据摘自Wind资讯。

（二）我国并购市场发展评价

三十余年来，我国经济体制及国有企业的改革红利推动着并购市场的规模不断扩大，金融危机以来我国并购市场更是迎来难得的发展机遇，表

第四章 我国并购基金价值创造的背景、动因与机遇

现出与全球并购市场截然不同的增长路径。我国已经形成了参与主体、交易类型以及交易工具的多元化不断提升、交易环境日趋成熟、市场化程度不断提高以及并购政策法规环境不断放松的并购市场环境。我国并购市场的发展在宏观上体现了转型时期产业结构和经济结构调整的需要,微观上体现了企业实现发展战略的自然选择。

推动我国并购市场发展的驱动因素,一是来自转轨时期的经济体制与国有企业改革,触发了我国经济金融各个方面的全面变革,是并购市场发展的根本动力;二是我国经济产业结构调整的内在要求,传统产业普遍存在提高产业集中度,解决过剩产能以及增加产业竞争力的转型需求;三是产业转型时期国家产业政策驱动下的并购需求,国家政策对金融及产业资本优化配置的引导作用,推动资本由传统产业进入新兴产业;四是资本市场的日益活跃使得其资源聚集及价值发现功能发挥作用,同时为并购市场提供了丰富的市场参与主体与融资工具,并购主体通过资本市场参与并购的动力增强。

而我国并购市场发展的主要成就,一是对内推动了我国经济结构的转型调整。当前我国经济进入"三期叠加"的新常态时期,这一时期是经济增长速度由高速向中低速换挡,经济增长方式由低效耗能到高效集约转换,前期政府大规模刺激政策的累积效应以及溢出效应仍在发酵的过渡时期。在宏观层面上,我国正经历着经济增长方式、产业结构分布以及宏观调控模式的转型,在微观层面上则表现为以企业为主的市场主体经营模式的转变、公司战略的调整以及生产要素跨行业、跨市场的重新配置等。并购市场的资源清算、价值发现以及价值增值等功能极大地加快并且推动了微观主体的产业调整活动,使得宏观层面的诸多转型得以顺利实现。

二是对外积极参与全球产业结构的深度调整,推动了我国与全球经济的双向交流。一方面,我国并购市场的迅猛发展以及全球金融危机创造的资产价格低估机遇推动了我国企业的跨国并购能力的提高,而人民币资本账户开放的逐步、稳妥推进也为更多的海外并购资本的入境并购提供了便利。另一方面,全球产业结构的深度调整推动了本土产业及金融资本的出

境并购,在全球范围内展开新一轮生产要素的重新配置。近十年来,随着涉外经济的逐步活跃,我国已经掀起了多轮海外并购热潮,并购主体、并购地区、并购目的呈现出多元化的特点,企业通过并购重组进行新一轮的国际范围内的战略性布局,弥补长期以来在能源、创新技术以及市场方面的配置缺陷。

三是并购重组政策环境获得优化,旨在构建高效透明的并购市场。除了构建了自上而下的多方位的并购市场监管体系之外,我国并购市场的市场化程度有所增强,行政审批加快简化使得并购政策趋向灵活,计划经济时代的以行政约束为主的监管思路正逐步转变为市场经济下支持微观主体的市场化行为的适量监管机制。特别是2014年以来监管机构的制度创新不断释放制度红利,从推进审批制度改革,提高审批效率、定价机制市场化到丰富并购支付方式,鼓励上市公司通过市场化的并购重组进行市值管理、实现战略目标等。虽然并购重组市场的政策约束还需进一步松绑,但并购效率已有所提升。

二、我国并购基金发展轨迹及评价

(一) 外资并购基金的发展轨迹及评价

20世纪90年代随着我国对外资投资政策的放松,外资并购基金开始进入我国并购市场,为我国并购基金行业的萌芽和发展作出了突出贡献。外资系并购基金一般由资源及资本实力雄厚的著名投行发起并管理,募集金额较高,投资标的分布亦十分广泛。2004年后,经过一段时间的探索与适应,外资并购基金在我国获得了较快发展。2004年6月,新桥投资以12.53亿元人民币,从深圳市政府下属的四家单位收购深圳发展银行17.9%的控股股权,并成为其第一大股东,此次并购成为并购基金在我国进行的第一起典型并购案例。2004年底,美国华平投资集团联合中信资本和黑龙江辰能,以20.35亿元人民币的价格收购了哈药集团55.0%股权,成为第一起并购基金收购大型国企案例。2005年10月,凯雷集团宣布将以3.75亿美元收购徐工机械85.0%的股份。而后鼎晖基金与高盛联手以20.10亿元的价格获得双汇集团100%股权,CCMP宣布收购武汉凯迪电力环保公司70%股权,PAG取得好孩子集团67.5%的控股权等外资并购案例不断涌现,外资并购基金成为我国并购市场的重要参与者。

在并购基金兴起的第一阶段,发展模式较为成熟和明确的外资系并购基金占据了我国并购市场的大半江山,其深厚的资源整合能力和资本运作技巧为本土并购基金的成长起到了一定的示范作用。而本土并购基金由于刚刚兴起投资经验不足在发展模式上还未十分明确。在这一阶段内,国内市场上活跃的并购基金可以分为三类,一是以KKR、凯雷、华平、新桥资本为代表的四大私募股权投资巨头;二是大型投资银行下设的直接投资部,如摩根士丹利、高盛、中信资本等;三是大型企业或集团设立的投资基金,如弘毅资本、GE资本。受制于我国控制权市场的落后以及外商投资法规的限制,外资类并购基金多以参股式的财务投资为主要目的,且并购标的多集中在竞争行业中具有发展潜力的大型国企,通过一段时间的战略整合完成被投资企业的价值增值,而后逐步退出。而与集团业务相关、服务于集团发展战略的产业系并购基金还比较少见。

(二) 本土并购基金的发展轨迹及评价

我国本土并购基金萌芽于2003年,弘毅投资的成立标志着我国首只本土并购基金的崛起。从2003年弘毅投资介入中国玻璃,2004年底完成核心资产收购,通过对并购标的的一系列内外部治理,至2005年6月中国玻璃上市,弘毅所持资产市值超过5亿港元,获得超过8倍的资本回报。2008年随着经济危机后全球资本市场的复苏,本土并购基金取得了飞速的发展,以弘毅投资、中信资本、复兴集团、天堂硅谷为代表的本土机构募得多只并购基金。2008年6月,弘毅投资募集完成Hony Capital 2008基金,基金规模为13.98亿美元,投资领域主要为兼并收购,该基金协助中联重科完成了对欧洲第三大混凝土机械设备制造商CFIA公司的收购,获得了其

18.0%的股份。中信证券也于2012年设立了第一只直投并购基金——中信并购基金，而后海通证券、华泰证券、广发证券、国金证券、中金公司等各大券商纷纷跟进，成立直投子公司发起设立并购基金进行并购投资。

自2011年开始，天堂硅谷先后与大康牧业、广宇集团、京新药业和升华拜克等上市企业签署发起设立并购基金协议，共同设立运营产业并购基金，成为我国并购基金的创新运作模式。该类并购基金的运作模式是通过上市公司、私募机构认缴部分基金份额，同时向社会募集剩余份额，并委托私募机构管理并搜寻具有成长潜力的投资标的进行共同培育，最后由上市公司向并购基金择机收购其中的优质标的，以实现上市公司规模扩张或主营业务调整的目的。这种创新的并购基金形式已成为众多上市公司进行产业整合及外延扩张的主要资本运作工具，自2014年以来获得了快速的发展，其特有的价值创造模式也得到了学术界的广泛关注。

经过十余年的发展，我国并购基金已经形成了运作模式多元化的格局。依据投资策略，我国并购基金可分为控股型及参股型并购基金；依据管理机构背景，可分为券商系、银行系、产业系；依据资金来源，可分为外资系及本土系并购基金。其中，与发展早期的外资系并购基金类似，受制于我国并购融资困难以及控制权难易的客观资本市场条件，参股策略是我国并购基金的主要投资策略。而券商系并购基金是由券商发起设立并进行投资管理的并购基金类型。银行系并购基金是我国商业银行通过在境外设立下属直接投资机构，并利用该下属机构在国内设立分支机构，以达到间接投资于国内公司股权的目的。以上两类并购基金同属于金融资本背景并购基金，主要通过投融资方面的专业知识，帮助被并购企业快速实现市值增长的目标。产业系并购基金是以产业资本提供资金来源，由私募股权机构协助发起或管理的并购基金，主导方多为以上市公司为代表的龙头企业、地方各级政府等。产业系并购基金的代表是"上市公司＋PE"类并购基金以及各级政府的产业引导基金，该类基金以推进产业资源整合、实现产业结构调整优化，最终实现企业价值提升为运作目标。

从市场运行规模来看，2006年后我国并购基金无论从基金募集还是

第四章 我国并购基金价值创造的背景、动因与机遇

基金投资,均呈现出高速增长态势。据清科数据不完全统计,2006~2015年共有418只本土并购基金完成募集,其中有327只披露募资金额,规模达1 829.92亿元。其中2015年披露募资规模的并购基金高达185只,规模上升至843.17亿元,分别较2014年上升95.4%及137.2%。并购基金投资方面,2007~2015年共有126起披露金额的并购基金投资案例,投资总规模达504.07亿元。2015年投资案例及金额分别为55起及212.22亿元,与2014年相比也实现了较高的涨幅(如图4-6所示)。

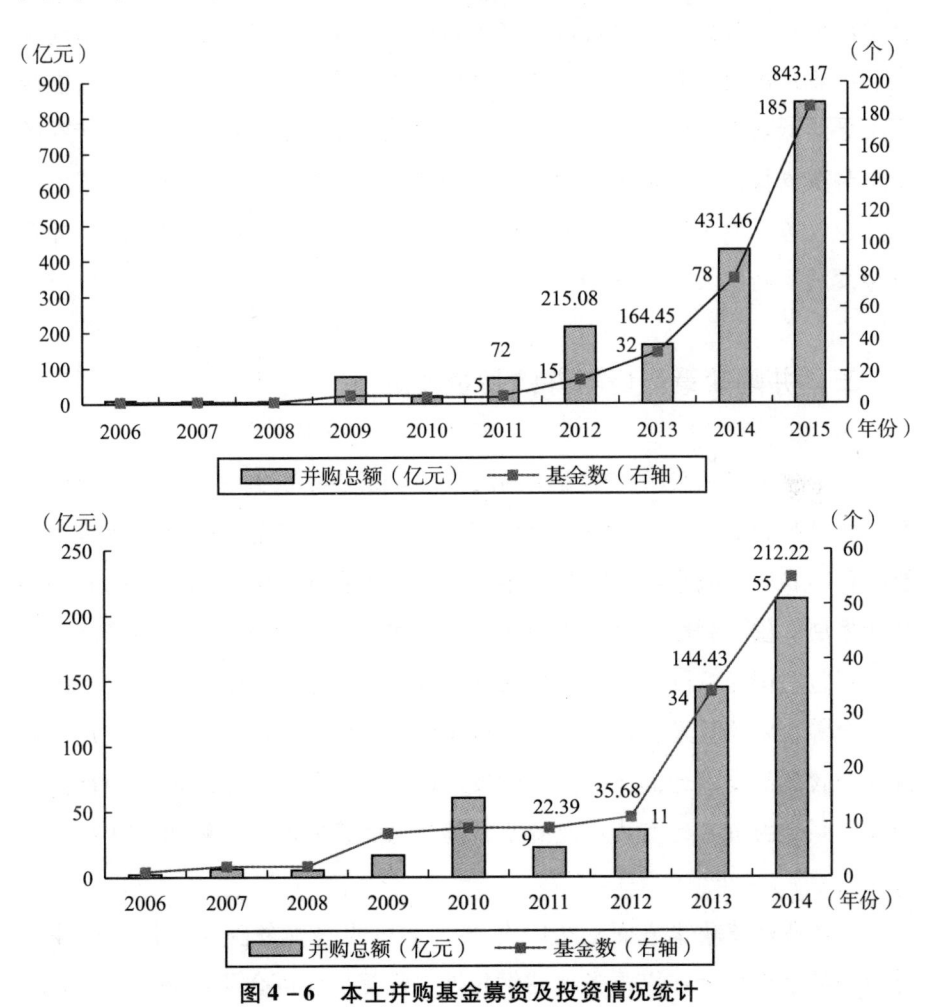

图4-6 本土并购基金募资及投资情况统计

资料来源:清科研究。

回顾我国并购基金的发展轨迹，其发展受到并购政策环境、并购市场发展以及我国宏观经济及产业环境的诸多影响。在政策环境方面，我国当前已构建了自上而下的并购市场政策体系，包括纲领性指导文件、并购重组投融资支持政策及监管法规，以及国家及地方层面的产业并购鼓励性政策，并购政策环境获得不断的放松及优化。在并购市场方面，近年来市场参与主体、交易类型以及交易工具的多元化不断提升，为并购基金参与市场化的并购活动，更好地发挥资源配置作用提供了制度保证。而在宏观经济及产业环境方面，我国经济的基本格局已经发生改变，人口红利逐渐消失、产业结构趋势性逆转以及收入结构不断调整，经济增长方式正由强政府主导的低效增长向市场决定资源配置的效率型增长转换。在这一特殊的历史时期，我国并购基金也获得了诸如产业转型升级、资本市场改革、国有企业改革，"一带一路"以及民营企业家退出等难得的发展机遇，并购基金发展空间巨大。

三、并购政策环境与并购基金发展

三十余年来，我国并购重组的政策环境历经了管制—放松—鼓励的过程，尤其是 2014 年后为了推动我国产业结构调整、加快传统产业转型升级步伐，我国并购重组政策环境不断优化，为我国并购市场与并购基金的快速发展提供了制度保障。当前我国已构建了自上而下的并购市场监管体系，既包括国务院的纲领性指导文件，也包括证监会、银保监会以及证券业协会等金融监管及自律部门的并购重组投融资支持政策及监管法规，另外还包含各部委出台的产业并购的鼓励性政策，各类监管政策互为补充组成了联系金融资本与实体产业的不断健全的监管机制（并购重组政策汇编详见附录）。

在产业扶植政策方面，2010 年 8 月发布的《国务院关于促进企业兼并重组的意见》首次以国务院的纲领性文件提出促进企业兼并重组的改革意见，着重强调以兼并重组为重要手段促进国有企业改革和产业结构调整,特别是服务于汽车、钢铁等产能过剩行业的调整和振兴。该意见的发布标志着我国企业兼并重组监管制度开启了全面松绑、全面改革的历史时期。2014年3月《关于进一步优化企业兼并重组市场环境的意见》,提出充分发挥市场在资源配置中的决定性作用,强调发挥企业在并购重组中的主体作用,应从审批制度、金融支持、财税政策、产业政策等方面营造便利的并购市场环境,明确了兼并重组政策的制定应以为企业服务为政策导向。产业扶植政策的陆续推出为我国并购重组市场支持实体经济发展、加快产业转型升级奠定了政策基础。

在投融资政策方面,证监会连续出台多个管理办法,2014年5月出台《非上市公众公司收购管理办法》《非上市公众公司重大资产重组管理办法》,2014年10月出台《上市公司重大资产重组管理办法》及《上市公司收购管理办法》,形成了由非上市公众公司到上市公司,由中小企业股份转让系统到交易所市场,由新三板企业到主板企业的覆盖我国多层次资本市场的并购重组投融资监管体系。该体系以非上市及上市公众公司划分的分层管理机制,将有助于实现更为精准的并购重组金融支持及监管,特别是针对非上市公众公司的更为灵活的以市场化为导向的监管机制,进一步提升了我国资本市场服务中小微企业的能力,适应了新三板市场不断扩容的资本运作需求。

在并购重组的审批流程方面,2013年10月起上市公司并购重组实行分道审核制度,审核程序大为简化(见图4-7)。上市公司并购重组首先由证监会、交易所以及证券业协会等行业监管及自律部门对上市公司信息披露及规范运作状况、财务顾问执业能力以及中介机构和经办人的诚信记录作出评价,再按照所获得的评价判断其适用的通道类型,对符合一定条件的不涉及股份发行的重大资产重组事项可豁免审核,而涉及股份发行的则实行快速审核。同时,2014年10月上市公司并联重组审核正式施行,相关部委的核准不再作为证监会对上市公司进行并购重组审核的前置条件,进一步提升了上市公司并购重组效率。

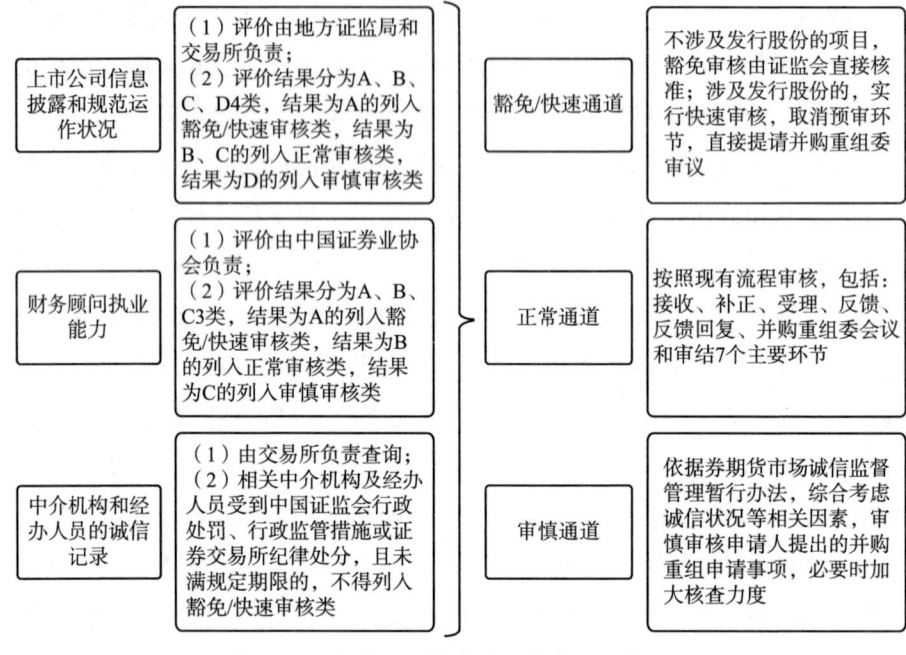

上市公司信息披露和规范运作状况	（1）评价由地方证监局和交易所负责；（2）评价结果分为A、B、C、D4类，结果为A的列入豁免/快速审核类，结果为B、C的列入正常审核类，结果为D的列入审慎审核类	豁免/快速通道	不涉及发行股份的项目，豁免审核由证监会直接核准；涉及发行股份的，实行快速审核，取消预审环节，直接提请并购重组委审议
财务顾问执业能力	（1）评价由中国证券业协会负责；（2）评价结果分为A、B、C3类，结果为A的列入豁免/快速审核类，结果为B的列入正常审核类，结果为C的列入审慎审核类	正常通道	按照现有流程审核，包括：接收、补正、受理、反馈、反馈回复、并购重组委会议和审结7个主要环节
中介机构和经办人员的诚信记录	（1）由交易所负责查询；（2）相关中介机构及经办人员受到中国证监会行政处罚、行政监管措施或证券交易所纪律处分，且未满规定期限的，不得列入豁免/快速审核类	审慎通道	依据券期货市场诚信监督管理暂行办法，综合考虑诚信状况等相关因素，审慎审核申请人提出的并购重组申请事项，必要时加大核查力度

图4-7 上市公司并购重组分道制审核原理

资料来源：证监会、笔者整理。

在融资工具创新方面，并购贷款、优先股、私募债以及可转债作为并购支付手段已经获得了政策上的允许和支持，2014年3月发布的《国务院关于进一步优化兼并重组市场环境的意见》支持将并购贷款、普通股、优先股、企业债券、非金融企业债务融资工具、可转换债券、定向权证等纳入并购重组支付工具，同时鼓励证券公司开展兼并重组融资业务，鼓励各类财务主体设立创投基金、产业基金以及并购基金等形式参与并购重组，进一步缓解企业并购重组的融资难题。该阶段并购重组融资工具相关政策整理见表4-1。

表 4-1　　　　　　　　并购重组融资工具相关政策

出台时间	出台部门	政策名称	政策内容
2008.12	银监会	《商业银行并购风险管理指引》	允许符合条件的商业银行开展并购贷款业务；明确并购贷款金额占比限制，借款人需提供充足担保；银行需进行充分的风险评估，做好并购贷款风险控制
2014.3	证监会	《优先股试点管理办法》	本办法首次披露了上市公司发行优先股的主体资格、股东权利、发行的原则及程序、交易、登记结算以及监管的一系列实操规则，明确了上市公司可通过增发优先股进行并购融资的政策支持
2014.3	国务院	《国务院关于进一步优化兼并重组市场环境的意见》	引导商业银行在风险可控的前提下积极稳妥开展并购贷款业务；符合条件的企业可以通过发行股票、企业债券、非金融企业债务融资工具、可转换债券等方式融资；允许符合条件的企业发行优先股、定向发行可转换债券作为兼并重组支付方式，研究推进定向权证等作为支付方式；鼓励证券公司开展兼并重组融资业务，各类财务投资主体可以通过设立股权投资基金、创业投资基金、产业投资基金、并购基金等形式参与兼并重组
2014.11	证券业协会	《并购重组私募债券试点办法》	允许不包括沪深交易所上市公司的有限责任公司或股份有限公司发行并购重组私募债券，募集资金用于支持并购重组活动，包括但不限于支付并购重组款项、偿还并购重组贷款等
2015.3	银监会	《商业银行并购贷款风险管理指引》（2015年修订）	本次修订主要作出的调整为：将贷款期限从5年延长至7年；将并购贷款占并购交易价款的比例从50%提高到60%；将并购贷款担保的强制性规定修改为原则性规定；要求商业银行进一步强化并购贷款风险防控

综上，产业扶植政策、投融资政策的优化以及并购审批程序的简化，改善了我国并购市场监管环境，并购市场发展加快，以并购基金、创投基金为代表的私募股权机构开始深入参与到中国企业的并购重组活动中，形成了并购市场的多元化竞争格局。2014 年私募股权机构支持并购（已披露交易金额）共发生 979 起，涉及金额 688.29 亿美元，同

比涨幅高达 98.6%[①]。随着私募股权市场的繁荣，以成熟企业为参、控股标的的并购基金不断涌现，投资标的与上市公司进行并购重组逐渐成为私募投资基金退出的重要渠道。另外，作为我国并购市场的主要参与力量，民营企业以及私募股权机构的活跃部分解释了我国并购市场的区域及行业特征，即并购活动主要集中于北京、上海等经济政治中心以及沿海民营经济发达省份，而较为活跃的并购行业分布也集中于 TMT、健康医疗以及清洁技术等新兴产业。

我国并购基金作为并购市场的重要组合部分，为制度创新与改革提供了切入点，近年来政策的支持为并购融资提供了多种可能。但实施细则的缺乏令多数创新的融资工具仍停留在概念层面，融资渠道狭窄是我国并购基金发展的主要困境。Wind 数据的统计结果反映了我国并购市场的实际融资工具（见图 4-8），从案例分布上看，现金仍是我国大部分并购使用的支付手段，其他支付方式的使用仍十分局限。现金的高比例的使用部分反映了我国中小非上市企业的融资难题，也反映了在现实的并购市场中多元化融资工具的缺乏。建立起一个满足不同层次需求、开放高效的并购融资市场仍需要较长时间的实践及努力。

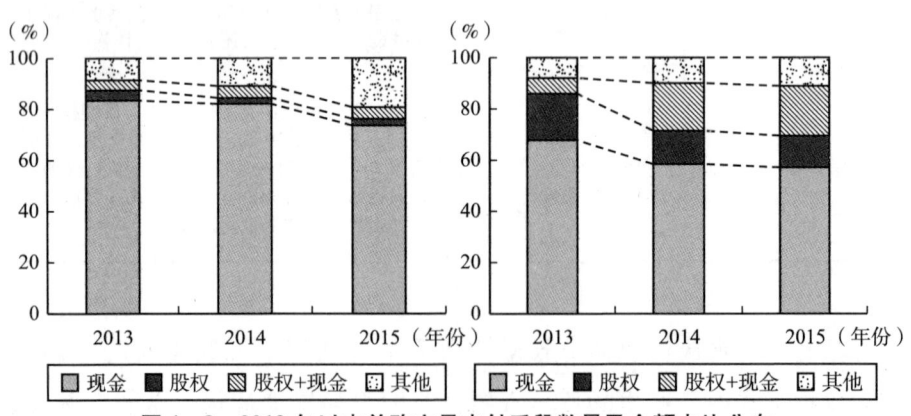

图 4-8 2013 年以来并购交易支付手段数量及金额占比分布

资料来源：数据摘自 Wind 资讯。

---

① 资料来源：Wind 资讯。

第四章 我国并购基金价值创造的背景、动因与机遇

第二节 我国并购基金的价值创造动因

金融市场的快速发展离不开金融创新，金融创新是金融发展的重要推动力量。我国并购基金作为一种创新的金融产品或工具，在辅助企业的产业整合或多元化经营、缓解并购融资压力以及降低交易成本方面发挥着重要作用，并在这一过程中逐渐发展出适应我国特殊的并购市场环境的价值创造模式。本节将基于金融创新的财富增长理论、约束诱导理论和交易成本理论角度，结合我国当前并购市场环境背景，对我国并购基金价值创造的动因作进一步分析。

一、金融创新的财富增长理论角度

金融创新的财富增长理论指出随着社会的发展和经济的增长，社会财富将不断增长，从而使人均可支配财富增长，这将引发对金融产品规模以及多元化需求的增长，从而引发了金融创新活动。格林包姆和海沃德（S. I. Greenbum & C. F. Haywood）是财富增长理论的代表人物，其指出财富增长促进了美国金融业的发展，是金融创新的主要驱动力量。

改革开放以来，随着我国经济的高速增长和市场化程度的不断提高，大多数产业进入了规模效应显著的高速增长阶段。而金融自由化改革亦使我国资本市场的融资功能愈加完善，加之我国货币宽松政策下广义货币的较快增长，社会财富积累已达到较高水平。社会财富的增长使得以龙头企业、上市公司等为代表的产业资本规模急剧增大，活跃度日趋提升，利用资本积累开展并购活动成为众多企业的战略选择。2011年以来，"上市公司+PE"合作设立并购基金这一全新的并购基金运作模式应运而生，成为众多上市公司合理高效运用财富积累，实现企业转型升级的重要方式。根据格林包姆和海沃德的财富增值理论，财富的增长将导致金融创新，上市

公司财富的积累催生了金融需求，私募机构与上市公司合作设立的并购基金作为一种新的金融创新模式，将产业资本与金融资本紧密相连，较好地补充了产业资本在资本运作经验方面的短板，更好地服务于上市公司的产业整合或多元化经营。

二、金融创新的约束诱导理论角度

金融创新的约束诱导理论指出，金融创新是金融机构为规避内外部制约因素而发展出的各种创新金融产品和服务方式。内部制约因素指的是来自金融机构内部的管理规则，外部制约因素指的是来自监管部门以及政府的相关法规，这些因素对金融机构形成管制和约束。随着社会环境变化以及经济的发展，金融机构必然会通过开发新的金融产品、探索新的服务方式以及转变其业务发展模式，以获得内外部的制约因素下利益的最大化。约束诱导理论的代表人物是西尔柏（W. L. Silber），其从金融机构的视角对金融创新进行研究，指出金融机构产品和业务的创新是金融创新的动因。

由于我国并购市场起步较晚，相应的市场配套制度难以满足大规模的并购资金兑付需求，企业并购融资来源仍十分有限。除自有现金支付外，股权置换、定向增发以及综合支付①也是上市公司常用的支付手段。在我国并购贷款、私募债等债权融资尚属于起步阶段，根据2015年3月银监会颁发的《商业银行并购贷款风险管理指引》，并购贷款期限可延至7年，并购贷款占并购交易总额的比例不得超过60%。虽然我国并购贷款融资限制已屡次放松，但经济转型背景下银行坏账率持续攀升导致的"惜贷"现象仍然普遍，加之并购债务期限长、风险高、成本高企等，导致并购贷款在并购支付中的比例仍然偏低。

在股权融资方面，长期来看我国金融改革仍未完善，资本市场并购重

---

① 是指现金支付与股权支付相结合的一种支付手段。

组效率不足，非上市公司获得股权融资存在较多障碍。在债券融资方面，在我国金融政策对债券发行主体、融资投向及融资规模的限制较多，一般企业发行低评级企业债支持并购重组几无可能。以上金融约束政策极大地限制了实体企业并购重组的顺利开展，使得实体企业在股权和债权、直接及间接融资方面都受到诸多约束。因此，根据约束诱导理论，企业为摆脱政策束缚，通过机制创新引入并购基金参与并购，依托并购基金的资本运作优势，寻求包括股权、债权以及夹层资本的并购融资支持，将有效缓解其并购重组的融资规模压力。

三、金融创新的交易成本理论角度

希克斯和尼汉斯（J. R. Hicks & J. Niehans）首先提出金融创新的交易成本理论，该理论认为金融创新的主要动力来源是交易成本的变动，特别是交易成本的降低。交易成本的高低是衡量金融产品和服务能否符合经济发展需求的重要标准，交易成本的降低将推动金融创新的发展。

根据金融创新的交易成本理论，金融创新来源于交易成本的降低需求，并购基金参与企业并购活动是为适应这一需求而产生的金融创新工具。在我国并购基金管理人一般是以私募基金、投资银行、保险资本为代表的金融机构，积累了丰富的资本运作经验以及较为完善的资源运作网络，其在并购标的尽职调查、并购标的筛选、并购对价谈判、交易结构设计、并购决策实施、投后管理乃至并购退出等一系列并购工作中具有一般非金融企业难以企及的经验优势。并购基金往往通过参股并购标的或并购主体，与产业资本达成紧密合作，凭借其专业领域的知识经验，优化了并购主体和并购标的之间的投资关系，有效降低了购并双方的信息不对称问题。

第三节　我国并购基金的价值创造机遇

当前我国正处于经济发展方式、产业结构转型的重要时期，并购基金价值创造的挑战与机遇并存。我国并购基金的并购活动对外遭遇全球政治经济不确定的宏观风险，对内获得产业结构调整、多层次资本市场建设、国有企业改革、一带一路战略推进以及民营企业家退出所带来的并购机遇。如何在现有条件下，抓住有利机遇，克服发展障碍，是我国本土并购基金面临的重要课题。

一、产业转型升级机遇

改革开放之后，我国许多产业得到了快速发展，大量企业完成了原始资本的积累，特别是一些大型国有企业逐渐成为行业龙头企业。随着企业实力的增强，20世纪90年代后，企业多元化经营的潮流兴起。随着我国市场化程度的提高，中小企业增多，竞争加剧，在此背景下，企业的多元化经营反而让其陷入困境。为提高企业核心竞争力，企业采取了剥离非核心业务等方式收缩企业。而从整个产业的角度来看，我国许多产业都面临着产能过剩、重复建设的问题。总体来讲，我国经济资源分配不均衡、传统产业带来的环境破坏较严重，整合需求较大，这些因素引发的社会矛盾被经济高速发展所掩盖，但潮水退去，问题亟须解决。

并购作为一种市场力量，通过市场手段重新配置资源，实现新的平衡，较大程度地解决产业升级的问题，并缓解了社会矛盾。同时其作为并购市场的重要组成部分，在并购活动中起到主导或协助的作用，包括撮合交易减少信息不对称性、被并购企业内在价值挖掘与重塑、并购咨询及资本运作等，在并购双方的战略整合与价值创造中扮演重要角色。并购基金作为金融资本与产业资本的聚合，一方面顺应了当前传统产业整合及新兴行业培育的这一产业转型需求，为产业转型过程中的资产剥离与重组、新投资标的搜寻等提供一系列必要的增值服务。另一方面企业参与并购重组等交易活动，离不开资本市场的资源聚集和价值发现功能，并购基金的发展为资本市场的功能实现与制度创新提供了切入点。

二、资本市场改革机遇

我国资本市场是经济体制由计划经济向市场经济转轨过程逐步发展而来的新兴市场，面临着政策与改革试点设计局限多、改革措施难以完备的问题。具体表现为资本市场的发展过程中曾面临诸多障碍，比如上市公司治理结构不完善、股权分置、中介机构运作不够规范、缺乏多样化并具备一定规模的机构投资者、市场产品结构不合理、金融衍生产品及固定收益类产品难以满足风险对冲需求、投资者保护意识薄弱等。但近十年来，我国资本市场步入了黄金发展时期，一系列资本市场基础性制度改革被大力推行，包括中介机构负责制的上市制度、股份制改革的实施、机构投资者发展、中小投资者制度保护、股票发行制度改革、多层次资本市场建设以及金融衍生品及债权市场的飞速发展等。

其中，在资本市场改革过程中，新三板上市制度的完善、活跃度的提升为并购基金价值创造提供了难得的机遇。2014年开始，市场化的审核机制以及宽松的挂牌条件使新三板的挂牌企业数量呈现爆炸式的增长。截至2019年末，新三板挂牌公司总数8 953家，2019年全年成交金额达825.69亿元。当前，新三板已具备了并购交易的所有制度准备及要素，其代表了我国新兴产业发展的最新趋势，为并购基金提供了丰富且优质的并购标的。并购基金直接对新三板上市企业进行并购，可一定程度缓解并购中的信息不对称问题，利用新三板规范且流动性较高的产权市场，并购公司治理水平较为规范、估值水平适当、符合本基金投资标准的标的企业。

三、国有企业改革机遇

我国并购市场的萌芽来自国企的管理体制改革，并购市场早期的发展壮大也来自国有企业改革的推动。而并购基金在国企改革领域已取得了瞩目的成绩，在国有企业私有化、混合所有制改革中，以弘毅、鼎晖、复兴为代表的本土并购基金管理机构充分运用资产剥离、重组及经营改善等一系列市场化运作手段，使国有企业价值得到充分的提升及体现。近年来，国企兼并重组活跃度呈现攀升态势，而2015年9月国务院印发的《关于深化国有企业改革的指导意见》，明确了本轮国企改革的六大目标："发展混合所有制经济，提高国有企业证券化率""完善国有资产管理体制，推进国有资本结构调整""明确国有企业功能定位""完善国有企业法人治理结构""改革管理层的用人选人机制"，以及"建立和完善长效激励约束"。未来国企改革将在继续推进混合所有制改革、集团整体上市、引入战略投资，加大战略新兴产业投入，实施员工激励机制方面有所作为，并购基金在国企改革中将获得难得的价值创造机遇。

四、"一带一路"政策机遇

我国企业"走出去"及"一带一路"倡议将极大地推动我国海外并购事业发展。我国的"走出去"战略①提出二十余年来，为我国企业参与全球化竞争合作提供了政策支持。而"一带一路"倡议则从国家战略角度再次推动我国海外并购的发展，使我国海外并购发生新的积极变化。一方面，"一带一路"倡议将促进产业资本与金融资本更加紧密有效的联合，有效缓解了我国企业特别是民营企业并购过程中的融资难题。当前我

---

① 中国"走出去"战略是指中国政府大力支持的企业海外投资战略。2001年"走出去"战略正式写入我国"十五"计划纲要，成为国家战略。

国资本市场并购融资工具仍然稀缺,特别是严格风险管控下杠杆收购工具的缺乏,令非上市民营企业面临更为严峻的并购融资难题。而"一带一路"倡议下亚投行、丝路基金以及国内外大型金融机构的参与,将为民营企业提供国际化的并购融资支持,加强国内外的并购技术交流。另一方面,交通、核电、电信等基础设施领域的重点投资,不但将加快国内过剩产能的对外转移,同时将带动机械、电子设备等制造业相关领域的跨国并购。国际化发展的战略规划以及技术和效率上的创新需求,使我国并购基金获得了联合上市公司进行海外优质资产收购的宝贵机遇,同时我国资本市场的高溢价以及经济逆周期思路下海外资产的价值低估机遇也加快了国企海外并购的步伐。而在未来,并购基金有望作为独立的收购主体,以更为国际化的资本运作及产业管理经验,在海外自主开展控股收购。

五、民营企业家退出的并购机遇

回顾海外并购基金的发展轨迹,20世纪70年代KKR创始人科尔伯格为解决家族企业收购中融资不足的问题而运用杠杆贷款借入大量债务,从而创建了杠杆收购模式(LBO)。该模式以保留家族企业经营权为条件,将企业的大部分股权出售给由股权投资者组成的投资联盟(早期并购基金的雏形),使危机中的企业缓解了财务困难,并保留了家族对企业的经营权。而我国民营企业自改革开放以来经过了四十余年的发展,一方面传统行业竞争程度加剧,盈利空间有限,使得企业创始人萌生退意;另一方面,第一代创业者逐渐步入老龄,大批民营企业面临家族传承问题,企业创始人控制权的退出为我国并购基金提供了大量的并购机遇。但我国大部分民营企业的公司治理结构尚不完善,公司原有的发展往往与创始人的能力密不可分,因此本土并购基金可借鉴海外并购基金在家族企业并购中的专业经验,将控制权并购与经营权保留相结合,规避创始人退出后企业经营绩效下滑风险,抓住民营企业家退出的并购机遇。

第四节 本章小结

　　本章对我国并购基金价值创造的背景、动因以及机遇进行了分析，为我国并购基金价值创造模式的研究奠定了基础。我国并购市场的发展分为四个阶段：酝酿探索阶段、起步发展阶段、规范发展阶段以及快速发展阶段，我国已经形成了参与主体、交易类型以及交易工具的多元化不断提升以及交易环境日趋成熟的并购市场环境。并购市场的规范、完善和发展为我国并购基金价值创造功能的发挥提供了保障。而2000年以来在海外并购基金的带动下，我国并购基金获得了快速的发展，并在国企改革、海外资产并购以及成长型行业的整合并购领域发挥了一定的价值创造作用。我国并购基金价值创造的动因来自社会财富增长而推动的产业投资需求、并购融资渠道有限而产生的资本运作需求以及并购交易成本高企而产生的金融产品创新需求。同时，我国并购基金面临的机遇和挑战并存，传统产业转型、资本市场改革、"一带一路"政策机遇等为并购基金的价值创造实现提供了有利的条件，特殊的宏观经济政治环境塑造了独具特色的"中国式并购基金"，但本土并购基金在快速成长的同时也面临着全球政治经济不确定的挑战。

第五章

我国并购基金价值创造模式研究

上一章本书介绍了我国并购基金价值创造的背景、动因与机遇。近年来,并购市场的规范、完善和发展为我国并购基金价值创造功能的发挥提供了保障,并购基金获得了难得的发展机遇。本章一方面基于上一章节并购基金价值创造的宏观经济背景、并购市场背景以及产业发展背景,对我国并购基金实际运作中的三种主要类型——控股型、参股型以及"上市公司+PE"型并购基金的价值创造模式进行研究,特别对我国新兴的并购基金类型——"上市公司+PE"型并购基金进行重点分析;另一方面对我国并购基金的价值创造机制进行剖析,对并购基金与被投资企业的产融互动模式以及我国并购基金的盈利模式进行分析,探究并购基金在企业成长中的作用。

第一节 我国并购基金的传统价值创造模式

一、控股型并购基金的价值创造模式

本书所称的传统模式下的并购基金,即控股型并购基金,是以取得被并购企业控制权为目的,通过对并购目标实行资源整合、资产重组、管理

优化等手段实现并购目标的价值增值后,通过分拆、上市、二次转让或管理层回购等形式出售股权以获得投资收益的私募投资基金(见图5-1)。该模式在欧美国家历经近四十年的蓬勃发展,已成为私募基金的主要类型。控股型并购基金多以公司型或有限合伙企业的形式存在,基金管理人需对基金的投资过程进行全面管理,涉及投资标的筛选、决策、投后管理、退出等各阶段。控股型并购基金的主要优势在于通过控股权保证了投资机构对被并购方进行资产重组、公司治理改善的过程中增值权利的最大化,但同时也承担了较大的风险,适合于风险控制机制完善的成熟资本市场。

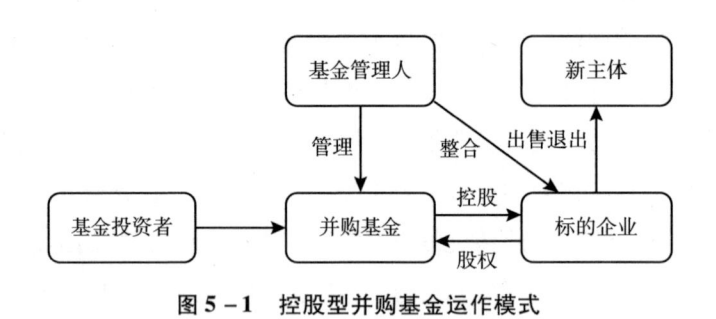

图5-1 控股型并购基金运作模式

1. 控股型并购基金价值创造的一般模式

在第三章中本书已对并购基金的典型价值创造模式(海外并购基金的价值创造模式)进行了分析,本小节将基于前面的分析之基础,对我国控股型并购基金与海外并购基金价值创造效应之异同进行分析。并购基金的价值创造离不开内外部因素的共同作用,尤其在我国并购市场还存在资源配置能力有限、融资渠道狭窄,以及职业经理人稀缺等问题,使得我国并购基金的价值创造模式有别于海外。

在价值持有与价值促进环节,海外并购基金价值创造功能得以实现的关键因素在于财务杠杆的使用以及控制权的获取。杠杆收购使得海外并购基金的价值创造具有自发性与内生性。但在我国并购融资渠道十分狭窄,并购融资主要支付手段是现金及股权（2015年现金及股权支付规模比例达89%[①]），因此我国并购基金的价值创造过程中债务的约束激励作用较弱，只能依靠并购基金在所有权保障下对并购标的实施积极的投后管理，从公司治理与资本结构优化方面对并购标的进行重整改造。

在价值实现与价值分配环节，一方面，与海外市场丰富的退出渠道相比，我国并购基金以上市退出为主，对于以非上市公司为标的的并购中，整体上市退出（主板、三板市场、柜台市场退出）以及通过上市公司并购退出是我国并购基金主要的退出方式。但考虑到非主板市场股权流动性较小，可操作的退出渠道更加有限，加大了并购基金投资人的投资风险。另一方面，我国A股市场较高的估值水平也为并购基金提供了广泛的并购套利机遇，一旦成功上市退出可获得较高的回报倍数。因此，我国并购基金具有高风险、高收益的投资特性。

2. 并购基金控股收购上市公司的价值创造模式

囿于并购数据的隐蔽性，本书仅以我国A股上市公司的经验数据为视角对并购基金的价值创造效应展开定量研究。在我国控股型并购基金价值创造一般模式的基础上，对控股标的为上市公司的并购基金的价值创造模式进行分析。

并购基金对上市公司的价值创造模式，一是在价值认可与价值发现环节，正如海外并购基金具有"认证效应"，在我国非完全有效的资本市场环境下并购基金对上市公司实施控股收购其"认证效应"可能更为明显。特别当并购基金对上市公司开展股权债务置换以优化其资本结构以及并购基金进行壳资源收购注入优质资产等情况时，投资者的"扭亏"预期可能使得短期内上市公司的市场价值发生变化。

二是在价值持有与价值促进环节，并购基金一方面对上市公司实施有效的投后管理，包括优化公司治理结构、重塑公司战略、制定有效的薪酬

[①] 资料来源：Wind资讯。

管理体系以及分享社会资源网络等，使得上市公司经营绩效改善，内在价值获得提升；另一方面，通过帮助上市公司实施资本运作，实现其外延式扩张或资本结构改善，还可通过一系列市值管理手段，纠正上市公司估值偏离。

三是在价值实现与价值分配环节，并购基金通过大宗交易、协议转让等方式退出投资标的，并购标的隐性的内在价值增加转化为显性的市场价值增长。而我国A股市场的高估值特征，使得该种模式下并购基金获利更为丰厚。

上市公司市场价值及内在价值是并购基金价值创造效果的体现，两者之间存在一个互相促进及转换的过程，通过适当的市值管理策略，并购基金内在价值的增加将最终反映到市场价值上；而市场价值的提升也有助于上市公司并购扩张战略的实现，最终增厚上市公司利润。

二、参股型并购基金的价值创造模式

参股型并购基金是我国并购基金的独特类型，是在运作过程中不以取得标的企业控制权为目的的并购基金。2014年以前，参股型并购基金是我国并购市场中内外资并购基金的主流形式。主要原因在于：第一，我国并购融资渠道狭窄，股权融资审核较为严格，债券市场还未成熟，缺乏多层次的股债产品以满足大规模并购的需要；第二，并购基金退出渠道不通畅，投资收益不稳定；第三，我国还未形成规范的职业经理人市场，并且并购基金内部亦缺少产业专家，对标的公司进行有效的管理与整合存在一定困难。

具体来说，参股型并购基金的投资模式比较灵活，可大致分为四种（见图5-2）。

第五章　我国并购基金价值创造模式研究

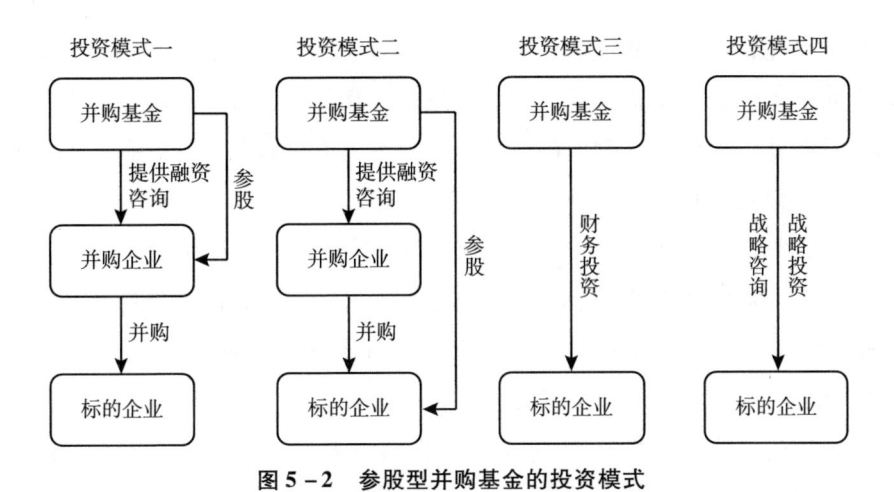

图 5-2　参股型并购基金的投资模式

第一类投资模式是：并购基金对并购企业（并购方）进行参股投资，同时为并购企业提供并购融资咨询等财务顾问服务，协助其对并购标的展开并购。常见的模式，如上市公司与并购基金签订合作协议，并购基金围绕上市公司产业发展方向为上市企业搜寻合适的并购标的并为其提供并购方案设计等财务顾问服务，辅助其进行并购重组的投融资运作，同时并购基金通过参与上市公司并购重组的定向增发计划，为上市公司提供并购融资而参股于上市公司。

在该种投资模式下，其价值创造模式体现在：并购基金利用其在投融资方面的资源网络优势，通过对并购方提供完善的财务顾问服务，而使得并购企业得以通过快速获得经营、管理或者财务协同效应以增厚自身利润，并购企业内在价值增长推动其市场价值发生正向波动，从而使得并购基金作为公司股东分享其价值成长收益。在这一过程中，当并购基金的参股对象为上市企业时，其价值创造效应可能会更加显著，首先是当并购基金参股于上市公司，可能会引起上市公司投资者对于上市公司开展并购重组资本运作的预期，而引发上市公司股价短期内的超额收益；其次长期中，并购基金完成对上市公司参股投资后，上市公司通过并购具有产业协同作用的标的企业而增强其盈利能力时，上市企业市场价值将反映其内在价值的变化，当并购基金通过大宗交易或协议转让退出上市公司时，其投资人将按比例分享投资收益。在该种模式下其价值创造对象最终为上市公司和并购基金投资人，价值创造效应体现在上市公司内在价值和市场价值的增加，以及并购基金投资人获取投资收益。

第二类投资模式是：并购基金通过对并购企业提供融资咨询等服务协助并购企业对标的企业开展并购，同时参股于标的企业而间接持有并购企业股权。在主并方为上市公司的情况下，当上市公司完成标的企业并购，并购基金将间接持有上市公司股权。该种投资模式下的价值创造模式与第一类投资模式类似，并购基金通过最终持有并购企业（并购方）股权，同时作为财务顾问辅助并购方的并购重组活动，而最终为并购基金投资人、上市公司创造价值。

第三类投资模式是：并购基金仅作为标的企业的财务投资者而较少为标的企业提供财务顾问、战略咨询以及管理建议等，很少在公司董事会中占有席位，也几乎不参与公司的日常经营及投资决策等活动。特别对于标的企业是上市公司的情况，并购基金为上市公司并购重组或者新业务开展、项目建设融通资金（多通过参与定向增发计划），或者仅仅看好上市公司发展前景（多通过原有股东股权协议转让）而参股于上市公司。在该种投资模式下，并购基金的价值创造效应可能弱于前两种投资模式，由于在上市公司中占有股权比例较小，同时未如模式一、模式二与上市公司开展并购融资、咨询合作，其对上市公司的影响范围及程度较小，对于并购基金的投资回报依赖于上市公司未来价值的增长，在该种情况下要求并购基金管理人必须具备较为优秀的投资能力，能够对投资标的的增长潜力进行合理估计。

第四类投资模式是：并购基金战略投资于并购标的，与标的公司在推动本公司战略制定、战略实施以及与战略发展相关的资本运作方面达成合作。并购基金将进一步发挥其在产业经营以及资本运作方面的优势，帮助并购标的优化战略决策。在该投资模式下，并购基金主要发挥"战略企业家"优势，为标的公司创造价值。

总体来看，对上市公司来说，参股型并购基金的价值创造模式主要包括："并购融资+咨询"模式、财务投资者模式以及战略投资者模式，其价值创造的核心在于持有上市公司股权份额价值的增长。由以上分析可知，我国参股型并购基金在实际运作中，由于所持股权比例的限制使其在被并购企业中的话语权相对较小，只能起到资金支持或财务顾问的作用，无法如控股型并购基金在被并购企业的内部资源整合、委托—代理问题减弱以及外延式发展中起到关键性作用，其价值创造效应有限。

第二节 我国并购基金的新兴价值创造模式

"上市公司+PE"型并购基金是我国并购基金的新兴类型。2014年以来，在产业转型升级的浪潮下，上市公司并购重组热潮逐渐兴起，上市公司为弥补其资本运作短板，更好地围绕其产业发展进行并购，纷纷选择与私募机构共同合作成立并购基金。这类并购基金的运作模式是由上市公司、私募机构认缴部分基金份额，并委托私募机构帮助搜寻具有成长潜力的投资标的进行联合培育，最后由上市公司向并购基金择机收购其中的优质标的，以实现上市公司规模扩张或主营业务调整的目的。"上市公司+PE"型并购基金的运作流程，如图5-3所示。

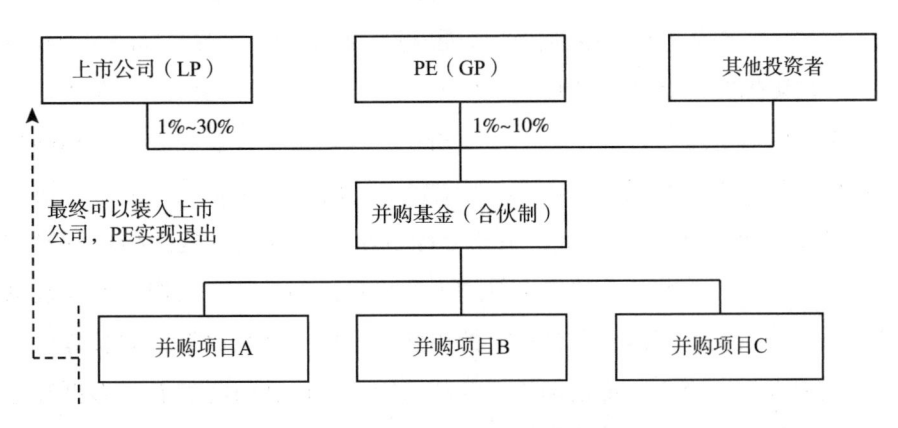

图5-3 "上市公司+PE"型并购基金运作流程

该模式首创于硅谷天堂2011年与上市公司大康牧业合作成立的第一只"上市公司+PE"型并购基金，其后不断发展改进，成为一种高效率、可复制性的新型并购基金运作模式。目前不仅是以硅谷天堂为代表的私募基金，还有以复兴集团、新希望为代表的产业资本，以及以中信并购基金为代表的券商资本都纷纷寻求或加强与上市公司的合作，充分发挥自身的资本优势或产业优势，从而形成一种创新的运营模式。根据Wind数据库，2011年1月1日至2016年6月30日之间A股上市公司相继成立了222只并购基金，且设立总规模及数量呈现逐年增大的趋势。

在该模式下，上市公司是并购基金运行的核心。上市公司深度参与并购基金投资管理全过程，不仅作为并购基金的主要发起者，还身兼基金投资人、管理人等职责，在并购基金价值创造功能的实现中发挥着重要作用，同时也是并购基金价值创造效应的最大受益者。无论是上市公司以何种形式与私募股权公司或资产管理公司共同设立并购基金，这种合作都是在基于优势互补的基础上。对于并购基金发起人与持有人而言，上市公司可以利用并购基金的投融资功能，扩大融资能力，筛选更多的并购标的；PE、资产管理公司等则可利用上市公司的影响力，增强其专业能力辐射的范围。

"上市公司+PE"模式下的并购基金其参与方主要有并购基金管理人、并购基金投资人、并购基金投资标的公司。对基金投资人而言，若并购取得成功，则并购基金管理人及投资人自身能获得较高的投资回报；对投资标的企业而言，并购基金通过帮助企业合理避税、减少债务、改善标的企业经营管理、准确把握企业出售时机等为企业创造价值，从而实现双赢的局面。

在并购基金运行过程中，上市公司在产业前景、行业经验以及标的企业经营管理方面具有优势，而PE则主要擅长资本运作领域，上市公司与PE机构之间的合作是否融洽、利益分配机制是否合理也是并购投资成功的关键。同时，并购基金的基金管理人的出资比例与其在工作中的表现息息相关。该模式下并购基金管理人的出资人比例较之其他类型的私募股权基金管理人的出资比例普遍偏高，意味着委托—代理问题可能获得更好地抑制。另外，标的资产的选择、价格是否合理，以及能否改善标的资产的经营业绩等也是并购基金投资成功的影响因素。

"上市公司＋PE"型并购基金的价值创造模式，本章分析如下：

一、价值认可与价值发现

并购基金价值创造的第一步是价值认可，一方面，对并购基金投资人来说，"上市公司＋PE"型并购基金具有提前锁定退出渠道的特点，一定程度上降低了投资风险，增大了投资需求。另一方面，对上市公司投资者来说，上市公司设立并购基金将为上市公司提供诸多便利：一是上市公司可借助并购基金获得隐形融资杠杆，拓宽了其并购融资渠道，有效满足其巨额融资需求；二是显著提高了上市公司的并购效率，一旦行业出现优质标的资源，即可迅速利用资金优势实施并购，提前锁定并购标的并获得新的利润增长点；三是收购完成后，上市公司将获得充裕的时间对并购标的进行管理和培育，在这一过程中可充分掌握标的企业内部信息，减少信息不对称问题，以便择机进行二次收购，最终实现资源的优化配置。长期来看，上市公司将利用并购基金的资本优势，围绕其业务发展方向进行收购，显著提高其市场竞争能力和核心技术优势。因此，上市公司公告设立并购基金的行为可能引发投资者的正面预期，其价值创造效应体现在上市公司短期市场价值提升。

价值发现是并购基金发起设立后进入运营阶段发挥的功能作用。在该模式下，上市公司与私募机构一般通过合作成立基金管理机构，共同搜寻投资标的并作出投资决策。基金管理机构将根据上市公司发展战略或转型升级的需要，通过从行业、政策、企业等多维角度判断和挖掘价值被低估或具有良好发展前景的标的企业。

二、价值持有与价值促进

首先，并购基金锁定并购标的后，通过股权收购或资产收购等方式实现对被并购企业股权的持有。其次，上市公司与私募机构对并购标的进行联合培育，通过对被并购企业实施股权激励、资源整合、资产结构调整与优化等方式，提升被并购企业的经营管理效率，改善被并购企业的财务状况和盈利能力，扩大被并购企业的市场占有率和核心竞争力。但对被并购企业来说，由于大多数PE机构产业运作经验有限，而上市公司作为并购基金的主要发起方在标的选择及培育中往往具有更大的话语权。因此，该模式下的并购基金往往通过借助上市公司的内外部资源和核心能力，才可能实现被并购企业价值增长的目标。在这一过程中，标的企业的内在价值提升，为市场价值的提升奠定了基础。标的企业的价值提升是并购基金价值创造的核心。

三、价值实现与价值分配

并购基金的价值实现是并购基金从被并购企业实现退出的过程。上市公司的价值实现则是上市公司基于本公司发展战略，选择符合其战略方向的并购标的进行二次收购，并与上市公司原有机构、业务、人员进行整合的过程。在上市公司的二次并购中，上市公司将充分考虑自身市值水平与资本结构，选择合适的股权与现金比例以置换并购标的所有权，同时并购标的估值还受到资本市场整体环境以及上市公司与并购基金利益权衡的影响。

因此，上市公司设立并购基金的价值创造效应包括两个方面，第一是并购基金从被并购企业退出，被并购企业的内在价值转换成市场价值的过程；第二是上市公司通过收购并购基金所持有的标的企业股权，增强自身的核心竞争力或市场份额，从而实现自身内在价值的提升以及市场价值呈现的过程。

价值分配是并购基金将项目退出收益在扣除各项成本和税费后，向并购基金投资人进行收益分配的过程。在这一环节中，投资收益在基金管理人（GP）与有限合伙人（LP）之间进行分配。由于上市公司可能既作为基金管理机构股东又作为有限合伙人出资，因此在基金退出时可获得管理费用、业绩分成以及一定比例的有限合伙人回报。在这一环节，并购基金对其投资人具有价值创造效应。

从我国上市公司设立并购基金模式下的价值创造传导机制来看，该模式下的价值创造过程既是并购基金提升被并购企业内在价值和市场价值的过程，也是并购基金为上市公司及其股东、其他并购基金持有人创造价值的过程。

第三节 我国并购基金的价值创造机制

一、产融互动促进企业价值提升

并购基金是支持企业价值提升的工具之一，是产业与金融融合的通道。而从企业价值的财务管理视角，影响企业价值评估的重要因素是净利润和市盈率。净利润代表了企业的盈利能力，也是影响其内在价值的重要因素；市盈率代表企业在资本市场中的估值水平，反映了市场对企业当前及未来盈利及成长能力的预期大小。从企业价值创造的维度（见图5-4），经营利润的创造衡量了企业当前的经营实力，是产业布局、商业模式、核心竞争力、管理团队、全球策略综合作用的结果。市盈率度量了企业的发展潜力高低，受多种因素的影响：股东结构决定了企业解决风险的实力、调动资源的水平；公司市值管理水平决定了公司向资本市场传达的信息，从而影响了投资人的评价；而投资者保护与管理也对中小投资者的投资行为产生影响；公司所处的资本市场周期、行业发展周期乃至国内外宏观经济环境均系统性地影响了企业价值。

企业价值创造的方式多样，可围绕利润与市盈率增大的多个维度展开。利润创造是企业价值提升的核心。无论资本如何流动，交易融资结构设计怎样高明，归根结底，都需要落实到现实的利润创造以及提高净资产收益率上来。并购基金作为产业发展资金融通的主体，需要从收入、成本与杠杆率等多维度培育与提升被并购企业的价值（见图5-5）。

我国并购基金价值创造模式与价值创造效应研究

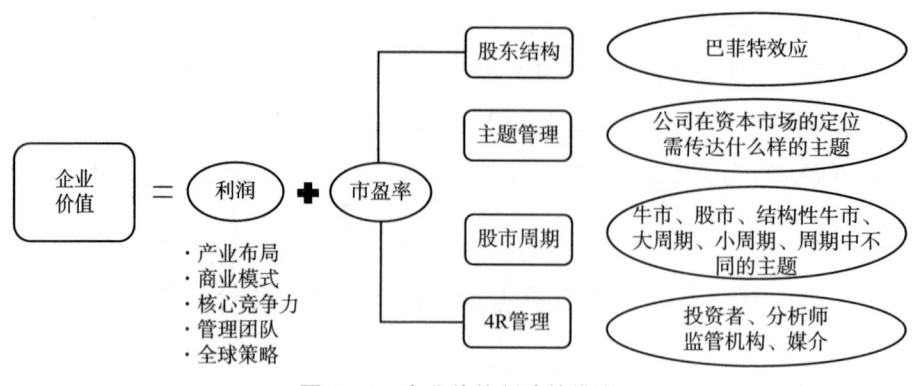

图 5-4 企业价值创造的维度

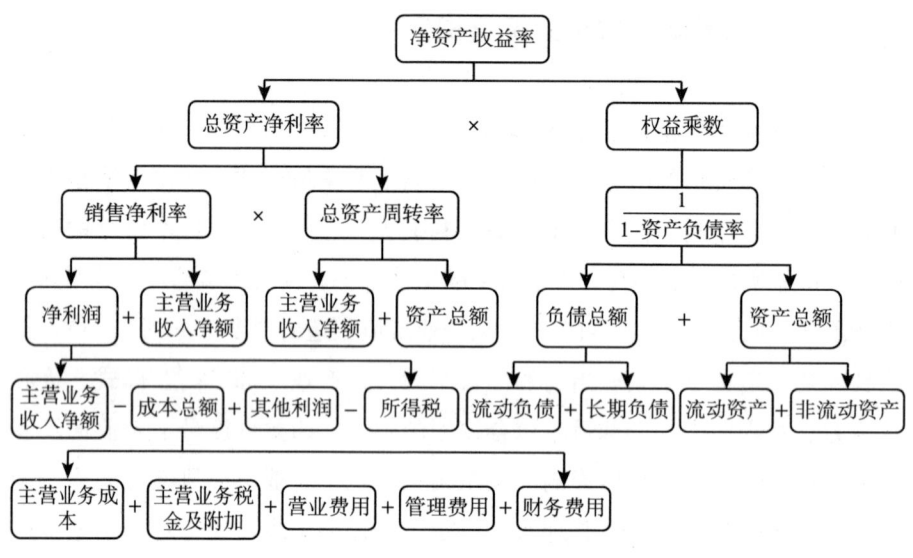

图 5-5 企业价值的利润管理体系

经营管理方式改善、企业利润提升并不意味着企业价值的提升。企业价值需要得到投资人的认可才能为股东带来可流动的资产。并购基金为了在合适的时间退出标的企业投资，相对更加关注企业市值的管理。在市值管理上，企业战略的合理布局是核心，它直接决定了企业发展的方向和重心。其次，企业与行业估值水平、现有资源能力及发展潜力以及股本股东状况等是影响企业市场价值的内在因素，表现为企业商业模式与核心竞争

第五章 我国并购基金价值创造模式研究

力、主题概念与风格股性、投资者关系等企业市值管理内容的差异，并最终通过企业资本行动对企业价值形成直接与深远的影响。企业价值管理体系如图5-6所示。

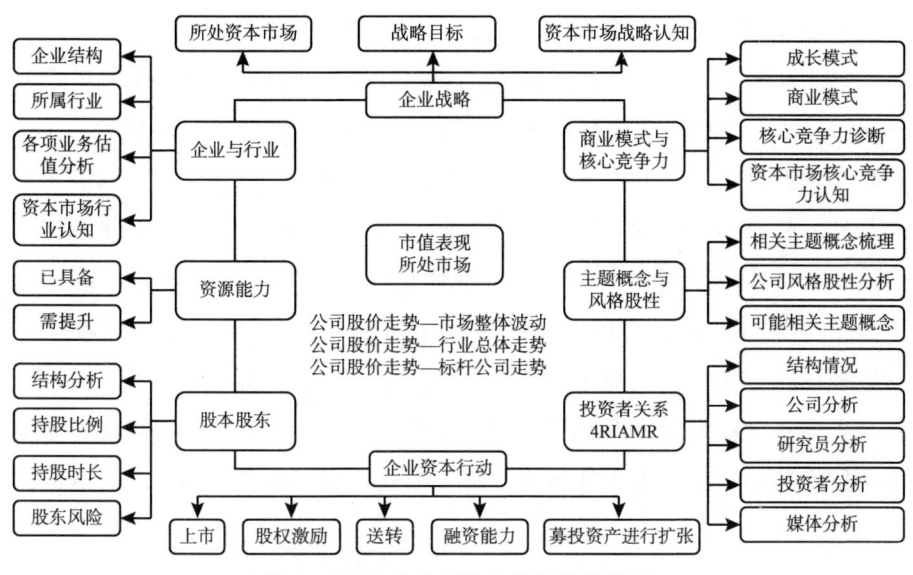

图5-6 企业价值的市盈率管理体系

从企业发展的生命周期上看，并购基金的介入时点应是在第一轮增长走向衰退之初。被并购企业首先经历了初创期的增长，在这一阶段支持企业发展的内生动力来自两个方面，一是创始人的原始出资，二是创始人本身的社会资源网络，当企业成长至一定阶段后进入快速发展期后，企业原始的内生动力开始枯竭，扩大规模、提高产能需要企业向外融资，企业的再融资需要资本市场的支持。此时风险投资资本以及外部的战略投资者开始介入，在外部投资者的帮助下企业的市占率进一步提高，实现在产业链上的战略布局。

而当企业进入成熟期后，则可能面临着边际规模报酬递减、技术创新减缓以及公司治理弱化、内部委托—代理问题突出的困境，特别民营企业还面临家族企业传承问题，可能造成利润增长放缓、市场价值降低等。此时，企业所有者和管理者自身的社会资源网络已不能完全提供企业发展所需的资源，企业有动机寻求与外部资源所有者共建关系网络，以获得有价值的资源摆脱企业增长困局（Adler & Kwon，2002）。并购基金的并购对象以成熟期的企业为主，通常在企业第一轮增长走向衰退时介入。冈玻斯（2016）指出并购基金主要采用了某种特定的策略：金融、监管和经营工程，对被投资企业产生影响。

具体来说，并购基金的价值创造机制路径体现在三个方面（见图5-7），一是"产利"，通过引入先进的经营管理工具，优化公司治理结构，使企业内在创新被激活，并且通过引入外部的行业专家，帮助企业重新制定发展战略，打破产业边界。二是"融利"，支持企业进行进一步并购、整合、扩展，实现产业布局的优化，特别在原有主营业务出现萎缩的情况下，上市公司需要挖掘新的利润增长点，或是对现有管理层、创业团队完善股权激励方案，使其与公司利益一致。三是"适当的市值管理"，一方面企业内在价值的提升有利于公司市值的提高，另一方面并购基金的金融资源网络将在一定程度上补足企业所有者及管理层在资本运作上的不足。

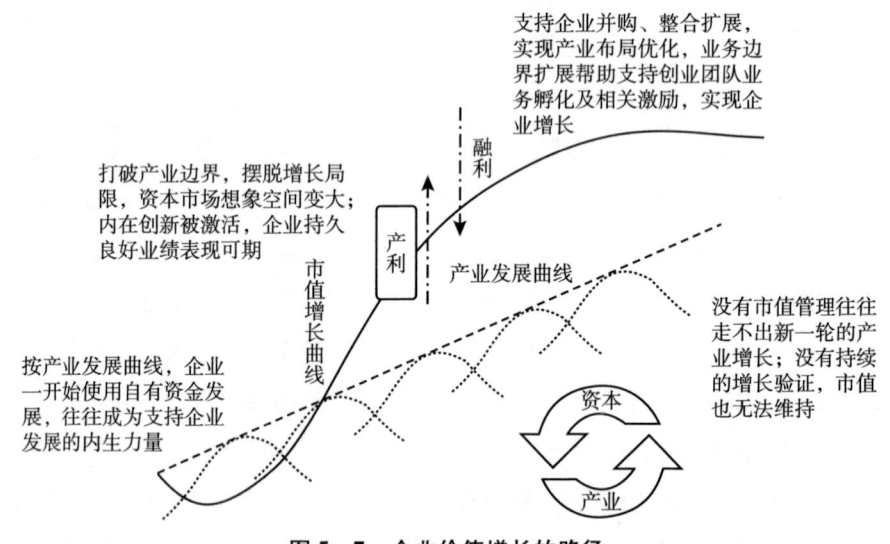

图5-7 企业价值增长的路径

二、我国并购基金的盈利模式分析

冈玻斯（2016）探讨了私募股权管理者如何应用针对特定公司的策略，以及这些策略如何与公司基本面相关，并指出 PE 投资者认为其增加被投资公司价值的来源是增加收益、增强激励和监管、提高高价退出或出售时的便利程度、管理重置和降低成本等。我国资本市场还未成熟的发展背景以及三十余年改革留下的制度缺陷，使我国并购基金的运作及盈利模式表现出许多灵活性与创新性。我国并购基金的盈利模式可细分为以下十种（如表 5-1 所示）。其中，资本重置、资产重组、改善运营、借壳获利、公司改制以及合资组建并购基金为我国并购基金的主要盈利模式。

表 5-1　　　　　　　　　并购基金的十种盈利模式

序号	盈利模式	操作方式	案例及说明
1	资本重置	注入股权资本，降低资产负债率，进行资本结构调整	受经济放缓影响，我国钢铁行业平均资产负债率升至 70%，以股权置换债权，进行并购重组是国家传统产业调整的重要政策思路。2011 年华菱钢铁引入世界第一大钢铁企业安赛乐米塔尔作为战略投资者，进行了混合所有制改革，用股权置换债权，降低了企业的债务成本
2	资产重组	参与企业的资产梳理、新增以及剥离等一系列并购重组活动，组建新的资产组合并通过并购转让获利	弘毅资本收购宿迁国资从而收购苏玻集团，同时整合其他几家玻璃企业，打包为"我国玻璃"于 2005 年 6 月在香港主板上市
3	改善运营	并购基金通过自身的产业运作经验，指导和参与投资企业的日常运营，重新定义公司战略，提升企业经营业绩而获得公司价值的增值	2011 年 4 月长城国汇控股收购 ST 天目，成为并购基金成功收购上市公司的首例成功案例。长城国汇通过改组董事会，规范决策流程，聘请专业机构对公司进行诊断和咨询，完善薪酬制度等多项措施，以期充分挖掘原先被埋没的主营业务价值

续表

序号	盈利模式	操作方式	案例及说明
4	税负优化	并购基金有意提高被并购企业的财务杠杆,扩大税前债务成本从而抵消部分税前利润,同时若会计准则允许采用固定资产加速折旧的情况下,还可增加企业的短期收益	税负优化的前提是税前利润应覆盖债务成本,盲目扩大并购杠杆将增大被投资企业的财务风险,因此通过债务结构获利应保持适宜的资产负债比率
5	分红重置	当并购基金所持股权足以影响被投资企业分红决策时,可通过分红政策的调整,如发放股票股利和较高比例的现金股利,获得所持股票的资本增值收益或快速可观的现金收益	并购基金通过一级市场协议收购或二级市场举牌成为被投资企业的实际控制人或获得一定股权,而获得被投资公司董事会席位,从而影响被并购公司的分红决策,倾向于高比例的分红政策而实现投资的快速回收
6	借壳获利	并购基金收购上市公司壳资源,通过注入新的资产而提升股价,或者协助上市公司进行并购重组,注入优质资产,剥离劣质资产。并购基金通过赚取一二级市场差价获利	建银国际为内蒙古某煤业公司提供10亿元的并购融资,为其并购其他煤矿提供资金,再协助该煤业公司实现借壳上市,在通过一二级市场的差价,获得资本回报
7	过程盈利	通过灵活的交易结构设计,如并购交易支付方式、融资工具的选择等实现收益的放大	成熟市场并购重组交易支付方式和融资工具十分多样,如支付方式有现金、股权、混合支付方式以及对赌性质的付款条约,融资工具包括过桥贷款、可转债、认股权证以及垃圾债等,在实际并购过程中并购基金通过不同并购工具的组合来实现收益的最大化
8	维权盈利	"维权派"并购基金,通过参与董事会决策、更换高管等对被投资企业的企业战略施加影响,同时可能通过不断游说被投资企业进行分拆或重组,向市场传递被投资公司被要约收购的信号,使得二级市场估价走高从而使并购基金能够套现退出	维权盈利法是成熟市场并购基金经理的主要盈利模式之一,该来基金通过并购参股获得影响董事会决策的机会,从而在二级股票市场上退出套现。如Edward Lampert整合Kmart连锁店、Nelson Peltz并购温蒂快餐店等,都迫使董事会更改战略和更换高管,公司价值的释放及管理上的提升,将使未来股价走高

续表

序号	盈利模式	操作方式	案例及说明
9	公司改制	公司改制是具有我国特色的并购基金盈利模式,通过并购基金的介入改变纯国有企业或纯家族企业的股权结构,从而优化上述公司的治理结构,改善激励体系等,从根本上改变企业原有的决策方式及文化,获得更优的经营业绩回报	弘毅资本积极主导或参与国企改制重组,通过并购新华保险、快乐购物、耀华玻璃等多家国企,参与国企的私有化或混合所有制改革,利用一级市场的价值低估与境内外上市渠道,并辅以资产重组或剥离等实现国企的价值重构,彻底改变原有的企业行为方式,体现出优质资产的市场价值
10	合资组建并购基金	并购基金管理公司与上市公司或产业龙头企业共同设立合伙企业,并购基金发挥资本运作优势,而产业资本则发挥产业管理与投资经验,进行产业内或者跨产业的并购重组投资	"上市公司+PE"模式是近年来我国并购基金的主流形式,自2013年来成为上市公司市值管理的主要模式

资料来源:笔者整理。

第四节 本章小结

本章探讨了并购基金的设立与投资中的价值创造模式、运营中的价值创造机制,意在对并购基金运作全过程中的价值创造路径展开研究。首先,本章对我国传统的控股型、参股型并购模式以及新兴的"上市公司+PE"设立并购基金模式进行分析,指出相比于传统的并购模式,参股型并购模式更为灵活,更能适应我国当前并购控制权难易以及融资渠道狭窄的情况,而"上市公司+PE"模式是产业系并购基金的延伸,表现出产业资本与金融资本紧密结合的特性。其次,本章探讨了并购基金的产融互动机制,发现并购基金对投资标的的价值创造是从利润和市盈率两个方面提高其内在价值及市场价值;最后,从我国资本市场还未成熟的发展背景以及三十余年改革留下的制度缺陷来看,我国并购基金的运作及盈利模式表现出许多灵活性与创新性。

第六章

"上市公司+PE"型并购基金价值创造效应的实证研究

并购基金作为私募基金的主要类型，拥有私募基金的一般特征，为投资者创造价值是并购基金运作的目标和前提。本章对"上市公司+PE"设立并购基金这一新兴的并购基金运作模式的价值创造效应进行研究。从投资者角度，即上市公司设立并参投并购基金后自身的价值增加来分析并购基金的价值创造作用。本章实证部分由三部分展开，第一，上市公司设立并购基金的公告发布时，短期之内上市公司是否有超额收益率；第二，在同一时期，设立并购基金的上市公司与其他类似的未设立并购基金的上市公司相比较，上市公司是否有显著更高的企业市场价值增加；第三，分析上市公司高管或大股东参与，以及基金管理人的参与程度是否会影响企业价值。

第一节 "上市公司+PE"型并购基金概览

从2011年开始，我国沪深股票市场中参与设立并购基金的上市公司不断增多。本章从Wind数据"PE/VC库"中选取了2011年1月1日至2016年6月30日之间，设立过并购基金的上市公司为研究对象，而并购基金的判断标准是分类为buyout的基金以及中文名称中含"并购基金"

字样的基金。据此标准，主板、中小板及创业板共 208 家上市公司公告设立了 222 只并购基金。但不同券商研究及相关文献与以上统计结果有所差异，比如，安青松等（2016）统计指出 2014 年 1 月至 2016 年 6 月，我国有 342 家上市公司公告设立了 466 只基金。这些统计差异的主要原因在于不同研究报告中对"并购基金"的界定有分歧，这一方面是因为有的上市公司并未明确披露其所设立的基金是否为"并购基金"；另一方面是因为有的"成长型基金"等非并购基金也事实上部分从事并购业务。为避免不必要的分歧，本节只筛选了 Wind 数据库中明确披露成立"并购基金"的上市公司作为样本。

一、上市公司设立并购基金情况的统计分析

我国上市公司设立并购基金的现象主要爆发于 2014 年国务院《关于进一步优化企业兼并重组市场环境的意见》颁布之后。本节统计了 2011 年至 2016 年 6 月 30 日上市公司成立的 222 只并购基金，总募集规模约为 1 798.59 亿元，平均规模约为 8.1 亿元。如表 6 – 1 所示，2015 年是已知成立并购基金最多的年份，共成立了 109 只并购基金，且并购基金平均规模呈增大趋势，2016 年平均规模达到 11.2 亿元人民币。

表 6 – 1　　　　　　上市公司设立并购基金年度分布情况

属性	2011 年	2012 年	2013 年	2014 年	2015 年	2016 年上半年	总计
规模（亿元）	8	1	42.5	427.8	837.84	481.45	1 798.59
数量（只）	2	1	4	63	109	43	222
平均规模（亿元）	4	1	10.63	6.79	7.69	11.20	8.10

而从上市公司设立并购基金的月度分布图，可以看出 2014 年及 2015 年上市公司设立并购基金步伐加快，而进入 2016 年随着资本市场投资者情绪的低落，上市公司成立并购基金速度放缓（见图 6 – 1）。

我国并购基金价值创造模式与价值创造效应研究

图 6-1 上市公司设立并购基金的时间分布

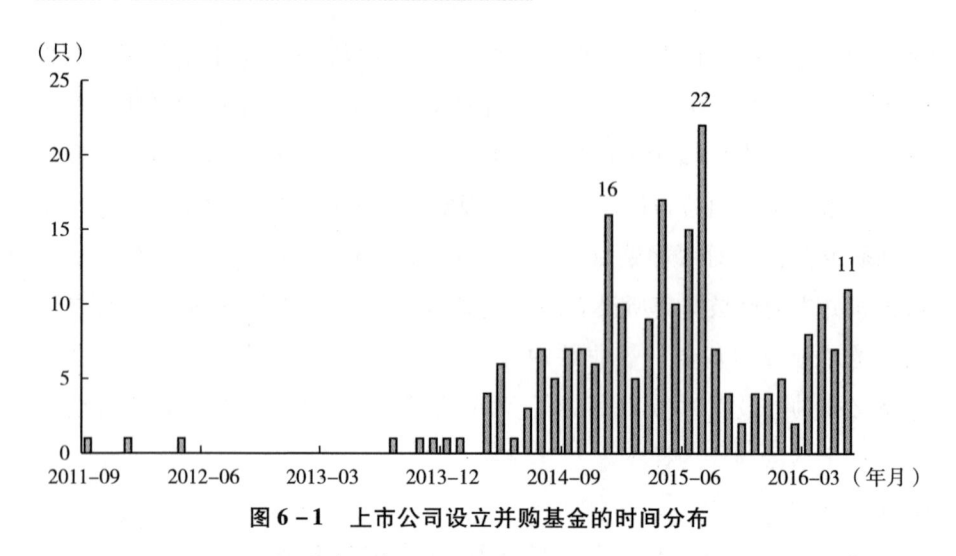

从并购基金总规模及平均规模的月度分布图,可以看到我国境内上市公司参与设立的并购基金总规模每年逐步增大,单只并购基金的平均规模也表现出相同趋势,如图 6-2 所示。同时,可以看出我国上市公司成立并购基金可能与股票市场行情存在一定联动关系。

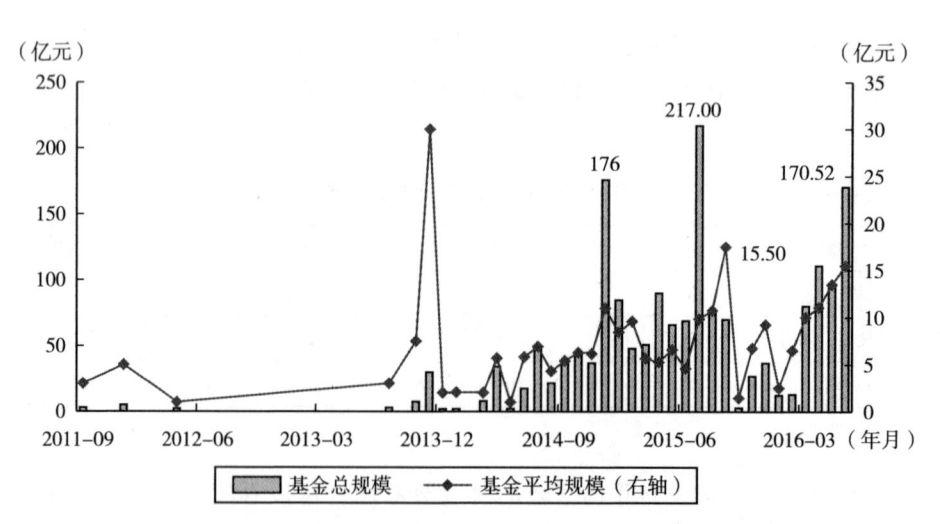

图 6-2 上市公司设立并购基金总规模及平均规模的月度分布

第六章 "上市公司+PE"型并购基金价值创造效应的实证研究

从设立并购基金的上市公司所属板块来看，中小企业板的上市公司最常设立并购基金，其次为创业板上市公司，而主板上市公司设立并购基金的只数较低。2011年和2012年设立并购基金的上市公司均来源于中小企业板。2014年、2015年和2016年上半年，中小企业板上市公司分别设立了28、46、16只并购基金。创业板上市公司在2013～2016年6月期间，分别设立了1、21、36、13只并购基金；而主板上市公司近三年半各设立了2、14、27、14只并购基金（见图6-3）。

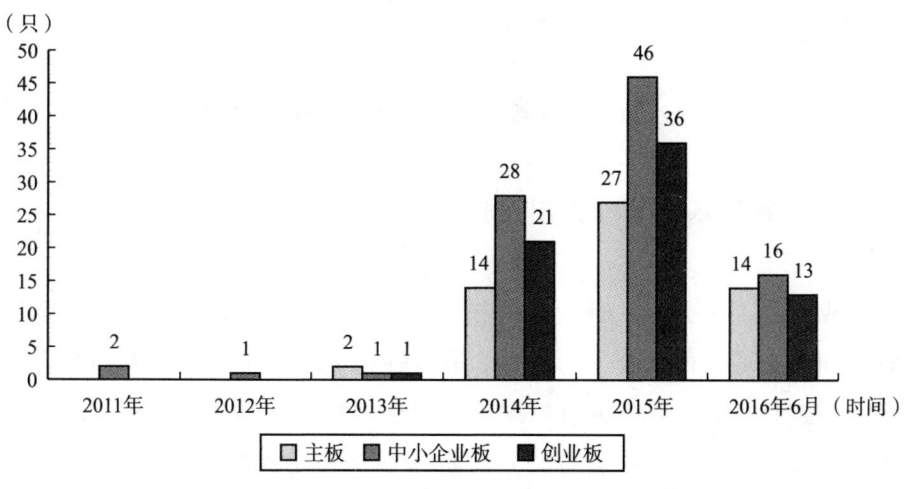

图6-3 设立并购基金的上市公司所属板块

而在其中，上市公司作为并购基金的主要发起者，也以一定比例参投并购基金。对于上市公司而言，发起设立并购基金可获得隐形的融资杠杆，通过吸引第三方投资者参投，缓解公司本身在并购扩张中的融资困境。根据本节的222只并购基金样本统计，上市公司的总承诺出资金额约为409.9亿元，平均约为1.85亿元，占并购基金募集总规模约22.79%，上市公司可获得约3.39倍的隐形融资杠杆。如图6-4分别为上市公司承诺出资规模及比例的统计分布。

· 121 ·

我国并购基金价值创造模式与价值创造效应研究

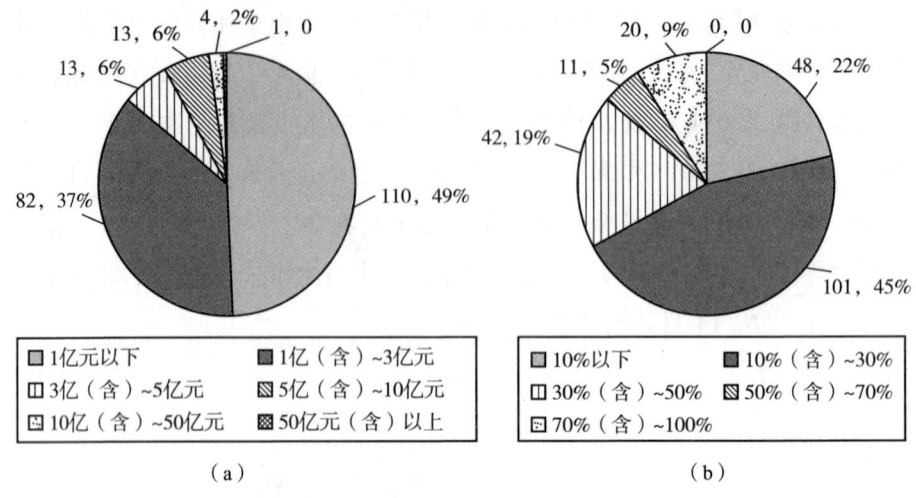

(a) 上市公司承诺出资规模分布:
- 1亿元以下: 110, 49%
- 1亿(含)~3亿元: 82, 37%
- 3亿(含)~5亿元: 13, 6%
- 5亿(含)~10亿元: 13, 6%
- 10亿(含)~50亿元: 4, 2%
- 50亿(含)以上: 1, 0

(b) 上市公司承诺出资比例分布:
- 10%以下: 48, 22%
- 10%(含)~30%: 101, 45%
- 30%(含)~50%: 42, 19%
- 50%(含)~70%: 11, 5%
- 70%(含)~100%: 20, 9%
- 其他: 0, 0

图 6-4 上市公司承诺出资规模和承诺出资比例统计分布

二、并购基金管理人出资情况的统计分析

我国"上市公司+PE"投资模式下的并购基金中，普遍存在基金管理公司与普通合伙人合一的情况。虽然一些上市公司没有对并购基金管理公司进行明确公告，但可根据普通合伙人的持有的基金份额、出资比例、以及在基金中的权利与义务判断其是否兼任了基金管理人的职责。在上市公司设立并购基金的公告中，上市公司通常会明确公告基金管理人、普通合伙人以及部分一般合伙人的出资比例，但也有一些并购基金的基金管理人和普通合伙人的出资比例在基金设立之初并未明确表示。在2011~2016年6月设立的222只并购基金中，有62只基金没有事先确定基金管理人或者一般合伙人的出资规模，占比约为28%。由并购基金管理公司/GP承诺出资规模及比例分布（见图6-5）可知，大部分管理公司/GP的并购基金规模在1 000万元以下，持有份额比例在10%以下。

第六章 "上市公司+PE"型并购基金价值创造效应的实证研究

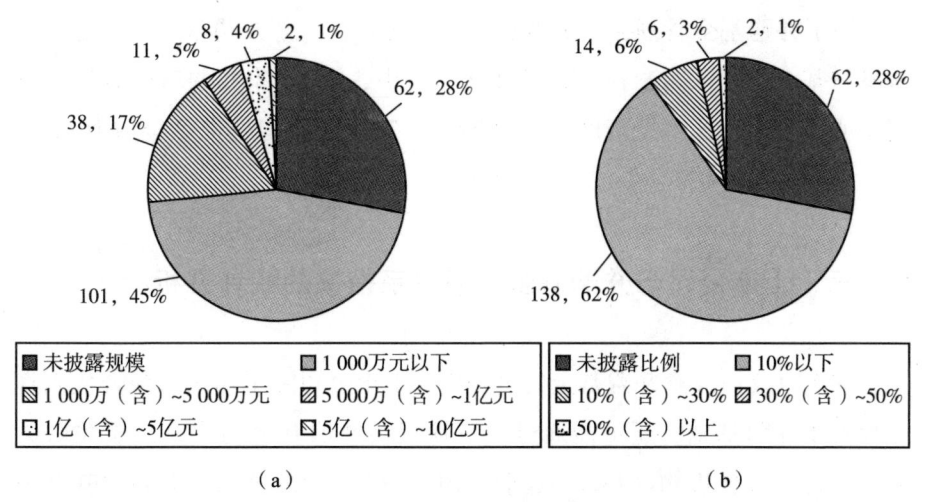

图6-5 管理公司/GP承诺出资规模和出资份额比例分布

而从明确公告出资规模和比例的160只基金来看，我国并购基金管理人或普通合伙人的出资总额为46亿元，平均出资比例约为4%。由分年数据可知，2011年与2012年设立的并购基金，管理人出资比例均为10%。从2014年起，平均出资比例有所减小。2014年，47只并购基金中基金管理人平均出资约2.66%。其中最小值是"加加食品"（002650.SZ）的普通合伙人出资比例接近为0，最大值是"恒宝股份"（002104.SZ）与其普通合伙人分别出资50%。2015年，71只并购基金中基金管理人平均出资约3.9%。2016年上半年，36只并购基金管理人或普通合伙人平均出资约4.73%（见表6-2）。

表6-2　36只并购基金管理公司或普通合伙人出资比例描述性分析

时间	样本数	平均值	标准差	最小值	最大值
2011年	2	0.1000	0.0000	0.1000	0.1000
2012年	1	0.1000	—	0.1000	0.1000
2013年	3	0.1206	0.1840	0.0100	0.3330
2014年	47	0.0266	0.0735	0.0000	0.5000
2015年	71	0.0390	0.0828	0.0001	0.4167
2016年1~6月	36	0.0473	0.1106	0.0000	0.6000

除了并购基金管理公司或普通合伙人之外，一些并购基金有第三方机构参与基金份额认购。在 222 只并购基金中，有 48 家并购基金有第三方机构明确了出资比例及额度，占比 22%。第三方机构出资总金额为 87 亿元，平均约 1.8 亿元。

三、上市公司与并购基金关联关系情况的统计分析

在上市公司设立并购基金的过程中，上市公司除了作为有限合伙人直接投资于并购基金，还可能通过如下途径与并购基金构成第二层关联关系：一是与私募机构（PE）共同出资成立基金管理公司，对并购基金进行日常管理；二是公司高管、股东在并购基金管理公司、合作的私募机构（PE）中持股或任职，或者直接或间接参与投资并购基金；三是在投资决策委员会中占有席位，参与并购基金的投资决策。根据第二层关联关系统计，约有 42.79% 的上市公司，即 89 家上市公司与并购基金产生关联。上市公司与并购基金的关联关系，如图 6-6 所示。

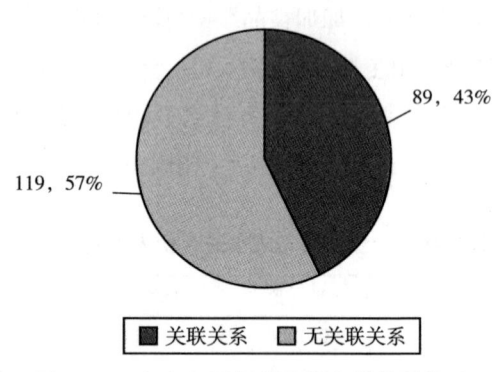

图 6-6　上市公司与并购基金的关联关系

为保证并购标的的筛选及培育符合本公司的战略发展需要，一些上市公司通过与私募机构共同出资成立并购基金管理公司，以保证其得以深入参与基金的尽职调查、投后管理、投资决策等基金运作过程。2011 年到

第六章 "上市公司+PE"型并购基金价值创造效应的实证研究

2016年6月,222只并购基金中上市公司与私募机构共同出资设立并购基金管理公司的约有71只,占比约32%;上市公司未参与并购基金管理公司设立的有151只,占比约68%,如图6-7所示。

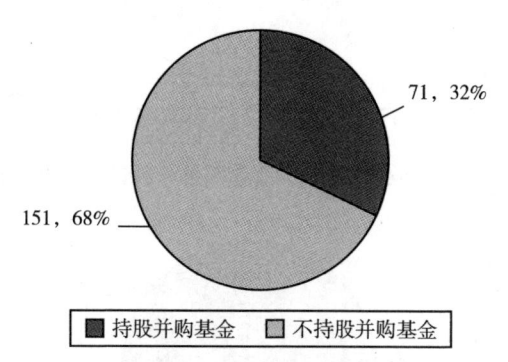

图6-7 上市公司是否持股并购基金的资产管理公司

上市公司高管、主要股东等与并购基金关联关系的表现形式,一是公司高管、自然人股东在并购基金管理公司、合作的私募机构任职;二是公司高管、自然人股东、法人股东持股并购基金管理公司、合作的私募机构;三是高管、股东直接投资或是通过持股公司间接投资并购基金,四是在投资决策委员会中占有席位。典型的关联投资情况是上市公司控股股东直接或者通过其持股公司间接参投并购基金。在2011年1月到2016年6月的222只并购基金中,有上市公司高管、股东等参与的并购基金为61只,占比约27%;无高管、股东参与的并购基金为161只,占比约73%。如图6-8所示。

在并购基金投资决策委员会中所占有的席位,决定了上市公司对并购基金日常运作以及投资决策的参与程度。数据统计显示,222只并购基金中有73只并购基金的上市公司及其关联方明确公告在投资决策委员会中占有席位,占比约33%;其余149只并购基金并未在公告中明确说明,如图6-9所示。

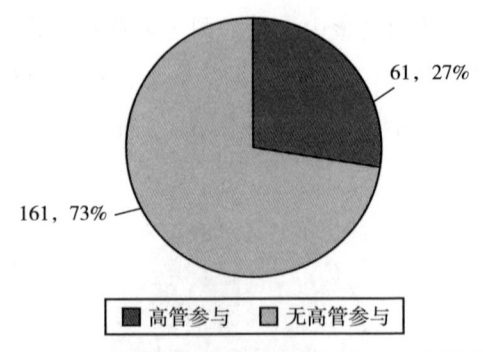

图6-8　上市公司是否有高管等参与其设立的并购基金

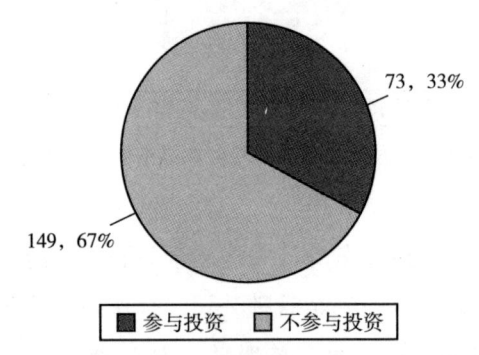

图6-9　上市公司及其关联方是否参与投资决策委员会

四、并购基金合伙期限的统计分析

上市公司设立并购基金时，大部分并购基金公告中都对并购基金的合伙期限做了明确规定。在2011年1月到2016年6月设立的222只并购基金中，仅有24只基金未公告其合伙期限，占比11%。在其余198只基金中，上市公司与并购基金管理人的合作期限从1年到10年不等，且可能会延期。其中，合伙期为5年的并购基金最多，占比约37%；其次为合伙7年，占比约22%；合伙3年，占比9.6%；最长合伙期10年，占比5.56%；而"天神娱乐"（002354.SZ）与国金鼎兴资本管理有限公司成立的并购基金合伙期仅为1年。上市公司与并购基金管理人合伙期限分布图，如图6-10所示。

第六章 "上市公司+PE"型并购基金价值创造效应的实证研究

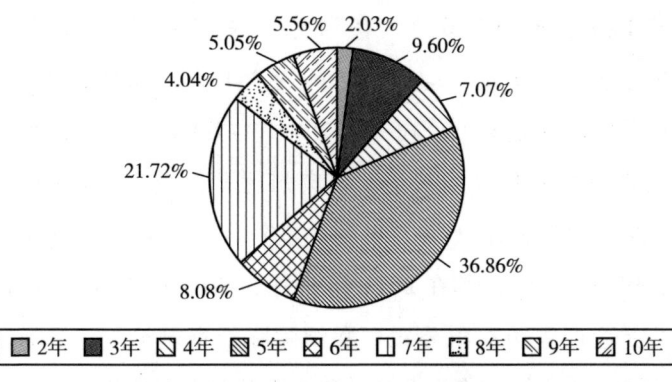

图6-10 上市公司与并购基金管理人合伙期限频数分布图（不含最长延期）

若考虑公布的含延长期的合伙期分布，最短合伙期是"阳光电源"（300274.SZ）与三峡建信（北京）投资基金管理有限公司等合作设立的新能源产业投资基金，合作期限为20个月；最长的为10年，占比5.56%，而合伙期为5年及7年的并购基金最为普遍，如图6-11所示。

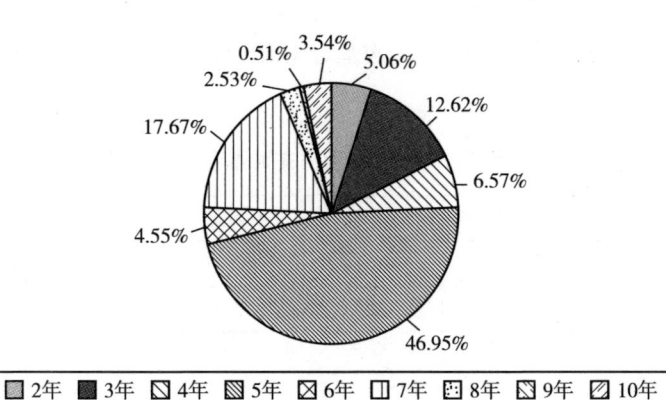

图6-11 上市公司与并购基金管理人合伙期限频数分布图（含最长延期）

五、上市公司成立多只基金情况的统计分析

连续设立多只并购基金，在不同的领域或投资主题下为上市公司培育并购标的，成为一些上市公司进行外延扩张，实现多元化发展战略的选

择。2011年1月至2016年6月，有14家沪深上市公司设立了两只并购基金。两只并购基金的设立平均间隔时间为341天，标准差为310.13。其中，间隔时间最短的为上市公司"星期六"（002291.SZ），其在2015年7月13日公告成立两只并购基金，与广州琢石投资管理有限公司共同出资设立了"星期六时尚基金"、"奥利凡星基金"；间隔时间最长的为"大康农业"（002505.SZ），其在2011年9月、2015年4月分别与浙江天堂硅谷股权投资管理集团有限公司、赛领国际投资基金（上海）有限公司共同设立了"浙江大康基金""大康海外农业并购基金"。

在本书研究样本中还发现设立两只并购基金的上市公司，往往第二只并购基金规模更大。2011年1月至2016年6月，在14家设立两只并购基金的上市公司中，只有5只第二次设立的基金规模低于其设立的第一只基金。上市公司设立两只并购基金中，第二只的平均规模比第一只高1.73亿元。其中，"腾信股份"（300392.SZ）在2015年12月设立的"腾信数研TMT并购基金"比其4月设立的"设立的产业并购基金"规模高15亿元。相同上市公司设立的两只并购基金对比分析，如表6-3所示。

表6-3　　　相同上市公司设立的两只并购基金对比分析

分析项目	样本数	平均值	标准差	最小值	最大值
设立时间差（天）	14	341.14	310.13	0	1 304
基金规模差（亿元）	14	1.73	7.32	-9.29	15

第二节 "上市公司+PE"型并购基金价值创造效应及影响因素分析

2011年以后，我国并购市场空前活跃，并购基金进入全面发展时期。特别是2013年后，上市公司与PE合作设立并购基金成为我国并购基金的主要运营模式之一。不同于一般并购基金内部投资者与基金管理人之间的委托—代理关系，上市公司作为并购基金发起者、积极投资者以及运营者，深入参与到该类并购基金的运作过程中，并与基金管理机构有着特殊的联系，影响着并购基金价值创造作用的发挥。

本节首先从上市公司设立并购基金对上市公司的影响，即并购基金对其出资人的影响，来分析并购基金的价值创造作用；其次基于委托—代理理论，探讨上市公司高管或大股东参股并购基金、并购基金管理人持有并购基金份额比例是否影响并购基金价值创造作用的发挥；最后运用 PS 值，检验设立并购基金的上市公司能否较可比公司获得超额收益。

一、研究假设

现有理论主要从协同效应和股价效应两个方面讨论并购基金的价值创造及其并购绩效。协同效应理论认为，并购方及被并购方在公司业务、发展战略以及创新活动方面可形成有效互补或协同，从而使公司经营绩效获得提升并创造价值（Ansoff，1965）。贝克尔和沃鲁克（Baker & Wruck，1989）等认为并购基金可通过积极的管理提升被并购公司的运营状况，从而创造价值并改善被并购企业财务指标。塞尔维斯（Servaes，1996）对美国 1975~1991 年间 1 814 家上市公司的并购重组活动引起的股价效应研究发现，并购标的公司在要约收购期间可获得平均为 35% 的累计超额收益率。本章主要基于詹森（1989）和凯普兰（1989）等的委托—代理理论，对我国"上市公司 + PE"型并购基金的价值创造及其影响因素进行探讨，并提出可检验假设。

并购基金的价值创造机制，从宏观上看其在经济中的主要功能是促进资源跨时间、跨空间的重新配置，从而成为企业创新的核心。克雷恩等（2013）指出并购基金在组织创新方面起到了关键的作用，它助推了企业和产业间金融及其他资源的加速流动。PE 能够通过杠杆收购将有限的资源从低效的生产实体中抽离出来重新分配到更高效的生产实体中去，最终使得其支持的杠杆收购标的企业在财务压力下保持更高的增长效率（Gurung & Lerner，2010）。从微观上看，并购基金进一步优化了管理层激励、活跃了董事会活动、改善了公司资本结构、提升了公司运营管理，从而理顺了被投资公司的价值创造渠道，为其战略决策的实现奠定了基础。并购基金价值创造效应的核心在于有效减弱了并购标的的委托代理问题，其通过扮演"基金投资人角色"对并购标的公司治理进行优化改善，有效减少了公司内部经理层的机会主义行为。凯普兰（1989）基于美国上市公司的案例研究发现，当上市公司私有化后，经理层的持股比例上升约为原来的四倍，并购后企业的销售利润率比并购前提高了10%～20%，现金流量销售收入比并购前上升约40%。同时私募基金通过一些特殊的条款要求管理层必须对公司进行一定比例的投资，使得管理层收益波动与公司业绩紧密联系，能有效减弱委托—代理问题。詹森（1989）认为公众公司相对独立的薪酬绩效制度难以控制公司经理层机会主义行为和损害公司价值行为，严重的委托—代理问题导致了治理的无效率。并购基金则提供一套对公司绩效更为敏感并与公司现金流量和债务偿还紧密相连的管理层激励方式。

国内学者何孝星等（2016）、庞家任等（2018）进一步对我国特有的"上市公司+PE"型并购基金的价值创造进行了实证研究。研究表明上市公司设立并购基金具有显著的价值创造效应，原因是，一方面PE机构专业的投资管理团队对标的企业实施投后监督和规范化管理，可有效减少并购标的内部的委托—代理问题，改善其公司治理，从而有效提升其并购绩效；另一方面并购基金可助力上市公司充分放大投资杠杆，以与上市公司主营业务相关的、能形成规模效应或协同效应的、行业前景看好的行业或企业为主要投资方向，从而降低其并购风险，提升其利润增长空间，最终助力上市公司内在价值成长。因此，上市公司设立并购基金的价值创造效应，既体现在以股票价格为核心的相关企业市场价值的增加，又体现在以要素组合及"投入—产出"为基础的内在价值的提升。在研究方法上，国内学者主要以标的公司为视角，参照国际通用的并购重组领域绩效研究

第六章 "上市公司+PE"型并购基金价值创造效应的实证研究

方法—事件研究法（唐建新等，2010），对并购基金的价值创造效应进行分析，通过上市公司设立并购基金事件能否获得正向累计超额收益率以论证并购基金是否具有价值创造效应。基于上文分析，本节提出第一个假设。

假设1：上市公司设立并购基金具有价值创造效应，短期内上市公司设立并购基金能使其股价表现为超额收益。

在并购基金设立时，大部分设立公告明确披露并购基金管理人/一般合伙人（GP）承诺持有的并购基金份额比例。方月明（2011）、金玮（2013）等的研究发现，基金管理人或GP的承诺出资，一方面是在委托代理关系中，防止被委托人在基金运作过程中获取私人收益，可以作为一种比较有效的监督机制减少基金管理人或GP的逆向选择或道德风险；另一方面，在基金合约中，一般规定GP在最低资本回报之上可获得20%的附加权益，但同时也要求GP承担亏损的无限责任。实际上，绝大多数GP以有限责任公司为组织形式，只以公司资产为边界承担有限责任，基于利益分配与责任承担对等原则，并购基金GP或管理公司参投一定比例的基金份额具有其合理性，且可能部分反映了基金内部委托代理问题的程度大小。同时，考虑到上市公司设立并购基金不同于一般私募基金的非公开性，基金管理人或GP承诺持有份额易为上市公司投资者所关注及认可，因此可能引发公告时不同的股价反应。基于以上分析，本文提出第二个假设。

假设2：并购基金管理公司/GP承诺持有并购基金份额比例越高，则上市公司的价值创造效应越明显。

"上市公司+PE"投资模式下的并购基金对小股东利益的积极作用在于，作为产业资本与金融资本融合的通道，并购基金是上市公司企业价值提升的工具之一。"上市公司+PE"型并购基金有效整合了上市公司、私募股权管理机构以及相关投资者的资源优势，形成了共同的利益整体。但也由于上市公司及其关联方作为积极投资者的深度参与，使得该模式容易滋生内外联接，从而侵占处于信息劣势的上市公司中小投资者的利益（徐婧婧，2015）。具体表现为，首先大股东或高管参股并购基金使其成为并购基金的出资人,当并购基金将目标企业注入上市公司时,将构成关联交易,则其存在促成上市公司以较高估值进行二次收购的利益动机;其次,大股东或高管可能作为并购基金投资决策委员会委员,参与或监督并购基金的投资决策,为其有意提高并购标的估值提供了便利;再次,大股东或高管可能促成并购基金投资于与其存在关联关系的投资标的,实现一二级市场套利;最后大股东或高管可能利用虚假项目进行股价炒作,实现二级市场高位减持,破坏市场正常秩序。

另外,由于该模式下上市公司积极投资者的作用,可能与并购基金发生更多的关联关系,该关系可能反而会使并购基金内部的委托代理问题加剧。Phalippou 和 Gottschalg(2009)指出并购基金与其外部投资者(如为其并购提供债权资本的银行、提供股权资本的机构投资者以及富裕阶层的个人)之间的委托代理问题反而使得整体代理冲突加剧,原因在于不透明的基金管理人薪酬合约、容易误导缺乏专业知识的投资者的基金管理人制作的募资说明书、制定可能给自身更多空间提高自身管理回报的交易方案,这种委托代理问题的加剧可能导致并购基金并购绩效的降低。因此,当上市公司股东或高管与并购基金发生关联关系时,即在并购基金管理公司任职、持股或是直接或间接参投并购基金,都可能参与制定并购基金合约规则,而引发道德风险和逆向选择。当这一关联关系为投资者所知时,则引发了二级市场投资者隐含预期的下降,从而削弱了并购基金的价值创造水平。基于以上分析,本文提出第三个假设。

假设3:大股东或高管参股并购基金,会减弱并购基金对上市公司的价值创造效应。

由以上分析可知,设立并购基金对于上市公司产业整合有积极影响,投资者对设立的作用整体应是肯定的。但囿于上市公司出资设立并购基金是其年度投资支出的一部分,一般占公司总资产规模的份额并不大;且作为投资方而非被并购企业,溢出效应相对有限。此外,未设立并购基金的其他可比公司相比于出资设立并购基金的上市公司,可能会因相近事件窗口内公告定向增发、股权激励、企业并购等事件而同样有正向收益,行业联动效应等作用也制约着出资并购基金上市公司相对高收益的获得。因此，上市公司公告设立并购基金事件来的相对收益持续时间并不长。整体来看，相对于没有成立并购基金的可比公司，设立并购基金的上市公司只能在较短期内获得相对更高的收益。基于以上分析，本节提出第四个假设。

假设4：在其他条件相同的情况下，设立并购基金的上市公司对于可比公司而言，能在较短期内获得相对较高收益，但在更长的期限内相对收益并不明显。

二、研究设计

（一）总体样本与数据来源

本节以二级市场上市公司设立并购基金事件为切入点，从中筛选出符合一定特征的设立并购基金的上市公司作为研究样本，按照以下步骤进行样本筛选：（1）从Wind"中国PE/VC库"中选取2011年1月1日至2016年6月30日之间的基金募集事件，选择出资人类型为"上市公司"，选择基金分类为"buyout"，获取在研究期间设立过并购基金的上市公司样本。（2）剔除公告设立并购基金窗口期内发布股权转让、再融资、员工激励计划等公告，可能对上市公司累计超额收益带来较大影响的上市公司样本。（3）剔除并购基金设立公告日前少于240个交易日的上市公司样本。（4）考虑到2015年6月中旬至8月下旬的股灾造成了市场的恐慌性下跌，为避免该极端情况对上市公司设立并购基金窗口期累计超额收益率的影响，剔除在此期间成立并购基金的上市公司样本。经筛选，符合样本标准的共有201家上市公司，样本年度及所属板块数量分布如表6-4所示：

表 6-4　　　　　上市公司设立并购基金年度及板块分布统计

年份	样本数量	百分比	上市板块	样本数量	百分比
2011	2	1.00%	主板	39	19.40%
2012	1	0.50%	中小板	96	47.76%
2013	4	1.99%	创业板	66	32.84%
2014	59	29.35%	—		
2015	98	48.76%	—		
2016	37	18.41%	—		
合计	201	100%	合计	201	100%

本书使用上市公司的年度财务报告数据、市场收益率数据来自于CSMAR数据库的公司研究、股票市场子库,设立并购基金的特征数据来自于Wind数据库的个股深度资料中的上市公司公告信息,超额收益率的估计所用的因子数据来自于CSMAR金融数据库中的Fama-French因子数据库,因子数据选择2×2×2×2分组模式下的各风险因子。

(二) 超额收益率的存在性检验

1. 计算超额收益率

本节根据Fama-French五因子模型,估计超额收益率。

$$R_{it} - R_{ft} = a_i + b_i(R_{Mt} - R_{ft}) + s_i SMB_t + h_i HML_t + r_i RMW_t + c_i CMA_t + e_{it}$$

(6.1)

本节采用了国泰安数据库中"Fama-French因子模型库"中的数据。R_{it}表示股票i在t日的收益率,R_{ft}表示t日的无风险收益率,无风险收益率的选择依照了此子库的标准为三个月期银行存款收益率;R_{Mt}表示市场组合收益率;SMB为市值因子;HML为账面市值比因子;RMW为盈利因子;CMA为投资模式因子。

第六章 "上市公司 + PE"型并购基金价值创造效应的实证研究

本节用于估计 Fama – French 五因子模型系数的时间窗口为各上市公司设立并购基金公告日的前 240 至前 60 个交易日。

2. 计算个股每日的超额收益率及累计超额收益率

$$AR_i = R_{it} - R_{ft} - [\hat{a}_1 + \hat{b}_1(R_{Mt} - R_{ft}) + \hat{s}_1 SMB_t + \hat{h}_1 HML_t + \hat{r}_1 RMW_t + \hat{c}_1 CMA_t] \tag{6.2}$$

本节将个股超额收益率换算为对数形式,以便计算累计超额收益率。

$$AR'_{it} = Ln(AR_{it} + 1) \tag{6.3}$$

则个股的累计短期超额收益率为:

$$CAR_i[m, n] = \sum_{j=m}^{n} AR'_{ij} \tag{6.4}$$

3. T 检验分析超短期超额收益率和短期累计收益率的显著性

构造短期超额收益率的 t 统计量:

$$t = \frac{\overline{CAR}}{\sigma_{CAR}/\sqrt{N}} \tag{6.5}$$

其中,N 为设立并购基金的上市公司家数。采用双侧检验的方法检验超额收益率是否为零,$H_0: CAR = 0$。

4. 稳健性检验

本部分通过改变样本范围进行稳健性检验。将同一上市公司设立的第二只并购基金剔除,以避免重复设立并购基金对上市公司正向作用边际递减带来的影响。初步获得的 201 只基金中有 10 只并购基金是上市公司设立的第二只基金。将这 10 只上市公司第二次设立的并购基金事件剔除后,检验 191 只并购基金长期、短期超额收益率的显著性。排除公告效应影响的检验。在计算累计收益率时,剔除公告后五天内的收益率,检验超额收益率是否仍然存在。

(三) 价值创造效应的影响因素分析

在验证了并购基金短期内的价值创造效应之后,本节对其价值创造的影响因素进行分析。采用 OLS 方法分析公司高管或大股东参股设立并购基金是否会侵占公司利益,管理公司/GP 出资比例的提高是否有助于其财富效应的增加。

$$CAR_i[-2,2]/CAR[-5,5] = \beta_0 + \beta_1 comprelated\_attend_i + \beta_2 mancomp\_ratio + \beta_3 control\ var\ iables_i + \varepsilon_i \quad (6.6)$$

其中,被解释变量 CAR[-2,2]/CAR[-5,5] 表示上市公司设立并购基金公告时间窗口的短期累计收益率。解释变量为公司高管或股东是否参股设立并购基金、管理公司/一般合伙人(GP)承诺出资比例。本节选取的控制变量包含并购基金特征相关的及上市公司特征相关的变量。其中,并购基金的特征变量反映了上市公司与并购基金之间的关联关系,反映了上市公司对并购基金投资决策的参与程度。上市公司特征变量则反映了上市公司的盈利能力(净资产收益率)、股权结构(前十大股东持股比例)、营运能力(总资产周转率)、资本结构(资产负债率)、成长前景(营业收入增长率)以及上市公司异质性(总资产规模)(Gompers et al.,2010;李善民和周晓春,2007;刘淑莲等,2012)。并购基金委托—代理关系影响机制检验的变量说明,如表 6-5 所示。

表 6-5　　　并购价值创造效应影响因素分析的变量说明

变量		名称	变量定义
被解释变量	CAR [-2, 2]	累计超额收益率	上市公司设立并购基金公告日前后 2 个交易日的累计超额收益率
	CAR [-5, 5]		上市公司设立并购基金公告日前后 5 个交易日的累计超额收益率

第六章 "上市公司+PE"型并购基金价值创造效应的实证研究

续表

变量		名称	变量定义
解释变量	mancomp_ratio	管理公司/GP承诺出资比例	披露公告中，管理公司/GP承诺出资规模占并购基金总规模的比例，衡量管理公司及GP在并购基金中所占份额
	comprelated_attend	上市公司高管或股东是否参与并购基金	根据披露公告，只要满足上公司高管、股东在并购基金管理公司、合作的私募机构任职，持股并购基金管理公司、合作的私募机构，直接投资、或通过持股公司间接投资并购基金其中之一条件则取1，否则取0
并购基金特征变量	mancomp_holded	公司是否持股并购基金管理公司	披露公告中，上市公司自身直接或间接持股并购基金管理公司、合作的私募机构，则该变量取1，否则取0
	investdec	上市公司及其关联方是否在并购基金投资决策委员会中占有席位	披露公告中，上市公司及其关联方参与投资决策委员会，则该变量取1，否则取0
	ln_fundsize	并购基金募集规模	披露公告中，对并购基金募集规模或首期募资规模取自然对数
	comp_ratio	上市公司承诺出资比例	披露公告中，上市公司承诺出资金额占并购基金拟募集金额的比例
上市公司的控制变量	ln_asset	总资产的对数	上市公司在公告设立并购基金的前一会计年度末总资产的自然对数，衡量上市公司的规模大小
	roebasic	净资产收益率	净利润/平均净资产总额，衡量上市公司公告设立并购基金前一个会计年度的盈利能力
	leverage	权益乘数	资产总额/所有者权益总额，衡量上市公司公告设立并购基金前一个会计年度末的财务杠杆
	assetsturn	总资产周转率	销售收入/平均资产总额，衡量上市公司设立并购基金前一个会计年度末的资产利用情况
	growth	成长能力	上市公司公告设立并购基金前一个会计年度的营业收入的增长率
	top10pct	前十大股东持股比例	上市公司公告设立并购基金前一个会计年度前十大股东持股比例总计

（四）相对收益率检验

在对并购基金的价值创造效应及其影响因素进行了分析之后，本节采取倾向性得分匹配与事件研究法相结合的方法，研究设立并购基金的上市公司在公告出资并购基金的公告日时，是否比与其类似、但未设立并购基金的上市公司能获得更高的相对收益，从而一定程度解决样本的内生性问题。研究步骤包括：

第一，每个设立并购基金的上市公司个体 i，在给定协变量 x_i 的情况下，个体 i 进入处理组的条件概率为 $P(D_i = 1 | x = x_i)$ 或简记为 $P(x)$。令 D 为虚拟变量，根据倾向得分定理，有 $(y_0, y_1) \perp D | x \Rightarrow (y_0, y_1) \perp D | P(x)$，将多维的协变量差异转化为一维的 PS 值（Propensity Score）差异。因此，可以由协变量计算倾向得分作为距离函数进行匹配。

以设立并购基金的上市公司为处理组，在未出资过并购基金的所有沪深股市上市公司中挑选控制组公司。对于处理组的每位个体 i，采用 k 近邻匹配的方法进行匹配。以出资并购基金的公告时间为节点依照其上一年年底的财务数据，作为搜寻与处理组的各家上市公司有相似特点的控制组公司的依据。

第二，计算处理组及与其匹配的全部控制组个体的短期收益率 CR。应用配对 T 检验方法，检验出资并购基金的上市公司与其配对的上市公司的短期收益率是否有显著差异。

第三，稳健性检验。采取 kernel 函数等其他方法进行稳健性检验，筛选与设立并购基金的上市公司相类似的公司，以排除因匹配方法的不同带来的结果差异。

实证中涉及变量如下：

1. 产出变量

令 $\text{Ln}\left(\dfrac{P_{i,n}}{P_{i,m}}\right)$ 表示上市公司在事件窗口 [-5, 5] 期间内的累计收益

第六章 "上市公司 + PE"型并购基金价值创造效应的实证研究

率。公司收益率的差额 ΔCR(m, n) 用以说明在处理公司公告设立并购基金的事件窗口期，处理公司与控制公司的累计收益率差额，即

$$\Delta CA(m, n) = Ln\left(\frac{P_{i,n}}{P_{i,m}}\right) - Ln\left(\frac{P_{j,n}}{P_{j,m}}\right) \tag{6.7}$$

2. 处理变量

根据上市公司是否出资并购基金确定处理变量 D_i。对于 2011 年设立并购基金的上市公司，取值 $D_{i,2010} = 1$；其他从未出资过并购基金的上市公司，令 $D_{i,2010} = 0$。对 2012 年设立并购基金的上市公司，$D_{i,2011} = 1$；其他从未出资过并购基金的上市公司，令 $D_{i,2011} = 0$。依此类推，得到 2013 年、2014 年和 2015 年的处理变量 D_i。

3. 协变量

2010~2015 年上市公司的财务数据组成的协变量 x_i。本节选择的协变量有上市公司所属板块、行业、公司属性、杠杆、资产收益率、总资产规模、增长率、投资性支出的现金流量、前十大股东持股比例。倾向性得分匹配变量说明如表 6-6 所示。

表 6-6　　　　　　　　倾向性得分匹配的变量说明

变量		名称	变量定义
产出变量	ΔCR (m, n)	累计收益率之差	处理公司与其配对公司在事件窗口期 [m, n] 内的累计收益率之差
处理变量	$D_{i,j}$	出资设立并购基金与否	虚拟变量：判断 i 公司是否在第 j 年出资设立了并购基金
协变量	Board	板块	根据上市公司所属的板块：主板、中小企业板、创业板，构建 2 个虚拟变量
	industry	行业分类	根据证监会《上市公司行业分类指引（2001 年版）》，将上市公司分为 13 类行业，构建 12 个行业虚拟变量

续表

变量		名称	变量定义
协变量	nature	公司属性	按中央国有企业、地方国有企业、集体企业、民营企业、公众企业、外资企业、其他企业的公司属性,构建6个虚拟变量
	ln_asset	总资产的对数	上市公司总资产的自然对数,用于衡量上市公司规模大小
	roebasic	净资产收益率	净利润/平均净资产总额,用于衡量上市公司的盈利能力
	leverage	权益乘数	资产总额/所有者权益总额,用于衡量上市公司的财务杠杆
	assetsturn	总资产周转率	营业收入/总资产平均余额,用于衡量上市公司的资产运营效率
协变量	growth2	销售收入增长率	(上年销售收入－本年销售收入)/本年销售收入,用于衡量上市公司成长能力
	top10pct	前十大股东持股比例	前十大股东持股数量/年度平均股本总额,用于衡量上市公司的持股集中度

三、实证结果与分析

(一) 价值创造效应的存在性检验结果

1. 描述性分析结果

由图6－12可见,在较长的窗口期[－20,56]内,上市公司设立并购基金公告日当天的平均超额收益率最高,达到1.52%。

由表6－7可见,上市公司设立并购基金的事件窗口期内,有正的超额收益率。在公告日前后五个交易日内,平均的短期累计超额收益率达3.25%。

第六章 "上市公司+PE"型并购基金价值创造效应的实证研究

图6-12 上市公司设立并购基金事件公告 [-20, 56] 期间上市公司平均日超额收益率

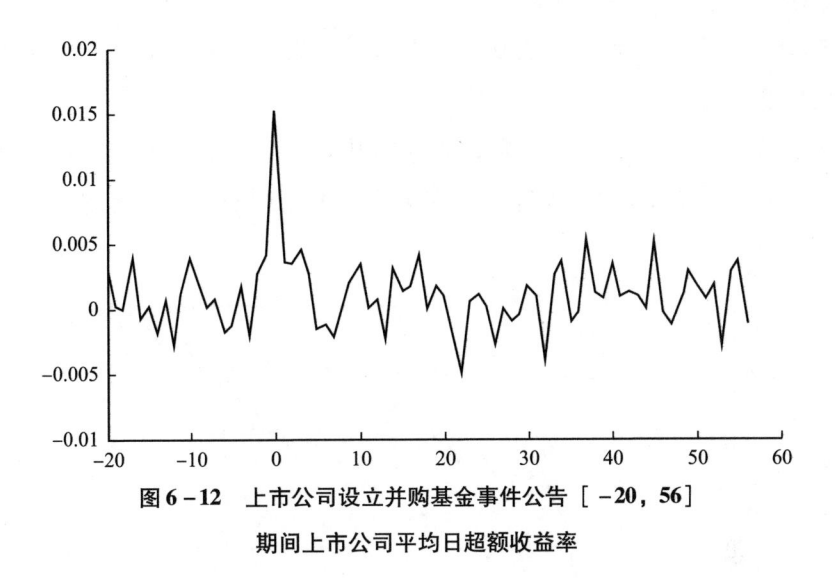

表6-7 上市公司设立并购基金短期累计超额收益率描述性分析

事件窗口期	N	均值	标准差	均值的标准误
CAR[-1, 0]	201	0.0194	0.05924	0.00418
CAR[0, 1]	201	0.0187	0.08009	0.00565
CAR[-1, 1]	201	0.0229	0.08794	0.00620
CAR[-2, 2]	201	0.0288	0.11476	0.00809
CAR[-2, 3]	201	0.0333	0.13203	0.00931
CAR[-3, 3]	201	0.0312	0.13335	0.00941
CAR[-5, 4]	201	0.0341	0.14842	0.01047
CAR[-5, 5]	201	0.0325	0.15586	0.01099
CAR[-5, -1]	201	0.0049	0.08088	0.00570
CAR[1, 5]	201	0.0124	0.11788	0.00831

为从稍长期的维度对并购基金的超额累计收益率进行分析，本节将超额收益率事件窗口进行扩展。由于201只并购基金设立所对应的上市公司，仅在设立并购基金后的56个交易日内没有任何公司出现停牌事件。为避免停牌造成的数据缺失以及其他事件影响，本书所计算的持有超额收益率最长为公告日至56个交易日内。由图6-13可见，事件公告日之后

我国并购基金价值创造模式与价值创造效应研究

及30个交易日后,设立并购基金的上市公司累计的平均超额收益率都有较大幅度的增加。

由表6-8可知,上市公司设立并购基金后,短期内的平均累计超额收益率为正。整体来看,随着时间的延长,累计超额收益率逐渐增加。

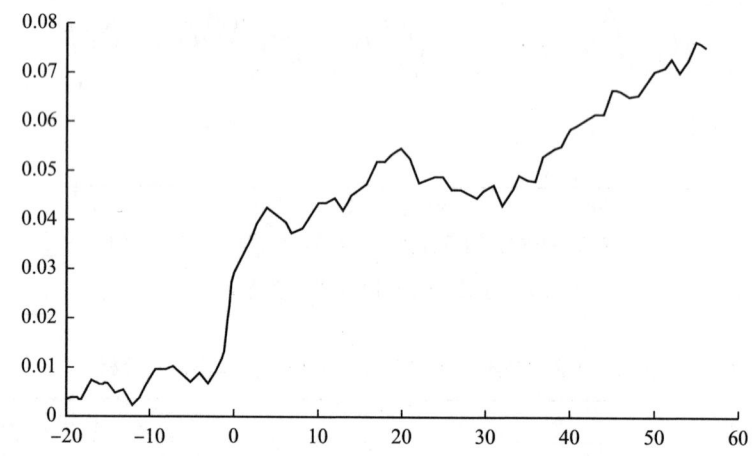

图6-13 上市公司设立并购基金事件公告[-20,56]期间上市公司超额收益率

表6-8 上市公司设立并购基金后累计超额收益率描述性分析

事件窗口期	N	均值	标准差	均值的标准误
CAR_0	201	0.0152	0.04761	0.00336
CAR[0, 1]	201	0.0187	0.08009	0.00565
CAR[0, 2]	201	0.0222	0.10489	0.00740
CAR[0, 3]	201	0.0266	0.12215	0.00862
CAR[0, 4]	201	0.0292	0.13483	0.00951
CAR[0, 5]	201	0.0276	0.14422	0.01017
CAR[0, 10]	201	0.0302	0.16695	0.01178
CAR[0, 20]	201	0.0412	0.19959	0.01408
CAR[0, 30]	201	0.0329	0.22822	0.01610
CAR[0, 40]	201	0.0452	0.25212	0.01778
CAR[0, 50]	201	0.0568	0.27491	0.01939
CAR[0, 56]	201	0.0619	0.29737	0.02097

第六章 "上市公司+PE"型并购基金价值创造效应的实证研究

2. 显著性检验结果

如表 6-9 所示，T 检验结果可以看到，上市公司设立并购基金在较短期内基本能获得显著的超额收益率。

表 6-9　上市公司设立并购基金的较短期累计超额收益 T 检验结果

事件窗口期	T 值	df	Sig.（双侧）	均值差值	差分的95%置信区间 下限	差分的95%置信区间 上限
CAR[-1, 0]	4.638	200	0.000	0.01938	0.0111	0.0276
CAR[0, 1]	3.319	200	0.001	0.01875	0.0076	0.0299
CAR[-1, 1]	3.696	200	0.000	0.02292	0.0107	0.0352
CAR[-2, 2]	3.560	200	0.000	0.02882	0.0129	0.0448
CAR[-2, 3]	3.575	200	0.000	0.03330	0.0149	0.0517
CAR[-3, 3]	3.313	200	0.001	0.03117	0.0126	0.0497
CAR[-5, 4]	3.255	200	0.001	0.03407	0.0134	0.0547
CAR[-5, 5]	2.954	200	0.004	0.03248	0.0108	0.0542
CAR[-5, -1]	0.852	200	0.395	0.00486	-0.0064	0.0161
CAR[1, 5]	1.493	200	0.137	0.01242	-0.0040	0.0288

同时如表 6-10 所示，短期内累计超额收益率显著为正。上市公司设立并购基金对上市公司的价值创造作用在公告日 30 个交易日后，被市场进一步认可。因此，本节上市公司设的结果验证了假设 1，即上市公司设立并购基金能使其公司股价在短期内表现为超额收益，上市公司设立并购基金模式在短期内具有价值创造效应。

表 6-10　上市公司设立并购基金后的短期累计超额收益率 T 检验结果

事件窗口期	T 值	df	Sig.（双侧）	均值差值	差分的95%置信区间 下限	差分的95%置信区间 上限
CAR_0	4.526	200	0.000	0.01520	0.0086	0.0218
CAR[0, 1]	3.319	200	0.001	0.01875	0.0076	0.0299
CAR[0, 2]	2.996	200	0.003	0.02217	0.0076	0.0368

续表

事件窗口期	T值	df	Sig.（双侧）	均值差值	差分的95%置信区间 下限	差分的95%置信区间 上限
CAR[0, 3]	3.093	200	0.002	0.02665	0.0097	0.0436
CAR[0, 4]	3.071	200	0.002	0.02920	0.0105	0.0480
CAR[0, 5]	2.715	200	0.007	0.02762	0.0076	0.0477
CAR[0, 10]	2.568	200	0.011	0.03024	0.0070	0.0535
CAR[0, 20]	2.927	200	0.004	0.04121	0.0134	0.0690
CAR[0, 30]	2.045	200	0.042	0.03292	0.0012	0.0647
CAR[0, 40]	2.539	200	0.012	0.04516	0.0101	0.0802
CAR[0, 50]	2.929	200	0.004	0.05679	0.0186	0.0950
CAR[0, 56]	2.950	200	0.004	0.06187	0.0205	0.1032

3. 稳健性检验

上市公司公告设立并购基金时，并购基金基本还未给上市公司带来合适的并购标的。因此，以上超额收益率的获得很大程度上来自与上市公司合作的私募股权公司为上市公司带来的资本运营方面的市值管理收益等。因此，本部分剔除上市公司设立的第二只并购基金信息后，检验上市公司首次设立并购基金对上市公司的影响，且以此作为稳健性检验分析。

表6-11和表6-12可知，上市公司设立第一只并购基金之后，公告日前后五天的累计超额收益率达到3.13%，且具有统计意义上的显著性；公告后56个交易日内的累计超额收益率达5.93%，在1%的显著性水平下显著。

表6-11　　　剔除上市公司设立多只并购基金情况的
累计超额收益率描述性统计结果

事件窗口期	N	均值	标准差	均值的标准误
CAR[-5, 5]	191	0.0313	0.1574	0.0114
CAR[0, 56]	191	0.0593	0.3004	0.0217

第六章 "上市公司＋PE"型并购基金价值创造效应的实证研究

表6-13 剔除上市公司设立多只并购基金情况的
累计超额收益率T检验结果

事件窗口期	t	df	Sig.（双侧）	均值差值	差分的95%置信区间	
					下限	上限
CAR[-5, 5]	2.745	190	0.007	0.0313	0.0088	0.0538
CAR[0, 56]	2.730	190	0.007	0.0593	0.0165	0.1022

剔除公告效应的影响，检验CAR[6, 10]、CAR[6, 20]、CAR[6, 30]、CAR[6, 40]、CAR[6, 56]的显著性。实证结果表明这些时段内的超额收益率依然显著为正。

（二）并购基金价值创造效应的影响因素分析

1. 描述性统计

由描述性统计可以看出，管理公司/GP平均承诺出资并购基金规模约为2.8%（高于一般私募1%左右的参投比例），上市公司高管或股东参与并购基金的比例平均为27.7%，平均约有32.5%的上市公司持股并购基金管理公司，上市公司及其关联方在并购基金投资决策委员会中占有的席位平均约为0.302个，上市公司承诺出资比例约占并购基金总规模的25.3%。可见基金管理公司参与"上市公司＋PE型"并购基金的程度较高，其与并购基金联系较一般私募基金更为紧密，同时上市公司也通过多种形式或渠道参与并购基金的组织管理。上市公司设立并购基金相关变量描述性统计，如表6-13所示。

表6-13 上市公司设立并购基金相关变量描述性统计

统计项目	N	mean	sd	min	p50	max
CAR[-2, 2]	191	0.029	0.113	-0.311	0.013	0.378
CAR[-5, 5]	191	0.031	0.156	-0.418	0.011	0.591

续表

统计项目	N	mean	sd	min	p50	max
mancomp_ratio	191	0.028	0.075	0.000	0.010	0.500
comprelated_attend	191	0.277	0.449	0.000	0.000	1.000
ratio × attend	191	0.008	0.052	0.000	0.000	0.500
Mancomp_holded	191	0.325	0.469	0.000	0.000	1.000
investdec	191	0.302	0.389	0.000	0.000	1.000
Ln_fundsize	191	10.862	0.998	8.517	10.820	13.122
comp_ratio	191	0.253	0.251	0.000	0.192	1.000
Ln_asset	191	21.691	0.983	19.729	21.556	24.834
roebasic	191	0.066	0.105	-0.560	0.064	0.317
leverage	191	1.890	0.930	1.053	1.603	6.702
assetsturn	191	0.584	0.416	0.024	0.474	2.696
growth	186	0.292	0.539	-0.484	0.175	3.348
top10pct	191	58.149	13.832	27.610	59.630	86.980

2. 回归分析

在控制了上市公司和并购基金的特征变量之后，本书对并购基金价值创造效应的影响因素进行了检验。如表6-14所示，方程（1）对基金管理公司/GP出资比例对并购基金价值创造效应的影响进行了检验，出资比例每提高1%，累计超额收益率增加0.34%，且在5%的显著性水平下显著；方程（2）表明，上市公司大股东或高管参与并购基金使得其累计超额收益率降低7.09%，且在1%的显著性水平下显著；方程（3）同时考虑了并购基金管理公司/GP对并购基金的投资比例，以及大股东及高管是否参与并购基金两个因素，结果与方程（1）、方程（2）的结论基本一致，影响方向一样且系数差异不大，且至少在5%水平下显著；方程（4）添加了基金管理公司/GP出资比例与大股东或高管参股基金的交互项，结果表明上市公司大股东或高管的参与将减弱基金管理公司出资比例增加所

第六章 "上市公司 + PE"型并购基金价值创造效应的实证研究

表 6-14　并购基金价值创造效应的影响因素分析

方程序号	CAR[−5, 5] (1)	(2)	(3)	(4)	CAR[−2, 2] (5)	(6)	(7)	(8)
mancomp_ratio	0.340** (2.22)		0.359** (2.39)	0.605*** (3.04)	0.274** (2.51)		0.282** (2.60)	0.525*** (3.74)
comprelated_attend		−0.0709*** (−2.75)	−0.0735*** (−2.88)			−0.0289 (−1.54)	−0.0309* (−1.68)	
ratio * attend				−0.582** (−2.06)				−0.550*** (−2.76)
mancomp_holded	0.0260 (1.06)	0.0297 (1.21)	0.0358 (1.47)	0.0254 (1.04)	0.0153 (0.87)	0.0146 (0.82)	0.0194 (1.11)	0.0148 (0.86)
investdec	−0.00389 (−0.16)	−0.0028 (−0.12)	−0.00440 (−0.18)	−0.00257 (−0.11)	−0.0146 (−0.84)	−0.0136 (−0.77)	−0.0148 (−0.85)	−0.0134 (−0.78)
ln_fundsize	0.00183 (0.13)	0.0124 (0.90)	0.00648 (0.47)	0.00227 (0.16)	0.00201 (0.20)	0.00863 (0.86)	0.00396 (0.40)	0.00242 (0.25)
comp_ratio	0.0343 (0.65)	0.0534 (1.02)	0.0349 (0.67)	0.0413 (0.78)	0.0102 (0.27)	0.0250 (0.66)	0.0105 (0.28)	0.0168 (0.45)
ln_asset	−0.0397*** (−2.65)	−0.0446*** (−3.00)	−0.0418*** (−2.84)	−0.0407*** (−2.74)	−0.0270** (−2.53)	−0.0301*** (−2.80)	−0.0279** (−2.63)	−0.0279*** (−2.67)
roebasic	−0.0553 (−0.48)	−0.0638 (−0.56)	−0.0787 (−0.70)	−0.0403 (−0.35)	0.0261 (0.32)	0.0279 (0.34)	0.0162 (0.20)	0.0402 (0.50)

· 147 ·

续表

方程序号	CAR[−5, 5]				CAR[−2, 2]			
	(1)	(2)	(3)	(4)	(5)	(6)	(7)	(8)
leverage	0.0333** (2.28)	0.0329** (2.28)	0.0370** (2.58)	0.0331** (2.29)	0.0210** (2.02)	0.0193* (1.84)	0.0225** (2.17)	0.0207** (2.03)
assetsturn	−0.0718*** (−2.61)	−0.0705** (−2.60)	−0.0795*** (−2.94)	−0.0759** (−2.78)	−0.0459** (−2.35)	−0.0421** (−2.14)	−0.0491** (−2.52)	−0.0498** (−2.59)
growth	0.0292 (1.37)	0.0420* (1.94)	0.0412* (1.93)	0.0359* (1.67)	0.0248 (1.63)	0.0305* (1.94)	0.0298* (1.93)	0.0311** (2.05)
top10pct	−0.00047 (−0.53)	−0.0004 (−0.46)	−0.00036 (−0.42)	−0.00058 (−0.67)	−0.00057 (−0.92)	−0.00056 (−0.88)	−0.00053 (−0.85)	−0.00068 (−1.12)
C	0.849*** (2.94)	0.856*** (2.99)	0.850*** (3.01)	0.868*** (3.03)	0.592*** (2.88)	0.597*** (2.87)	0.592*** (2.90)	0.610*** (3.02)
Year	NO	NO	NO	NO	NO	NO	NO	NO
R^2	0.128	0.140	0.168	0.149	0.128	0.109	0.142	0.165
调整 R^2	0.073	0.086	0.11	0.09	0.073	0.052	0.083	0.107
F统计量	2.316	2.581	2.905	2.515	2.324	1.928	2.387	2.845
Prob (F)	0.011	0.005	0.001	0.005	0.011	0.039	0.007	0.001

注：括号内数值为系数对应的 t 值，***、** 和 * 分别表示该统计量在1%、5%及10%水平下显著。

带来的价值创造效应，基金管理公司/GP出资比例每提高1%，累计超额收益率仅增加0.023%。方程（5）~（8）在方程（1）~（4）基础上考虑了更短区间CAR［-2，2］的影响，所得结果与（1）~（4）相似。

此外，在控制变量方面，公司规模 ln_asset 显著为负，说明上市公司设立并购基金事件产生的财富效应随着企业规模增大而减小。这也说明规模较大的上市公司其外延扩张需求较难获得市场认同，盲目的扩张反而无法获得协同效应，这与 Moeller 等（2004）的研究结论一致。另外，权益乘数 leverage 回归系数显著为正，可能原因是财务杠杆较高的上市公司也面临着较大的财务困境，成立并购基金收购可在一定程度上为其战略并购提供融资保障。

实证结果表明，从短期来看，并购基金管理公司/GP 出资比例越高，并购基金对上市公司的价值创造效应越高；上市公司大股东、高管参与会使并购基金的价值创造效应减弱，并削弱并购基金管理公司出资比例上升所形成的正面预期效应。另外，规模较小的上市公司以及资产负债率较高的上市公司因更容易获得投资者认可，将更有动力设立并购基金。综上，假设2和假设3成立。

3. 稳健性检验

为了对研究假设进行相关佐证，我们分别对并购基金价值创造效应的影响因素分析进行了稳健性检验。第一，考虑年度固定效应的影响，添加了上市公司设立并购基金的年度虚拟变量，对上述模型的解释变量和控制变量进行回归；第二，替换或删除控制变量，例如将权益乘数变量替换为资产负债率变量、或删除控制变量前十大股东持股比例、是否在投资决策委员会中占有席位等；第三，替换被解释变量为不同时间窗口，如 CAR［0，56］、CAR［6，56］等；第四，控制板块异质性对上市公司设立并购基金的价值创造效应的影响，引入两个虚拟变量，分别控制主板、中小板和创业板的板块差异对其价值创造效应的影响，再次检验影响超额收益率的主要因素，获得的结果与前文基本一致。部分稳健性检验结果如表6-15所示。

表6-15 并购基金价值创造效应影响因素的稳健性检验1

方程序号	CAR[-2, 2] (1)	(2)	(3)	(4)	CAR[-2, 2] (5)	(6)	(7)	(8)
mancomp_ratio	0.273** (2.42)		0.280** (2.50)	0.519*** (3.58)	0.276** (2.50)		0.280** (2.55)	0.520*** (3.68)
comprelated_attend		-0.0284 (-1.48)	-0.0303 (-1.61)			-0.0253 (-1.35)	-0.0266 (-1.44)	
ratio * attend				-0.538*** (-2.62)				-0.539*** (-2.69)
mancomp_holded	0.0153 (0.87)	0.0154 (0.86)	0.0195 (1.10)	0.0149 (0.86)	0.0133 (0.76)	0.0123 (0.69)	0.0167 (0.95)	0.0128 (0.74)
investdec	-0.0139 (-0.78)	-0.0129 (-0.72)	-0.0138 (-0.78)	-0.0126 (-0.72)	-0.0121 (-0.70)	-0.0113 (-0.64)	-0.0122 (-0.70)	-0.0109 (-0.64)
ln_fundsize	0.00068 (0.07)	0.00760 (0.74)	0.00300 (0.29)	0.00184 (0.18)	0.00253 (0.25)	0.00915 (0.91)	0.00440 (0.44)	0.00306 (0.31)
comp_ratio	0.00818 (0.21)	0.0258 (0.67)	0.00835 (0.22)	0.0148 (0.39)	0.0106 (0.28)	0.0249 (0.66)	0.0108 (0.28)	0.0170 (0.45)
ln_asset	-0.0259** (-2.33)	-0.0299*** (-2.68)	-0.0267** (-2.41)	-0.0270** (-2.47)	-0.0258** (-2.34)	-0.0272** (-2.44)	-0.0257** (-2.35)	-0.0261** (-2.42)
roebasic	0.0321 (0.39)	0.0340 (0.41)	0.0211 (0.26)	0.0432 (0.53)	0.0454 (0.54)	0.0413 (0.49)	0.0358 (0.43)	0.0572 (0.69)

第六章 "上市公司+PE"型并购基金价值创造效应的实证研究

续表

方程序号	CAR[-2, 2]				CAR[-2, 2]			
	(1)	(2)	(3)	(4)	(5)	(6)	(7)	(8)
leverage	0.0210** (1.99)	0.0189* (1.79)	0.0225** (2.14)	0.0208** (2.01)				
leverage1					0.0864 (1.56)	0.0621 (1.12)	0.0843 (1.53)	0.0792 (1.46)
assetsturn	-0.0477** (-2.28)	-0.0444** (-2.11)	-0.0504** (-2.42)	-0.0502** (-2.44)	-0.0500** (-2.52)	-0.0447** (-2.25)	-0.0526*** (-2.65)	-0.0535*** (-2.74)
growth	0.0243 (1.58)	0.0302* (1.90)	0.0293* (1.87)	0.0306** (2.00)	0.0214 (1.38)	0.0276* (1.72)	0.0259 (1.64)	0.0279* (1.81)
top10pct	-0.00054 (-0.86)	-0.00055 (-0.87)	-0.00052 (-0.82)	-0.00068 (-1.09)	-0.00055 (-0.86)	-0.00060 (-0.93)	-0.000539 (-0.85)	-0.00068 (-1.08)
C	0.607*** (2.72)	0.641*** (2.84)	0.597*** (2.68)	0.605*** (2.75)	0.607*** (2.72)	0.641*** (2.84)	0.567*** (2.69)	0.544** (2.54)
Year	YES	YES	YES	YES	NO	NO	NO	NO
R^2	0.134	0.115	0.147	0.168	0.120	0.0978	0.130	0.155
调整 R^2	0.058	0.037	0.066	0.089	0.064	0.098	0.070	0.100
F统计量	1.753	1.479	1.820	2.129	2.158	1.714	2.163	2.649
Prob (F)	0.045	0.118	0.032	0.009	0.019	0.074	0.016	0.003

注：括号内数值为系数对应的t值，***、**和*分别表示统计量在1%、5%及10%水平下显著。

（三）分年份检验上市公司设立并购基金的相对收益

1. 2014 年上市公司设立并购基金的相对收益分析

（1）沪深上市公司的倾向性匹配结果

2014 年，我国有 55 家境内上市公司首次设立并购基金，本节用 2013 年末沪深上市公司的财务数据作为筛选匹配公司的依据。采用 k 近邻匹配，并令 k = 4，得到处理公司与控制公司的名称。匹配后大多数变量的标准化偏差小于 10%，而且 T 检验结果不拒绝处理公司组与控制公司组无系统性差异的原假设。从图 6 - 14 可见大多数变量的标准化偏差在匹配后缩小了，由图 6 - 15 可见观测值基本都在共同取值范围内，在进行倾向得分匹配时没有损失样本，匹配结果满足共同支撑假设和平行假设。

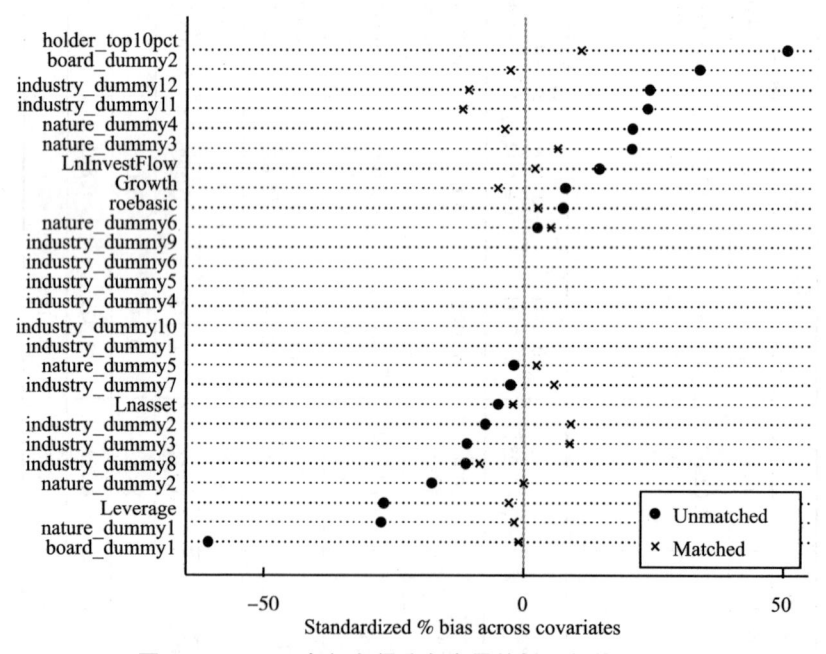

图 6 - 14　2014 年倾向得分各变量的标准化偏差图示

第六章 "上市公司+PE"型并购基金价值创造效应的实证研究

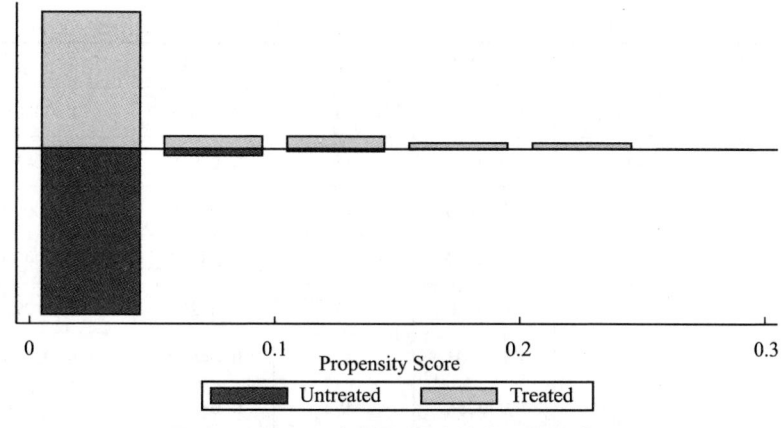

图6-15 2014年倾向得分的共同取值范围

(2) 检验2014年处理公司与控制公司的收益率

计算2014年55家上市公司在公告设立并购基金前后几日的累计收益率，以及每家公司匹配的4家上市公司，共275家上市公司在相应日的累计收益率。由于55家处理公司中有6家公司在公告设立并购基金前后交易日处于停牌状态，因此将其剔除；且有4家上市公司筛选得到的16家匹配公司均处于停牌状态，因此不做考虑。对匹配的4家控制公司的累计收益率分别取平均值，再与处理组公司的累计收益率对比，进行配对T检验。

由表6-16可以看出，在各个时间窗口期内，处理组的累计收益率均值均大于控制组。如在时间窗口期[-2,3]内，45家处理组上市公司的累计收益率平均为0.0256，但控制组公司的收益率为-0.0072；控制组上市公司的收益率为4家匹配公司的平均值，其标准差相对更低，处理组和控制组的标准差分别为0.01246和0.00730，如表6-17所示。

表6-16 2014年设立并购基金的上市公司与其匹配公司的成对样本统计量

事件窗口期	组别	均值	N	标准差	均值的标准误
[-1, 0]	处理组	0.0157	45	0.04414	0.00658
	控制组	-0.0094	45	0.02575	0.00384

续表

事件窗口期	组别	均值	N	标准差	均值的标准误
[0, 1]	处理组	0.0165	45	0.05888	0.00878
	控制组	-0.0011	45	0.02919	0.00435
[-1, 1]	处理组	0.0150	45	0.06509	0.00970
	控制组	-0.0077	45	0.03345	0.00499
[-2, 2]	处理组	0.0180	45	0.08207	0.01223
	控制组	-0.0105	45	0.04689	0.00699
[-2, 3]	处理组	0.0256	45	0.08358	0.01246
	控制组	-0.0072	45	0.04899	0.00730
[-3, 3]	处理组	0.0213	45	0.09043	0.01348
	控制组	-0.0071	45	0.04919	0.00733
[-5, 4]	处理组	0.0276	45	0.09367	0.01396
	控制组	-0.0028	45	0.05571	0.00831
[-5, 5]	处理组	0.0269	45	0.09736	0.01451
	控制组	-0.0022	45	0.05727	0.00854
[-5, -1]	处理组	-0.0028	45	0.05717	0.00852
	控制组	-0.0069	45	0.04960	0.00739
[1, 5]	处理组	0.0124	45	0.06529	0.00973
	控制组	0.0075	45	0.05095	0.00759

T检验结果显示，2014年设立并购基金的上市公司在短期内有相对更高的收益，且在事件窗口期 [-1, 0]、[0, 1]、[-1, 1]、[-2, 2]、[-2, 3]、[-5, 4] 内，设立并购基金的上市公司相对与其类似的其他公司能获得显著为正的收益，且在事件窗口期 [-2, 3] 处理组较控制组获得相对最高的正收益3.27%，如17所示。

表 6-17　2014 年设立与未设立并购基金的上市公司的配对 T 检验统计结果

事件窗口期	均值	标准差	均值的标准误	差分的95%置信区间 下限	差分的95%置信区间 上限	t	df	Sig.（双侧）
[-1, 0]	0.02510	0.05459	0.00814	0.00870	0.04150	3.084	44	0.004
[0, 1]	0.01760	0.06559	0.00978	-0.00210	0.03731	1.800	44	0.079
[-1, 1]	0.02261	0.07659	0.01142	-0.00040	0.04562	1.980	44	0.054
[-2, 2]	0.02851	0.10203	0.01521	-0.00214	0.05916	1.875	44	0.067
[-2, 3]	0.03272	0.10781	0.01607	0.00033	0.06511	2.036	44	0.048
[-3, 3]	0.02838	0.11405	0.01700	-0.00588	0.06265	1.669	44	0.102
[-5, 4]	0.03046	0.11987	0.01787	-0.00555	0.06647	1.705	44	0.095
[-5, 5]	0.02915	0.12243	0.01825	-0.00763	0.06594	1.597	44	0.117
[-5, -1]	0.00411	0.08228	0.01227	-0.02061	0.02883	0.335	44	0.739
[1, 5]	0.00495	0.08869	0.01322	-0.02169	0.03160	0.375	44	0.710

2. 2015 年上市公司设立并购基金的相对收益分析

（1）2015 年倾向得分匹配结果

2014 年末各上市公司的相关财务数据为协变量，2015 年是否设立并购基金的虚拟变量为处理变量，进行倾向得分匹配。2015 年首次设立并购基金的公司有 95 家上市公司，确定了 380 家配对上市公司，其中包含不同设立并购基金公司配对同一个控制组公司的情况。由图 6-16 可知，大多数变量的标准化偏差在匹配后缩小；由图 6-17 可见，观测值基本都在共同取值范围内，在进行倾向得分匹配时没有损失样本，匹配结果满足共同支撑假设和平行假设。

（2）配对 T 检验

95 家处理公司中，有 11 家上市公司公告设立并购基金的事件窗口期处于停牌的状态；且有 3 家上市公司匹配的 12 家控制组公司均停牌。因此，将此 14 组配对公司剔除。描述性分析显示，在十组事件窗口期的累计收益率中，设立并购基金的上市公司比其匹配公司的收益率都更高，如表 6-18 所示。

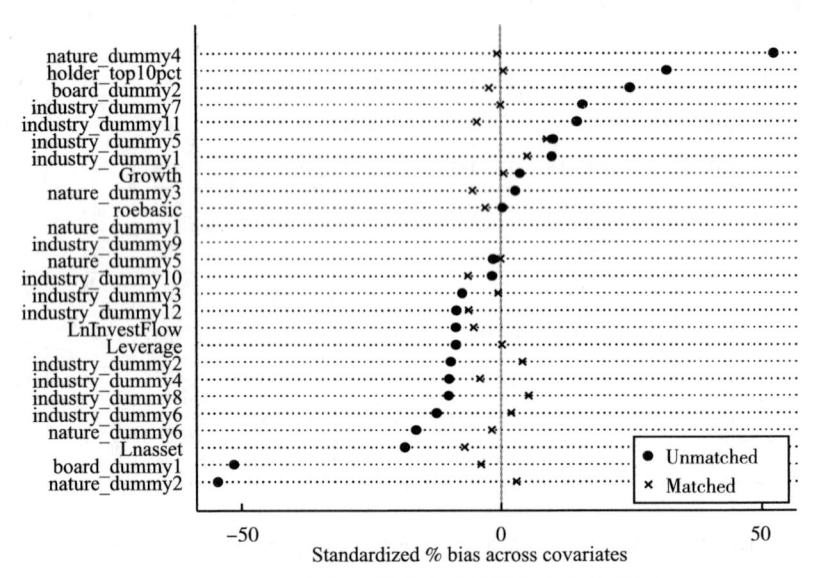

图 6-16　2015 年倾向得分各变量的标准化偏差图示

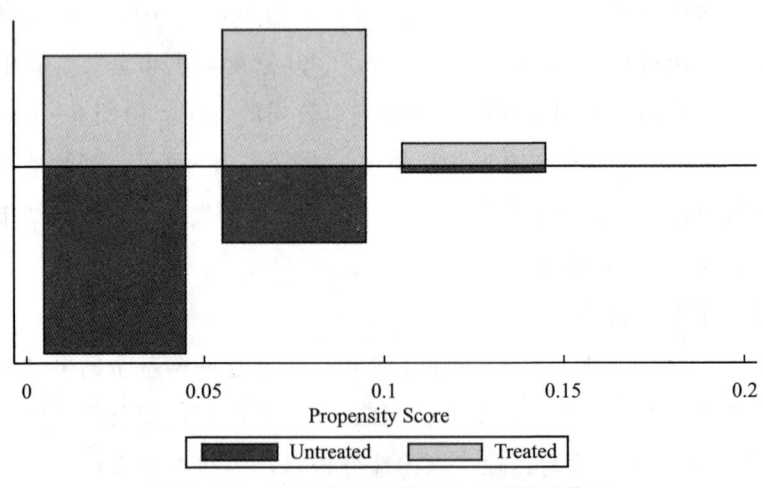

图 6-17　2015 年倾向得分的共同取值范围

表6-18　2015年设立并购基金的上市公司与其匹配公司的成对样本统计量

事件窗口期	组别	均值	N	标准差	均值的标准误
[-1, 0]	处理组	0.0265	81	0.08850	0.00983
	控制组	0.0131	81	0.04718	0.00524
[0, 1]	处理组	0.0339	81	0.10814	0.01202
	控制组	0.0091	81	0.04921	0.00547
[-1, 1]	处理组	0.0371	81	0.12613	0.01401
	控制组	0.0138	81	0.06084	0.00676
[-2, 2]	处理组	0.0483	81	0.17328	0.01925
	控制组	0.0196	81	0.08142	0.00905
[-2, 3]	处理组	0.0500	81	0.20356	0.02262
	控制组	0.0166	81	0.10174	0.01130
[-3, 3]	处理组	0.0542	81	0.21042	0.02338
	控制组	0.0180	81	0.10844	0.01205
[-5, 4]	处理组	0.0709	81	0.23426	0.02603
	控制组	0.0177	81	0.13227	0.01470
[-5, 5]	处理组	0.0720	81	0.24960	0.02773
	控制组	0.0197	81	0.14681	0.01631
[-5, -1]	处理组	0.0171	81	0.11828	0.01314
	控制组	0.0058	81	0.07785	0.00865
[1, 5]	处理组	0.0317	81	0.17074	0.01897
	控制组	0.0056	81	0.09076	0.01008

T检验结果显示，2015年设立并购基金的上市公司在事件窗口期[0, 1]、[-1, 1]、[-2, 2]、[-2, 3]、[-3, 3]、[-5, 4]以及[-5, 5]相较于控制组可获得相对更高的收益（至少在10%的水平下显著），且在窗口期[-5, 4]处理组公司可较控制组公司获得相对最高的正收益5.32%。配对检验结果如表6-19所示。

表6-19 2015年设立与未设立并购基金的上市公司的配对T检验统计结果

事件窗口期	均值	标准差	均值的标准误	差分的95%置信区间 下限	差分的95%置信区间 上限	t	df	Sig.（双侧）
[-1, 0]	0.01341	0.07597	0.00844	-0.00338	0.03021	1.589	80	0.116
[0, 1]	0.02477	0.09929	0.01103	0.00282	0.04673	2.245	80	0.028
[-1, 1]	0.02328	0.11052	0.01228	-0.00116	0.04772	1.896	80	0.062
[-2, 2]	0.02872	0.15244	0.01694	-0.00498	0.06243	1.696	80	0.094
[-2, 3]	0.03341	0.17771	0.01975	-0.00589	0.07270	1.692	80	0.095
[-3, 3]	0.03626	0.18300	0.02033	-0.00421	0.07672	1.783	80	0.078
[-5, 4]	0.05320	0.19779	0.02198	0.00947	0.09694	2.421	80	0.018
[-5, 5]	0.05229	0.20213	0.02246	0.00759	0.09698	2.328	80	0.022
[-5, 1]	0.01125	0.10484	0.01165	-0.01193	0.03444	0.966	80	0.337
[1, 5]	0.02613	0.14992	0.01666	-0.00702	0.05928	1.569	80	0.121

3. 2016年上市公司设立并购基金的相对收益分析

（1）2016年倾向得分匹配结果

2016年上半年有38家上市公司首次设立并购基金。以2015年末各上市公司的相关财务数据为协变量，2016年上半年是否设立并购基金的虚拟变量为处理变量，进行倾向得分匹配。由图6-18可知，大多数变量的标准化偏差在匹配后缩小。图6-19表明，倾向得分的共同取值范围大，出现匹配偏差的概率低，基本满足共同支撑假设和平行假设。

（2）配对T检验

2016年38家处理组公司中有14家上市公司在公告设立并购基金的事件窗口期处于停牌阶段。因此，本节对24组配对公司进行检验。由表6-20描述性统计结果可知，处理组与控制组公司在不同的事件窗口期内各阶段的累计收益率差异并不明显。

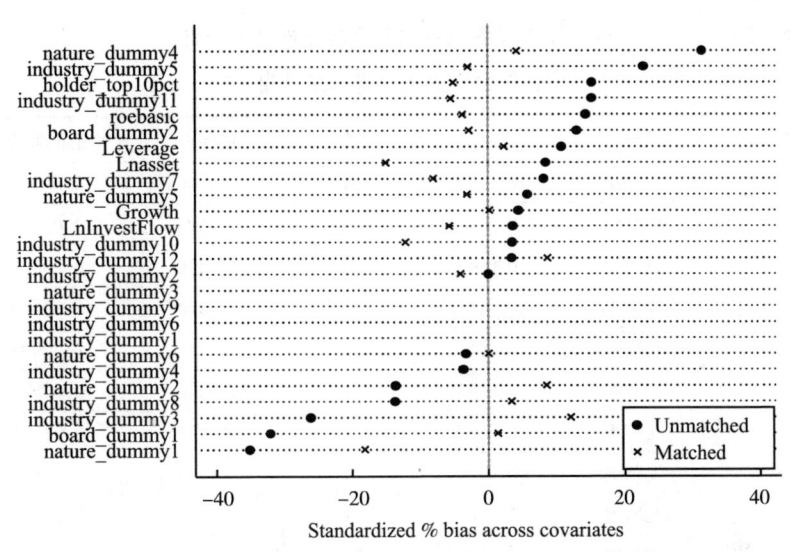

图 6-18　2016 年倾向得分各变量的标准化偏差图示

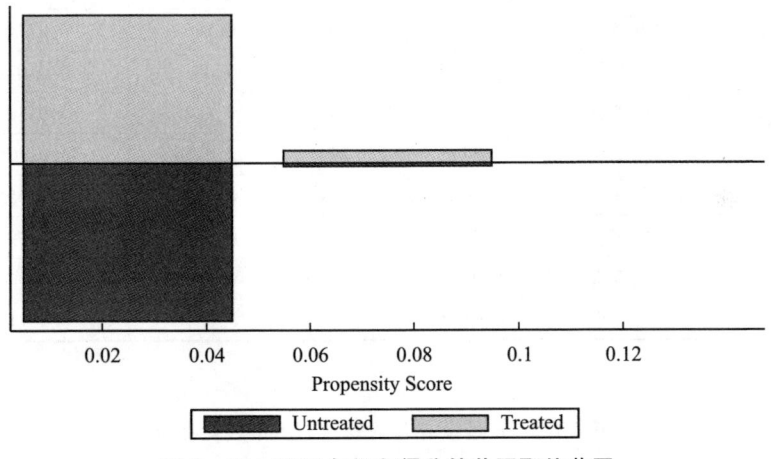

图 6-19　2016 年倾向得分的共同取值范围

表 6-21 配对 T 检验结果验证了二者差异的不显著性。由于样本量不大，采用秩和检验的结果，也基本表示上市公司是否出资设立并购基金对上市公司的影响差异不大。

表6-20　　2016上半年设立并购基金的上市公司与其
匹配公司的成对样本统计量

事件窗口期	组别	均值	N	标准差	均值的标准误
[-1, 0]	处理组	0.0176	24	0.04736	0.00967
	控制组	0.0179	24	0.04813	0.00982
[0, 1]	处理组	0.0091	24	0.04256	0.00869
	控制组	0.0162	24	0.02414	0.00493
[-1, 1]	处理组	0.0164	24	0.04876	0.00995
	控制组	0.0207	24	0.04260	0.00870
[-2, 2]	处理组	0.0189	24	0.06422	0.01311
	控制组	0.0280	24	0.04662	0.00952
[-2, 3]	处理组	-0.0002	24	0.15160	0.03095
	控制组	0.0394	24	0.06194	0.01264
[-3, 3]	处理组	-0.0059	24	0.15775	0.03220
	控制组	0.0485	24	0.06731	0.01374
[-5, 4]	处理组	-0.0014	24	0.17541	0.03581
	控制组	0.0337	24	0.08193	0.01672
[-5, 5]	处理组	0.0139	24	0.17454	0.03563
	控制组	0.0425	24	0.07862	0.01605
[-5, -1]	处理组	0.0066	24	0.10066	0.02055
	控制组	0.0324	24	0.07798	0.01592
[1, 5]	处理组	-0.0029	24	0.14542	0.02968
	控制组	0.0387	24	0.03486	0.00712

表6-21　　2016年1~6月设立并购基金的上市公司与其
匹配公司的配对T检验统计结果

事件窗口期	均值	标准差	均值的标准误	差分的95%置信区间 下限	差分的95%置信区间 上限	t	df	Sig.（双侧）
[-1, 0]	-0.00031	0.05321	0.01086	-0.02278	0.02215	-0.029	23	0.977
[0, 1]	-0.00709	0.04122	0.00841	-0.02450	0.01032	-0.843	23	0.408
[-1, 1]	-0.00433	0.05358	0.01094	-0.02696	0.01829	-0.396	23	0.696

第六章 "上市公司＋PE"型并购基金价值创造效应的实证研究

续表

事件窗口期	均值	标准差	均值的标准误	差分的95%置信区间 下限	差分的95%置信区间 上限	t	df	Sig.（双侧）
[-2, 2]	-0.00904	0.05079	0.01037	-0.03049	0.01240	-0.872	23	0.392
[-2, 3]	-0.03964	0.13930	0.02843	-0.09846	0.01918	-1.394	23	0.177
[-3, 3]	-0.05439	0.14903	0.03042	-0.11732	0.00853	-1.788	23	0.087
[-5, 4]	-0.03512	0.15679	0.03200	-0.10133	0.03108	-1.097	23	0.284
[-5, 5]	-0.02859	0.16947	0.03459	-0.10016	0.04297	-0.827	23	0.417
[-5, -1]	-0.02584	0.08946	0.01826	-0.06362	0.01193	-1.415	23	0.170
[1, 5]	-0.04164	0.14550	0.02970	-0.10308	.01980	-1.402	23	0.174

我们观察到，2016年上市公司设立并购基金的动机逐渐从产业升级转移至多元化并购。从上市公司公告的并购基金成立目的来看，上市公司设立并购基金的目的不再仅仅围绕本公司相关产业进行产业链上的横纵向并购，而是表现出财务投资趋势，将投资触角延伸至TMT、新能源、智慧医疗等与本公司主营业务非相关的新兴行业，并购基金亦成为上市公司超募资金投资管理、大股东实现自身财富增值的重要渠道，与上市公司的战略相关性有所减弱。据此本节推测二级市场投资者对并购基金对上市公司多元化扩张战略的认可程度较低，脱离主营业务的多元化战略可能较难获得中小投资者认可，因此上市公司设立并购基金所获得的相对高收益有所减弱。

（四）总体检验上市公司设立并购基金的相对收益

本节将2014年至2016年6月设立并购基金的上市公司及其配对控制组公司合并到一起，进行配对T检验。描述性统计结果表明，设立并购基金的上市公司相对其配对控制组公司可获得普遍更高的累计超额收益率，如表6-22所示。

表 6–22　2014 年 1 月至 2016 年 6 月设立并购基金的上市公司与其匹配公司的成对样本统计量

事件窗口期	组别	均值	N	标准差	均值的标准误
[-1, 0]	处理组	0.0182	131	0.06957	0.00608
	控制组	0.0038	131	0.04091	0.00357
[0, 1]	处理组	0.0165	131	0.07260	0.00634
	控制组	0.0046	131	0.03730	0.00326
[-1, 1]	处理组	0.0193	131	0.09102	0.00795
	控制组	0.0045	131	0.04775	0.00417
[-2, 2]	处理组	0.0225	131	0.12124	0.01059
	控制组	0.0082	131	0.06642	0.00580
[-2, 3]	处理组	0.0177	131	0.14424	0.01260
	控制组	0.0098	131	0.07934	0.00693
[-3, 3]	处理组	0.0178	131	0.15330	0.01339
	控制组	0.0121	131	0.08521	0.00744
[-5, 4]	处理组	0.0296	131	0.17787	0.01554
	控制组	0.0122	131	0.10337	0.00903
[-5, 5]	处理组	0.0340	131	0.18883	0.01650
	控制组	0.0143	131	0.11407	0.00997
[-5, -1]	处理组	0.0140	131	0.10570	0.00923
	控制组	0.0084	131	0.06761	0.00591
[1, 5]	处理组	0.0047	131	0.12134	0.01060
	控制组	0.0096	131	0.06999	0.00612

而表 6–23 的配对 T 检验结果显示，并购基金对于上市公司的作用在事件公告日前后一天内有显著正收益率影响，但随着期限增加这种正向的影响出现波动，处理组较控制组的收益率优势先减小后增大，但从显著性来看上市公司设立并购基金的财富效应集中在超短期内即时间窗口 [-1, 1] 内。通过倾向值匹配，我们获得了上市公司设立并购基金可以获得正的财富效应的结论，即在超短期内为股东创造了价值。

第六章 "上市公司+PE"型并购基金价值创造效应的实证研究

表6-23　2014年1月至2016年6月设立并购基金的上市公司
与其匹配公司的配对T检验统计结果

事件窗口期	均值	标准差	均值的标准误	差分的95%置信区间 下限	差分的95%置信区间 上限	t	df	Sig.(双侧)
[-1, 0]	0.01433	0.06396	0.00559	0.00327	0.02538	2.564	130	0.011
[0, 1]	0.01190	0.06731	0.00588	0.00026	0.02353	2.023	130	0.045
[-1, 1]	0.01486	0.08424	0.00736	0.00030	0.02942	2.019	130	0.046
[-2, 2]	0.01427	0.10923	0.00954	-0.00461	0.03315	1.495	130	0.137
[-2, 3]	0.00792	0.12956	0.01132	-0.01447	0.03031	0.700	130	0.485
[-3, 3]	0.00575	0.14033	0.01226	-0.01851	0.03000	0.469	130	0.640
[-5, 4]	0.01742	0.15280	0.01335	-0.00899	0.04383	1.305	130	0.194
[-5, 5]	0.01965	0.16003	0.01398	-0.00801	0.04731	1.405	130	0.162
[-5, -1]	0.00555	0.09563	0.00835	-0.01098	0.02208	0.664	130	0.508
[1, 5]	-0.00494	0.11294	0.00987	-0.02447	0.01458	-0.501	130	0.617

除了并购基金的设立能对上市公司的绩效有所改善之外，公司领导层的替换、企业债的发行、并购交易的实施等都可能引起配对公司收益率的上升。因此，设立并购基金的上市公司并不会超过匹配公司收益率的时间过长。从图6-20可知，配对公司的收益率走势比较平稳，而设立并购基金的上市公司在事件公告当日能获得平均1.5%的收益率，随后三天的收益率下降，直至第四天回复到正常水平。从图6-21公告前五天开始计算的累计收益率来看，设立并购基金的上市公司在公告日前后平均累计收益率超过配对公司的平均累计收益率，继而保持与配对公司相一致的水平。因此，本小节的研究结果验证了假设4，即在其他条件相同的情况下，设立并购基金的上市公司对于可比公司而言，能在较短期内能获得相对较高收益，但在更长的期限内相对收益并不明显。

我国并购基金价值创造模式与价值创造效应研究

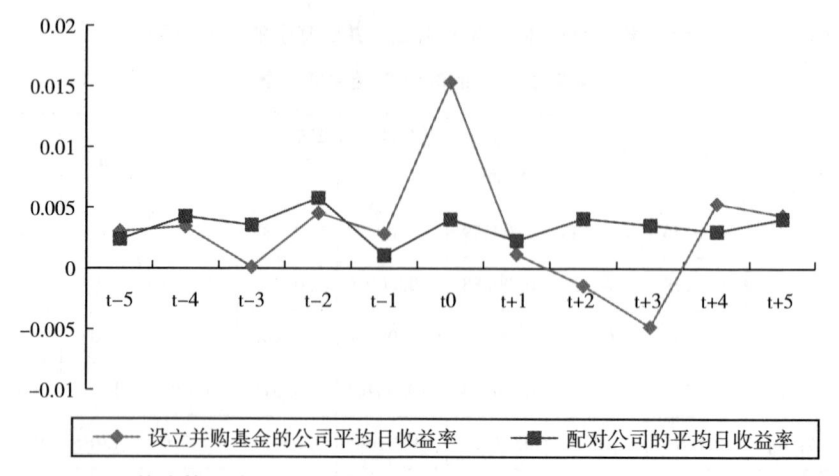

图6-20 设立并购基金的上市公司与配对公司的事件公告日前后的平均日收益率变化

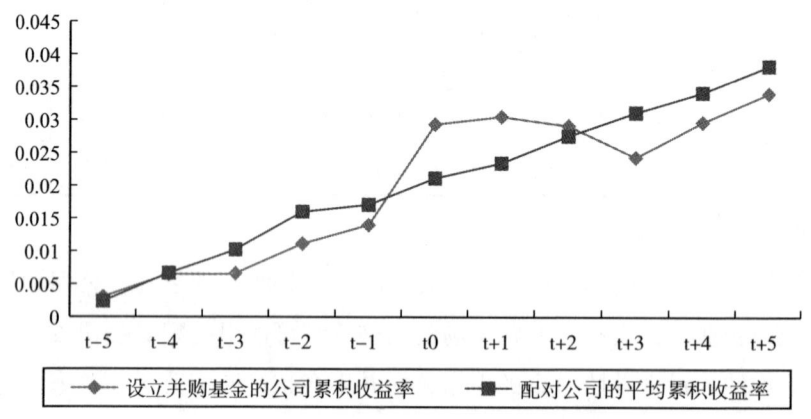

图6-21 设立并购基金的上市公司与配对公司的事件公告日前后的平均累计超额收益率变化

四、结论

本节研究发现：

（1）运用 Fama – French 五因素模型对上市公司的超额累计收益率进行估计，上市公司设立并购基金在短期内能给上市公司带来显著为正的更高收益率。假设1成立。

（2）在短期内，如果高管或大股东参与并购基金，会对并购基金的

第六章 "上市公司+PE"型并购基金价值创造效应的实证研究

价值创造功能起到一定的抑制作用，而并购基金管理人/GP承诺出资比例越大对其价值创造功能的增强作用越明显。假设2、假设3成立。

（3）通过倾向得分获得样本公司的匹配公司后，得到相对于没有的设立并购基金的对照组上市公司，公告设立并购基金的上市公司能在超短期内获得显著较高的个股收益率。但是若上市公司设立并购基金对产业发展等意义有限，则给上市公司带来的价值增长的正向效应将减弱。尽管相对于可比公司而言，上市公司设立并购基金所带来的相对高收益持续期并不长，但设立并购基金的做法依然是其创造价值的备选方案之一，能为上市公司带来超额收益率。即便还未收购并购基金的投资标的，并购基金的市值管理和资本运作水平等已经给为公司带来溢出效应。假设4成立。

第三节 本章小结

本章以2011~2016年中国A股上市公司设立并购基金的相关数据为基础展开研究，对我国"上市公司+PE"型并购基金运作模式的价值创造效应及其影响因素进行了实证分析。实证结果表明，上市公司设立并购基金具有价值创造效应，体现为上市公司设立并购基金能使其股价在短期内表现为超额收益。在其他条件相同的情况下，设立并购基金的上市公司对于可比公司而言，能在较短期内获得相对较高收益，但在更长的期限内相对收益并不明显。进一步检验发现，总体上大股东或高管参股并购基金会减弱并购基金对上市公司的价值创造效应，而并购基金管理公司/GP承诺出资比例与上市公司的价值创造效应则呈现正向变动关系。长期内上市公司设立并购基金相对收益水平减弱的可能原因在于，上市公司出资并购基金的动机逐渐趋于多元化，一方面成为上市公司超募资金投资管理、大股东实现自身财富增值的重要渠道，另一方面却因其脱离主营业务的多元化战略较难获得中小投资者认可，而缺乏可持续的价值创造动力。

基于此，我们认为尽管相对于可比公司而言，上市公司设立并购基金所带来的超额收益持续期不长，但设立并购基金的作法依然是其创造价值的有力备选方案之一。当前我国经济已迈入由高速增长向高质量发展转变的重要阶段，而实体经济则是高质量发展落实赶超的第一支撑。因此，如何创新金融支持实体模式、进一步激发实体经济活力，是当前时期的首要任务。并购基金作为并购重组的重要工具，是金融服务实体质效、支持实体经济发展的有效手段。因此，政府部门应充分考虑我国并购基金独特的运行机制对其支持实体企业发展效应的影响，进一步从财税政策、产业政策、体制机制等方面优化我国并购重组政策环境，为并购基金价值创造与价值实现构建良好的外部条件；上市公司应积极探索与 PE 之间兼顾中小投资者利益的合理利益分配机制，一方面需要对上市公司回购价格、回购方式进行明确规定，另一方面也可探索通过 PE 反向增持上市公司股份形成利益共同体等方式，以减少二次收购中的利益冲突。从政策优化和上市公司两个层面为我国"上市公司 + PE"型并购基金的健康发展营造良好的内外部条件。

第七章

控股型并购基金价值创造效应的实证研究

本章对我国并购基金传统的价值创造模式，即并购基金控股上市公司模式进行分析。正如前文所言，由于难以获取并购基金的全面投资信息从而对并购基金的整体绩效进行计量，因此只能由并购基金控股上市公司后，并购标的（上市公司）的市场价值是否发生变化来判断并购基金是否具有价值创造作用。本章首先分析了我国并购基金控股并购上市公司的基本情况；其次研究上市公司在被控股公告发布后其市场价值在短期内是否发生明显变化，同时研究了并购基金特征对上市公司市场价值变化的影响；最后从中长期视角，研究上市公司被并购前后的绩效差异。

第一节 控股型并购基金控股上市公司概览

2002年1月1日至2015年12月31日，我国并购基金共进行了86次控股上市公司的并购活动。特别是2013~2015年期间，每年控股并购数量成倍增长（见图7-1）。我国最早涉及并购基金的上市公司控股并购事件发生在2002年1月28日，北京路源世纪投资公司并购了河北华玉股份有限公司（000408.SZ，"*ST金源"）28.41%的股权。

图 7-1　2002~2015 年期间我国并购基金控股并购上市公司情况分布

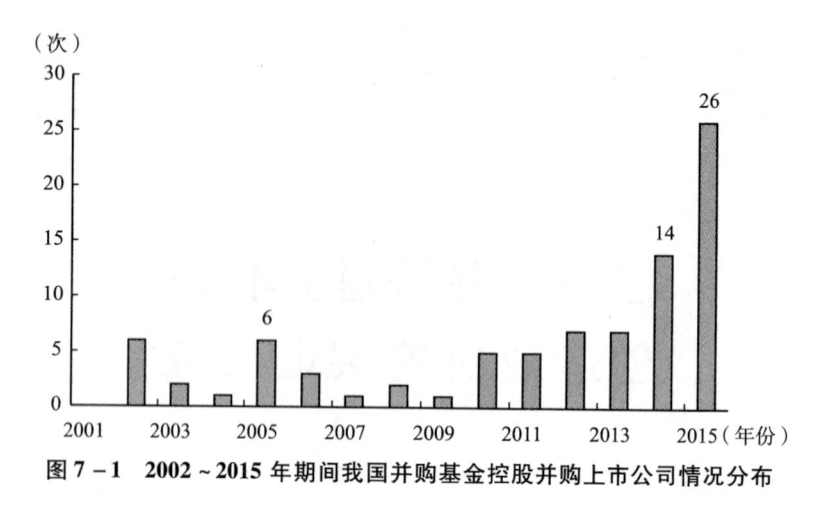

从控股型并购基金的成立年份来看，我国控股上市公司的并购基金不断增多。由于并购市场数据的隐蔽性，很难获得并购基金非公开的并购信息，因此本节只能从上市公司的控股并购事件中撷取样本，观察控股型并购基金的并购行为及发展趋势（见图 7-2）。可以看到，控股型并购基金萌芽于 1985 年，两次快速发展集中在 2000~2006 年，以及 2012 年以后。特别是 2013 年、2014 年、2015 年分别有 5、9、16 只控股并购上市公司的并购基金成立，专注于公开市场控股并购的并购基金成立速度加快。

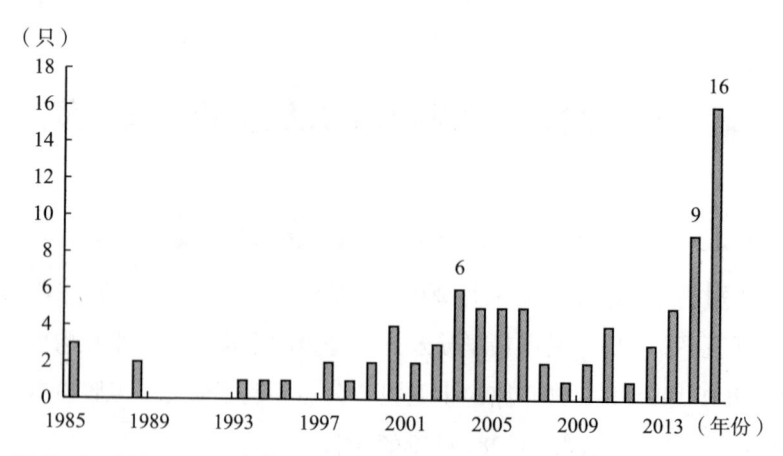

图 7-2　2002~2015 年期间控股并购上市公司的并购基金成立年份分布

第七章 控股型并购基金价值创造效应的实证研究

从并购基金控股并购上市公司的平均总持股比重来看（见图7-3），平均总持股比重达到了28.25%。2002年以来并购基金持股比重的变化，也反映了我国并购基金由绝对控股向相对控股以及参股转变的投资策略，一方面是以中央或地方国资委为主带有浓厚行政意图的股权划转逐渐减少，基于企业微观主体意愿的市场化并购重组逐渐增多，在我国并购融资渠道有限的背景下，相对控股或参股成为私募股权机构控制并购风险、合理运用募集资金的必要选择；另一方面，我国资本市场的发展过程中，上市公司再融资、股权分置改革的完成以及国有企业混合所有制改革的推进都使得我国上市公司的股权结构更加分散，大股东持股比例逐渐下降。

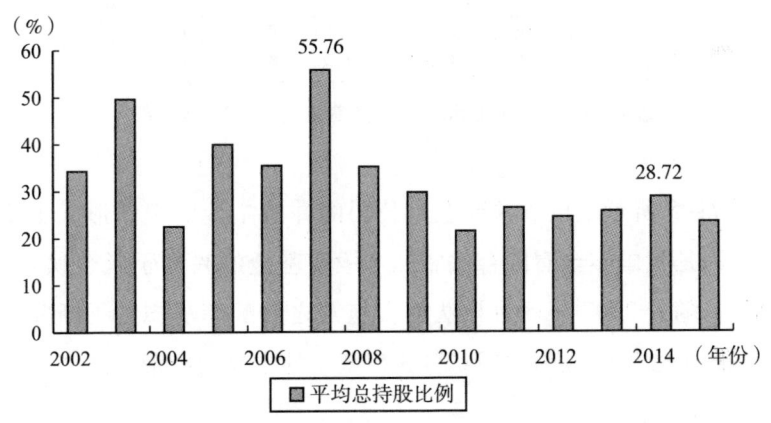

图7-3 2002~2015年期间控股上市公司的并购基金的平均总持股比重

从持股比例分布来看，80%的并购基金对上市公司的持股比例在30%以下，绝对控股的并购基金比例较小，仅为11%，如图7-4所示。

从控股上市公司的并购基金的注册类型来看，我国并购基金主要有投资公司类、私募类、信托类三类（见图7-4）。其中，有78只为投资公司的并购基金，占比90.7%；5只并购基金所属公司注册为私募类，占比5.81%；3只注册为信托类，占比3.49%。当前投资公司是我国并购基金的主要注册类型，组织形式主要是有限责任公司或股份有限公司，如2014年6月并购湖北金环16.38%股权的北京京汉投资集团有限公司，

我国并购基金价值创造模式与价值创造效应研究

2015年8月并购ST霞客29%股权的上海惇德股权投资有限公司。私募类并购基金则是以合伙制为主要的组织类型。而信托类并购基金主要是信托公司和资产管理公司，通过发行契约型产品为并购项目融资。

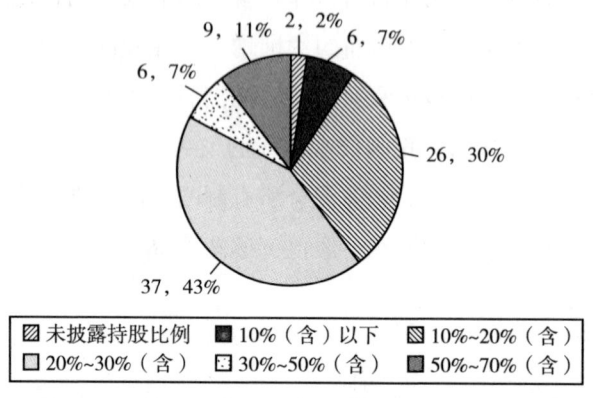

图7-4 控股上市公司的并购基金持股比例分布

如图7-5所示，控股并购上市公司的并购基金的组织形式主要为公司制。原因是我国本土有限合伙制私募股权基金的兴起于《合伙企业法》推出之后，随着2007年6月该法的实施及之后配套法规的不断完善，合伙型并购基金才逐渐成为我国私募股权基金的主要组织形式之一。

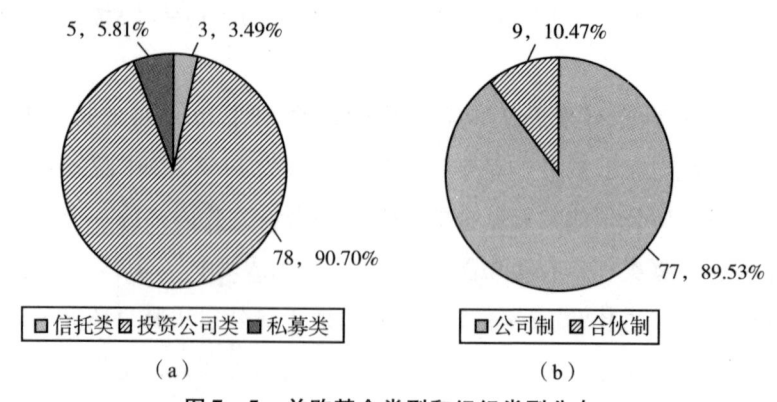

图7-5 并购基金类型和组织类型分布

第七章 控股型并购基金价值创造效应的实证研究

从并购基金发起人或管理人所属的资本背景来看,民营资本是我国并购基金的主要支持者。如图7-6所示,86家并购基金中有67只为民营资本控股背景,占比约78%;国有资本控股背景的并购基金有7只,占比约8%;国有独资背景的并购基金有8只,占比约9%;混合资本背景(无法区分民营资本与国有资本的相对比例)的并购基金有4只,占比5%。而在总体样本中,具有一定比例国有股权的并购基金有23只,而非国有控股背景的并购基金有63只。

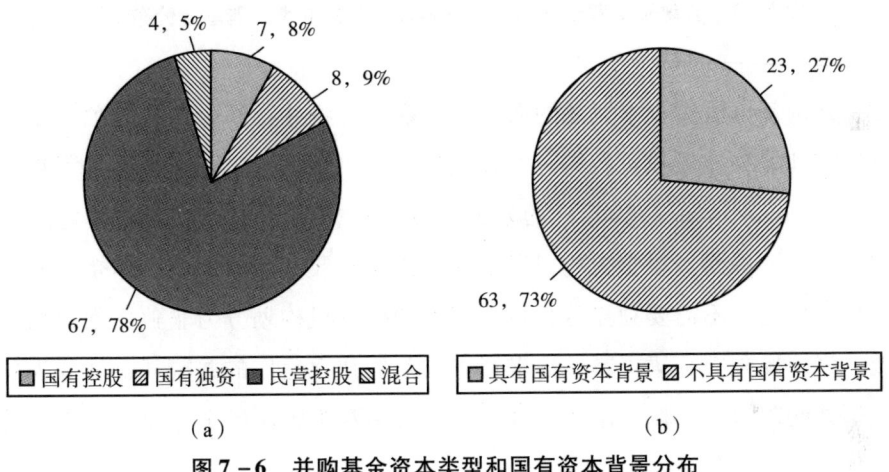

图7-6 并购基金资本类型和国有资本背景分布

并购基金所属的资本背景的第二个维度是,将并购基金划分为金融资本型并购基金和非金融资本型并购基金,分别由金融资本、产业资本及其他资本发起或进行运营管理。在实践中金融资本型并购基金主要指的是附属于券商、银行、保险公司、资产管理公司等金融资本的投资机构,而上市公司、企业集团下属的财务投资公司以及中央地方国资委、开发区以及地方政府下属的投融资平台等则将其划归为非金融资本型并购基金,如图7-7所示。

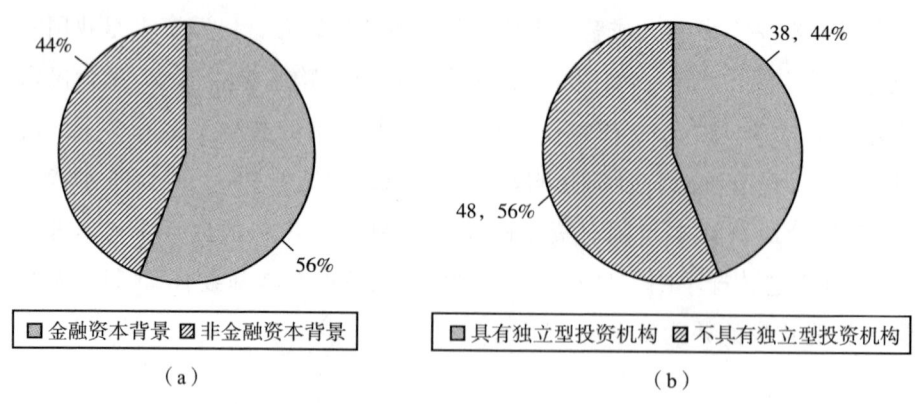

图 7-7 金融资本背景并购基金分布情况及独立型并购基金分布情况

并购基金所属资本背景的第三个维度，是将并购基金划分为独立型投资机构和非独立型投资机构。非独立型投资机构的定义，本节参考了克里希等（Cressy et al., 2007）的划分规则，将依附于银行、证券公司等金融机构之下的附属投资机构或者依附于实业控股集团、大型实体企业的财务投资公司，不需要独立募集投资资本的投资机构划分为非独立型并购基金。将需要独立募集资本、追求资本收益的独立运作的并购基金划分为独立型并购基金，可以看出我国并购基金大多数为附属于金融或产业资本的非独立型并购基金。

第二节 控股型并购基金价值创造效应及影响因素分析

一、研究假设

并购基金的价值创造情况主要受其参与的并购投资活动影响，与国际通用的并购重组绩效研究方法一致，国内学者也多采用事件研究法测度我国上市公司并购绩效（李善民、陈玉罡，2002；张新，2003；唐建新、陈冬，2010；等等），他们主要通过上市公司并购重组消息公告前后一段时间内的股价变动情况，测度并购重组是否创造价值及其影响因素。同样上市公司设立并购基金事件获得的累计超额收益率也可为论证并购基金是否创造价值提供证据。另外，上市公司并购重组活动是提高自身竞争力和优化资源配置的重要方式，高效的并购活动能提升公司价值和增加股东财富。

因此，根据信号理论及行为金融学，并购基金对上市公司进行股权并购这一行为作为一个外部信号，将引发投资者对上市公司的关注。本节认为并购基金的并购行为所引发的市场效应来源于两个方面：首先，并购基金经过严格的投资项目筛选和尽职调查之后对上市公司作出投资判断，并购基金的股权投资所隐含的"认证"功能将正向激励投资者在二级市场进行投资。其次，基于第五章所述的并购基金的价值创造模式，投资者认为并购基金将帮助被并购企业缓解委托—代理问题、改善公司治理、进行内部资源整合以及扩大所需的资源关系网络等，因此对被并购上市公司存在预期，这种预期表现为标的公司市盈率的提高，使得其市场价值增加。基于此，本节提出假设1。

假设1：并购基金控股上市公司具有价值创造效应，体现为能使其控股的上市公司股价在短期内表现为超额收益。

冈玻斯等（2016）指出，私募股权基金主要采用金融、监管和经营工程等策略对投资标的进行管理，这些策略与私募基金发起人的背景特征相关，有金融背景公司的发起人更倾向于应用金融工具，而有产业经营背景或产业管理经验丰富的私募基金管理公司则更乐于使用经营管理。本书根据出资人的背景亦可将并购基金划分为金融背景和非金融背景两类，这两类基金的投资策略存在差异，因此，其价值创造机制和效应可能不同。金融背景型并购基金一般依附于大型金融机构，具有一般上市公司所不具备的资本运作经验；而非金融背景并购基金多具备产业经营管理经验，掌握专门化的行业知识，对行业趋势的把握可能更加准确。

马尼加特和怀特（Manigart & Wright, 2013）认为，私募股权公司的资源禀赋，如投资经理和合伙人等人力资本、投资网络和私募基金管理人股东等社会资本、投资经验和法律合规性等方面存在的异质性导致其投资策略存在差别。投资策略包括是否投资于专门的行业、阶段及细分市场，如何筛选并管理投资组合公司等；而投资策略上的差异性又导致了投资结果的不同，即投资绩效的差别。因此，不同资本背景并购基金投资策略的不同可能引起公开市场投资者的不同预期，其市场价值创造效应可能存在差异。基于此，本书提出一组对立的假设。

假设 2a：较之于非金融资本型并购基金，金融资本型并购基金能在短期内为被并购企业创造更多的价值。

假设 2b：较之于金融资本型并购基金，非金融资本型并购基金能在短期内为被并购企业创造更多的价值。

并购基金对被并购公司内在价值的创造作用来源于多个方面，首先是并购基金减缓了被收购公司由于股权分散导致的严重委托—代理问题，从而对公司的组织结构进行梳理、降低了单位成本并提高了工作效率，实现了并购基金控股权价值的最大化（Meuleman et al., 2010）。其次，并购基金在投资组合企业中（portfolio company，PFC）中承担着战略型企业家（strategic entrepreneurship）角色，其能够帮助 PFC 管理层更充分地发挥企业家精神挖掘以及战略性地管理企业现有资源（包括金融资本、人力资本以及社会资本等），并将这些资源运用于企业的创新活动，通过机会搜寻（opportunity-seeking）和优势挖掘（advantage-seeking）使 PFC 更好地把握成长机遇和保持竞争优势，最终实现财富的创造和价值的成长（Ireland et al., 2003）。最后，并购基金从股权激励、董事会活动、公司资本结构、运营管理等方面改善了公司治理，从而理顺了投资组合公司的价值创造渠道，为其战略决策的实现奠定了基础（Kaplan & Strömberg，2009）。总体来说，通过长期的积极的投后管理，并购基金减缓了企业的委托—代理问题，优化了其公司治理，在被并购企业的战略重塑方面也可能发挥积极的作用，企业的内在价值得以提高。基于此，本节提出假设3。

假设 3：从长期来看，并购基金能够改善被并购企业的经营效率，被并购企业的内在价值得以提高。

第七章　控股型并购基金价值创造效应的实证研究

二、研究设计

（一）样本选择

样本收集方面，并购数据的天然隐蔽性使得我们难以获取一级市场并购信息，因此本书只能以二级市场中投资标的为上市公司的并购事件为切入点，从中筛选出符合一定特征的并购方作为并购基金研究样本。由于我国并购基金行业处于发展初期，较少基金具备国外并购基金成熟运作模式，而我国现有的并购重组及资本市场环境令我国并购基金为突破政策限制展现出区别于海外典型并购基金的特有模式，因此对我国并购基金样本的筛选过程应遵循实质重于形式的原则，着重从样本的并购目的、并购行为以及主营业务考察其是否属于并购基金，而不拘泥于投资机构的具体工商登记名称中是否包含"并购基金"来判断其属性。因此，在样本筛选方面，首先，样本应是以控股方式投资于上市公司、发挥资本运作作用的商事主体；其次，该类商事主体在工商行政登记中的业务范围应以股权投资、产业投资、资产管理、投资咨询、并购重组等投资咨询相关业务作为主营业务；最后，其组织形式应不拘泥于公司制、合伙制以及信托制中任意一种我国私募股权基金的主要组织形式。

样本处理方面，本书的处理规则是：（1）删除属于国资委批准的无交易价格的国有股权划拨，包括上市公司原有股东层面股权划拨，国有控股平台股权划拨等不属于市场化的并购基金并购重组行为。（2）删除产业资本借壳上市案例，在该类案例中由实体企业直接通过协议转让，大宗交易、公开竞价等方式获得上市公司股权，无任何并购基金主导的上市公司控制权收购案例。（3）扣除上市公司大股东关联交易案例。（4）对并购基金对同一家上市公司连续并购的行为将投资比例合并计算，财富效应研究及以最后一次并购公告日为准，如丰琪投资连续并购东百集团获得控制权，乐源控股二次并购大元股份获得控制权均对多次并购的投资比例做合并处理。

遵循如上样本筛选和处理原则，本节在 Wind 数据库的"中国并购库"中筛选自 2002 年 1 月 1 日至 2015 年 12 月 31 日之间的并购事件，将买方指标勾选"多元金融""Wind 保险"两个行业，"控制权获取"选项勾选"是"。共获得 221 条并购记录，再依据以上的样本处理方法对并购记录进行手动筛选，最后筛选出 86 条并购基金控股收购上市公司的并购记录，将所涉及的 86 家上市公司作为本章研究的对象。本章使用的上市公司年度财务报告数据、市场收益率数据均来自 CSMAR 数据库，并购基金投资于上市公司公告数据，来自 Wind 数据库中的"个股深度资料"中的上市公司公告信息。超额收益率的估计所用的因子数据来自 CSMAR 金融数据库中的 Fama – French 因子数据库，因子数据选择 2×2×2×2 分组模式下的各风险因子。

（二）超额收益率的存在性检验

1. 计算超额收益率

根据 Fama – French 五因子模型，估计被并购基金控股之前上市公司的预期收益率。

$$R_{it} - R_{ft} = a_i + b_i(R_{Mt} - R_{ft}) + s_i SMB_t + h_i HML_t + r_i RMW_t + c_i CMA_t + e_{it} \tag{7.1}$$

本节采用了国泰安数据库中"Fama – French 因子模型库"中的数据。R_{it} 表示股票 i 在 t 日的收益率，R_{ft} 表示 t 日的无风险收益率，无风险收益率的选择依照了此子库的标准为三个月期银行存款收益率，R_{Mt} 表示市场组合收益率，SMB 为市值因子，HML 为账面市值比因子，RMW 为盈利因子，CMA 为投资模式因子。本节用于估计 Fama – French 五因子模型系数的估计窗口为各上市公司设立并购基金公告日的前 240 至前 60 个交易日。

2. 计算个股每日的超额收益率

$$AR_{it} = R_{it} - R_{ft} - [\hat{a}_1 + \hat{b}_1(R_{Mt} - R_{ft}) + \hat{s}_1 SMB_t + \hat{h}_1 HML_t + \hat{r}_1 RMW_t + \hat{c}_1 CMA_t] \tag{7.2}$$

本节将个股超额收益率换算为对数形式，以便计算累计超额收益率。

$$AR'_{it} = Ln(AR_{it} + 1) \tag{7.3}$$

则个股的累计短期超额收益率为：

$$CAR_i[m, n] = \sum_{j=m}^{n} AR'_{ij} \tag{7.4}$$

累计超额收益率的事件窗口期主要有三组。其一，公告日前后五个交易日的累计超额收益率组合；其二，公告日之后长期累计超额收益率；其三，公告日第六日至长期的累计超额收益率。

3. T检验分析短期累计收益率的显著性

构造累计超额收益率的t统计量：

$$t = \frac{\overline{CAR}}{\sigma_{CAR}/\sqrt{N}} \tag{7.5}$$

其中，N为设立并购基金的上市公司家数。采用双侧检验的方法检验累计超额收益率是否为零，$H_0: CAR = 0$。

（三）并购基金控股上市公司的相对价值创造效应检验

并购基金控股上市公司的事件发生得较分散，本节以2015年此类事件为例，采取倾向性得分匹配与事件研究法相结合的方法，研究并购基金控股上市公司之后，相对于与该上市公司类似、但未被任何并购基金控股的公司，其是否存在相对更高的收益。研究步骤包括：

第一，采用倾向性得分匹配的方法，根据上市公司前一年的财务变量，估计倾向得分，筛选与处理组匹配的控制组上市公司。每个并购基金控股的上市公司个体i，在给定协变量x_i的情况下，个体i进入处理组的条件概率为$P(D_i = 1 | x = x_i)$或简记为$P(x)$。令D为虚拟变量，根据倾向得分定理，有$(y_0, y_1) \perp D | x \Rightarrow (y_0, y_1) \perp D | P(x)$。因此，可以由协变量计算倾向得分作为距离函数进行匹配。

以并购基金控股的上市公司为处理组，从未被并购基金控股的所有沪深股市上市公司中挑选控制组公司。对于处理组的每位个体 i，采用 k 近邻匹配的方法进行匹配。以上市公司被控股的公告时间为节点依照其上一年年底的财务数据，作为搜寻与处理组的各家上市公司有相似特点的控制组公司的依据。

第二，计算处理组及与其匹配的全部控制组个体的短期收益率 CR。应用配对 T 检验方法，检验出资并购基金的上市公司与其配对的上市公司的短期收益率是否有显著差异。

第三，稳健性检验。采取 kernel 函数等其他方法进行稳健性检验，筛选与设立并购基金的上市公司相类似的公司，以排除因匹配方法的不同带来的结果差异。

实证中涉及变量如下：

1. 产出变量

令 $Ln\left(\dfrac{P_{i,n}}{P_{i,m}}\right)$ 表示上市公司在事件窗口 [-5, 5] 期间内的累计收益率。公司收益率的差额 $\Delta CR(m, n)$ 用以说明在处理公司公告并购基金控股的事件窗口期，处理公司与控制公司的累计收益率差额。

根据上市公司是否被并购基金控股确定处理变量 D_i。对于 2015 年设立并购基金的上市公司，取值 $D_{i,2015}=1$；其他从未被并购基金控股的上市公司，令 $D_{i,2015}=0$，从而得到 2015 年的处理变量 D_i。在其他年份上市公司发生被并购基金控股事件的样本剔除。

2. 处理变量

2014 年上市公司的财务数据组成的协变量 x_i。本节选择的协变量有上市公司所属板块、行业、公司属性、杠杆、资产收益率、总资产规模、增长率、投资性支出的现金流量、前十大股东持股比例。倾向性得分匹配变量说明如表 7-1 所示。

表 7-1　　　　　　　　倾向性得分匹配的变量说明

变量		名称	变量定义
产出变量	ΔCR(m, n)	累计收益率之差	处理公司与其配对公司在事件窗口期 [m, n] 内的累计超额收益率之差
处理变量	$D_{i,2015}$	是否被并购基金控股	虚拟变量：判断 i 公司是否在 2015 年被并购基金控股
协变量	Board	板块	根据上市公司所属的板块：主板、中小企业板、创业板，构建 2 个虚拟变量
	industry	行业分类	2012 年证监会的行业分类办法有调整，本书按配对期时证监会的 13 行业分类办法分类。构建 12 个行业虚拟变量
	nature	公司属性	按中央国有企业、地方国有企业、集体企业、民营企业、公众企业、外资企业、其他企业的公司属性，构建 6 个虚拟变量
	Ln_asset	总资产的对数	处理公司在公告设立并购基金的前一会计年度末总资产的自然对数，用于衡量上市公司的规模大小
	roe	净资产收益率 ROE（加权）	净利润/净资产，衡量处理公司公告设立并购基金前一会计年度的盈利能力
	leverage	权益乘数	资产总额/所有者权益总额，衡量处理公司公告设立并购基金前一个会计年度末的杠杆，即 1/(1−资产负债率)
	assetsturn	总资产周转率	衡量资产的利用情况
	growth	成长能力	用上一年度上市公司销售收入的增长率衡量
	top10pct	前十大股东持股比例	样本公司公告设立并购基金前一个会计年度前十大股东持股比例总计

（四）并购基金金融资本特征与价值创造效应

并购基金按其支持的资本类型可划分为金融与非金融资本型并购基金。根据本书的并购基金特征子库定义，当并购基金由金融资本发起或管理，则归类为金融资本型并购基金，即并购基金属于证券公司、保险公司、银行、信托、资产管理公司等金融机构的投资部门或其附属机构；当并购基金属于实体企业所代表的产业资本或其他资本发起或管理，则归类为非金融资本型并购基金。定义并购基金金融资本特征变量 Finance_back，当并购基金属于金融资本背景则该值取 1，若属于非金融资本背景则该值取 0。由于资本来源不同，两类并购基金的价值创造效应可能存在差异。定义金融资本型并购基金并购的上市公司累计超额收益率为$\overline{CAR}_{finance,t}$，非金融资本型并购基金并购的上市公司累计超额收益率为$\overline{CAR}_{industry,t}$，计算其组间均值、中值是否存在差异，原假设如下：

$$H_0 : \overline{CAR}_{finance,t} = \overline{CAR}_{industry,t}$$

（五）并购基金控股上市公司的经营效率检验

在并购绩效的检验方面，国内外研究常用会计指标法展开研究，通过对比并购前后企业会计数据和财务指标，研究企业并购后财务绩效变化，进而评价并购给企业股东带来何种财富效应。计算财务绩效主要方法包括因子分析法、主成分分析法和数据包络分析方法等。会计指标法的优势在于其相对稳定，是可获得的相对准确的描述公司经营情况的公开信息。

在此，本章采用数据包络方法（data envelope analysis，DEA）估计上市公司被并购基金并购后的经营效率，以克服财务数据之间的差异性，统一了评价标准。由于企业活动的本质是对有限的资源要素进行优化配置，以获得产出的最大化过程，因此可将企业都看作在投入产出方面存在共性的追求利润最大化的个体，对企业的投入产出效率进行衡量。本节在投入产出指标选择上，借鉴刘尚鑫（2013）、田满文（2012）的指标，选择营业成本（X1）、总费用（X2，营业费用、管理费用和财务费用）、总资产（X3）为输入指标，选择营业总收入（Y1）、净利润（Y2）为输出指标。

本章以单个上市公司为研究对象，将其并购前后观察年份当成决策单元（decision making unit，DMU），采用 C^2R 模型，计算公司并购前后三年的绩效值，并分析并购前后样本平均效率的差异。

三、实证结果分析

（一）超额收益率的存在性检验结果

1. 描述性分析结果

图7-8和图7-9显示了我国并购基金控股上市公司事件公告前20个交易日到公告后60个交易日期间，样本公司平均的日收益率和累计超额收益率。由图可知并购基金对于上市公司的控股行为能带来上市公司短期收益率的提升，并可为上市公司创造超额收益。在公告日，平均超额收益率达到了8%；10个交易日之后，每日超额收益率有所降低并趋于稳定，但累计的超额收益率直至60个交易日后仍然持续存在。

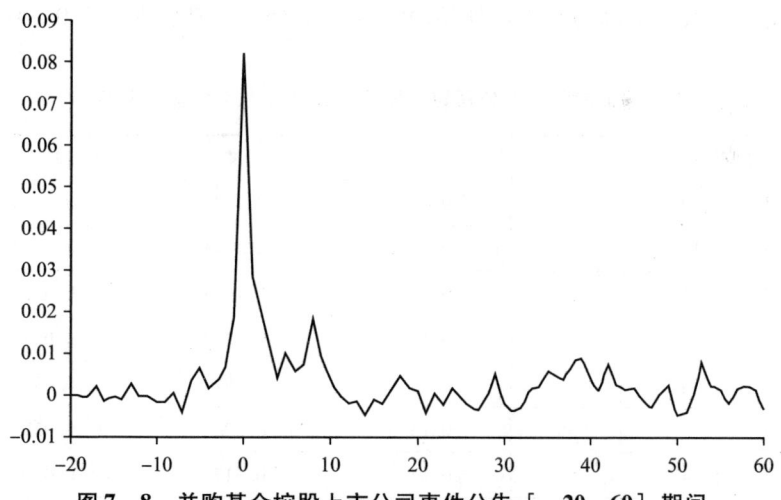

图7-8 并购基金控股上市公司事件公告 [-20, 60] 期间
上市公司平均超额收益率分布

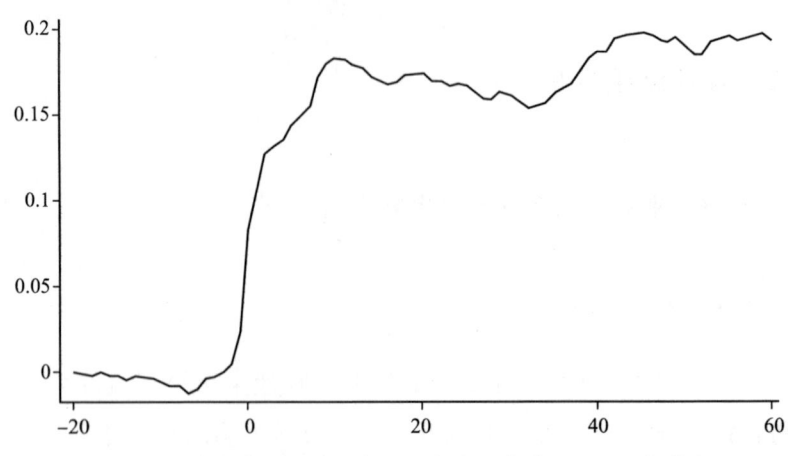

图7-9 并购基金控股上市公司事件公告 [-20, 60] 期间
上市公司平均累计超额收益率分布

如表7-2所示,被并购基金控股并购的上市公司在以下多个事件窗口期内的超短期累计超额收益率均为正,且方差并不高。其中,在 [-5, 5] 事件窗口中获得最高的平均累计超额收益率0.1542,其标准差为0.3418。

表7-2 并购基金控股上市公司较短期累计超额收益率描述性分析

事件窗口期	N	均值	标准差	均值的标准误
CAR[-1, 0]	86	0.0779	0.1739	0.0188
CAR[0, 1]	86	0.0861	0.1943	0.0210
CAR[-1, 1]	86	0.1045	0.1963	0.0212
CAR[-2, 2]	86	0.1279	0.2382	0.0257
CAR[-2, 3]	86	0.1330	0.2971	0.0320
CAR[-3, 3]	86	0.1356	0.3032	0.0327
CAR[-5, 4]	86	0.1455	0.3170	0.0342
CAR[-5, 5]	86	0.1542	0.3418	0.0369
CAR[-5, -1]	86	0.0330	0.0760	0.0082
CAR[1, 5]	86	0.0617	0.2608	0.0281

第七章 控股型并购基金价值创造效应的实证研究

表7-3表示自并购基金控股并购上市公司公告日后60个交易日内的各个窗口期中，上市公司的累计超额收益率变化。由表7-4可知，平均累计超额收益率为正且一直呈增大趋势，在[0, 50]时间窗口内获得最大值0.1715。

表7-3 并购基金控股上市公司短期持有的累计超额收益率描述性分析

事件窗口期	N	均值	标准差	均值的标准误
CAR_0	86	0.0595	0.1716	0.0185
CAR[0, 1]	86	0.0861	0.1943	0.0210
CAR[0, 2]	86	0.1044	0.2279	0.0246
CAR[0, 3]	86	0.1095	0.2850	0.0307
CAR[0, 4]	86	0.1125	0.3048	0.0329
CAR[0, 5]	86	0.1212	0.3277	0.0353
CAR[0, 10]	86	0.1600	0.3941	0.0425
CAR[0, 20]	86	0.1516	0.4237	0.0457
CAR[0, 30]	86	0.1385	0.4397	0.0474
CAR[0, 40]	86	0.1643	0.4610	0.0497
CAR[0, 50]	86	0.1715	0.4886	0.0527
CAR[0, 60]	86	0.1701	0.4820	0.0520

2. 显著性检验结果

由表7-4的T检验结果来看，在较短的时间窗口内，上市公司的累计超额收益率基本在1%水平下显著不为零。累计超额收益率T值在时间窗口[-5, 5]处达到最大。

表7-4 并购基金控股上市公司较短期的累计超额收益率T检验结果

事件窗口期	T值	df	Sig.（双侧）	均值差值	差分的95%置信区间 下限	差分的95%置信区间 上限
CAR[-1, 0]	4.1519	85	0.0001	0.0779	0.0406	0.1152
CAR[0, 1]	4.1074	85	0.0001	0.0861	0.0441	0.1277

续表

事件窗口期	T值	df	Sig.（双侧）	均值差值	差分的95%置信区间 下限	差分的95%置信区间 上限
CAR[-1, 1]	4.9337	85	0.0000	0.1045	0.0624	0.1466
CAR[-2, 2]	4.9767	85	0.0000	0.1279	0.0768	0.1789
CAR[-2, 3]	4.1523	85	0.0001	0.1330	0.0693	0.1967
CAR[-3, 3]	4.1461	85	0.0001	0.1356	0.0706	0.2006
CAR[-5, 4]	4.2563	85	0.0001	0.1455	0.0775	0.2134
CAR[-5, 5]	4.1827	85	0.0001	0.1542	0.0809	0.2275
CAR[-5, -1]	4.0242	85	0.0001	0.0330	0.0167	0.0493
CAR[1, 5]	2.1943	85	0.0309	0.0617	0.0058	0.1176

表7-5显示了并购基金控股上市公司的短期累计超额收益率，T检验结果表明在各个事件窗口期内，该超额收益率基本在1%水平下显著不为0。本小节的结果验证了假设1，即上市公司设立的并购基金能使其公司股价在短期内表现为超额收益，并购基金对上市公司具有短期的价值创造效应。

表7-5 并购基金控股上市公司短期持有的累计超额收益率T检验结果

事件窗口期	T值	df	Sig.（双侧）	均值	差分的95%置信区间 下限	差分的95%置信区间 上限
CAR_0	3.2151	85	0.0018	0.0595	0.0227	0.0963
CAR[0, 1]	4.1074	85	0.0001	0.0861	0.0444	0.1277
CAR[0, 2]	4.2477	85	0.0001	0.1044	0.0555	0.1532
CAR[0, 3]	3.5630	85	0.0006	0.1095	0.0484	0.1706
CAR[0, 4]	3.4230	85	0.0010	0.1125	0.0471	0.1778
CAR[0, 5]	3.4294	85	0.0009	0.1212	0.0509	0.1914
CAR[0, 10]	3.7651	85	0.0003	0.1600	0.0755	0.2445
CAR[0, 20]	3.3193	85	0.0013	0.1516	0.0608	0.2424

续表

事件窗口期	T值	df	Sig.（双侧）	均值	差分的95%置信区间 下限	差分的95%置信区间 上限
CAR[0, 30]	2.9215	85	0.0045	0.1385	0.0442	0.2424
CAR[0, 40]	3.3049	85	0.0014	0.1643	0.0654	0.2631
CAR[0, 50]	3.2554	85	0.0016	0.1715	0.0668	0.2762
CAR[0, 60]	3.2724	85	0.0015	0.1701	0.0667	0.2734

此外，剔除公告效应的影响，检验CAR[6, 10]、CAR[6, 20]、CAR[6, 30]、CAR[6, 40]、CAR[6, 56]的显著性。实证结果表明这些时段内的超额收益率依然存在。

3. 进一步检验：相对收益率

2015年我国有26家境内上市公司被并购基金控股，本节用2014年末沪深上市公司的财务数据作为筛选匹配公司的依据。采用k近邻匹配，并令k=4，得到处理公司与控制公司的名称。匹配后大多数变量的标准化偏差小于10%，而且T检验结果不拒绝处理公司组与控制公司组无系统性差异的原假设。此外，从图7-10可以直观地看出，大多数变量的标准化偏差在匹配后缩小了；由图7-11可见，观测值基本都在共同取值范围内，在进行倾向得分匹配时没有损失样本，匹配结果满足共同支撑假设和平行假设。

接着，我们检验2015年处理公司与控制公司的收益率。计算2015年26家上市公司在公告并购基金控股前后几日的累计收益率，以及每家公司匹配的4家上市公司，共104家上市公司在相应日的累计收益率。对匹配的4家控制公司的累计收益率分别取平均值，再与处理组公司的累计收益率对比，进行配对T检验。

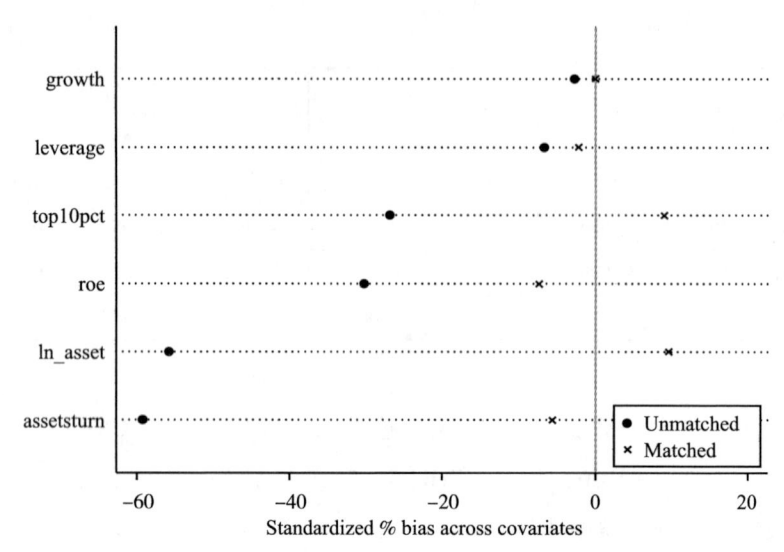

图 7-10 2015 年倾向得分各变量的标准化偏差图示

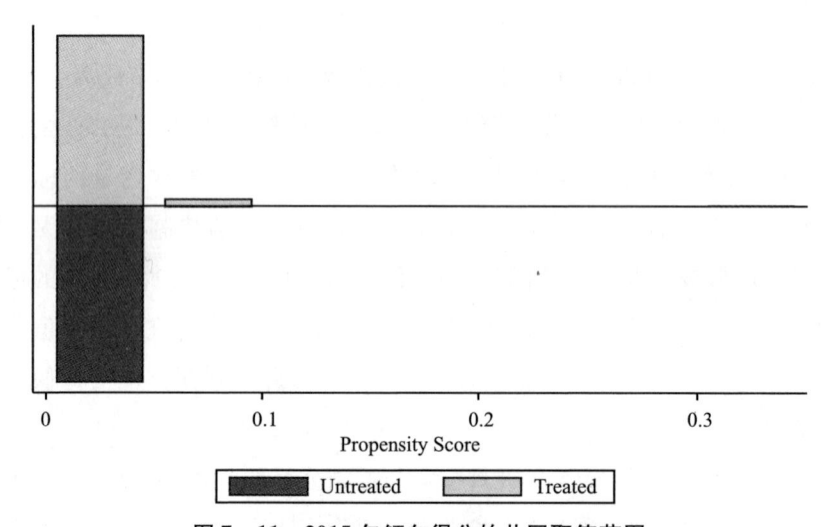

图 7-11 2015 年倾向得分的共同取值范围

在各个时间窗口期内，处理组的超额收益率均值均大于控制组。如在时间窗口期 [-5, 5] 内，26 家处理组上市公司的累计收益率平均为 17.06%，但控制组公司的收益率为 -4.36%；控制组上市公司的收益率为 4 家匹配公司的平均值，其标准差相对更低，处理组和控制组的标准差分别为 0.31930 和 0.16458（见表 7-6）。

表 7-6　　2015 年并购基金控股上市公司与其匹配公司的成对样本统计量

事件窗口期	组别	均值	N	标准差	均值的标准误
CAR[-1, 0]	处理组	0.0504	26	0.06892	0.01352
	控制组	0.0029	26	0.05320	0.01043
CAR[0, 1]	处理组	0.0837	26	0.13646	0.02676
	控制组	0.0005	26	0.06457	0.01266
CAR[-1, 1]	处理组	0.0860	26	0.13402	0.02628
	控制组	-0.0014	26	0.08193	0.01607
CAR[-2, 2]	处理组	0.1180	26	0.19473	0.03819
	控制组	-0.0077	26	0.12137	0.02380
CAR[-2, 3]	处理组	0.1369	26	0.25422	0.04986
	控制组	-0.0178	26	0.13943	0.02734
CAR[-3, 3]	处理组	0.1325	26	0.25572	0.05015
	控制组	-0.0206	26	0.12844	0.02519
CAR[-5, 4]	处理组	0.1472	26	0.29885	0.05861
	控制组	-0.0424	26	0.16312	0.03199
CAR[-5, 5]	处理组	0.1706	26	0.31930	0.06262
	控制组	-0.0436	26	0.16458	0.03228
CAR[-5, -1]	处理组	0.0015	26	0.03365	0.00660
	控制组	-0.0207	26	0.06664	0.01307
CAR[1, 5]	处理组	0.1210	26	0.26229	0.05144
	控制组	-0.0277	26	0.10503	0.02060

T 检验结果显示，2015 年并购基金控股的上市公司在短期内有相对更高的收益，与其类似的其他公司能获得显著为正的收益，且多在 5% 的水平下显著。在事件窗口期 [-5, 5]，处理组较控制组获得相对最高的正收益 21.42%，在 1% 水平下显著（见表 7-7）。

我国并购基金价值创造模式与价值创造效应研究

表7-7　2015年并购基金控股上市公司与匹配公司的配对 T 检验统计结果

事件窗口期	均值	标准差	均值的标准误	差分的95%置信区间 下限	差分的95%置信区间 上限	t	df	Sig.（双侧）
CAR[-1, 0]	0.047	0.087	0.017	0.012	0.082	2.790	25	0.01
CAR[0, 1]	0.083	0.150	0.030	0.022	0.144	2.820	25	0.009
CAR[-1, 1]	0.087	0.160	0.031	0.023	0.152	2.788	25	0.01
CAR[-2, 2]	0.126	0.236	0.046	0.030	0.221	2.716	25	0.012
CAR[-2, 3]	0.155	0.287	0.056	0.039	0.270	2.753	25	0.011
CAR[-3, 3]	0.153	0.271	0.053	0.044	0.263	2.884	25	0.008
CAR[-5, 4]	0.190	0.336	0.066	0.054	0.325	2.873	25	0.008
CAR[-5, 5]	0.214	0.352	0.069	0.072	0.356	3.099	25	0.005
CAR[-5, 1]	0.022	0.067	0.013	-0.005	0.049	1.679	25	0.106
CAR[1, 5]	0.149	0.269	0.053	0.040	0.257	2.823	25	0.009

除2015年以外，本书采用倾向得分匹配法为其他年份的处理组样本匹配控制组，获得的结果与上文基本一致，即与未被并购基金控股的上市公司相比，并购基金控股的上市公司在短期内表现为更高的累计超额收益率。进一步证明了本节的实证结果支持研究假设1，即我国并购基金控股并购上市公司能为其带来短期的相对收益率，从而为上市公司创造价值。

（二）并购基金金融资本特征与价值创造效应

由表7-8，皮尔森（Pearson）及斯皮尔曼（Spearman）相关性检验结果可知，并购基金的金融资本类型属性与其超额收益率具有显著为正的相关关系，初步说明并购基金金融资本背景对其短期市场价值创造效应具有正向影响。

第七章 控股型并购基金价值创造效应的实证研究

表7-8 金融资本特征变量与累积超额收益率变量相关性检验结果

a. Pearson 相关性检验结果

时间窗口	Finance_back	时间窗口	Finance_back
CAR [-2, 2]	0.2121 **	CAR [0, 20]	0.2710 **
CAR [-3, 3]	0.2552 **	CAR [0, 30]	0.2836 ***
CAR [-5, 4]	0.2779 ***	CAR [0, 40]	0.3218 ***
CAR [-5, 5]	0.2712 **	CAR [0, 50]	0.3343 ***
CAR [0, 10]	0.2688 **	CAR [0, 60]	0.3166 ***

b. Spearman 相关性检验结果

时间窗口	Finance_back	时间窗口	Finance_back
CAR [-2, 2]	0.2852 ***	CAR [0, 20]	0.2994 ***
CAR [-3, 3]	0.2928 ***	CAR [0, 30]	0.3108 ***
CAR [-5, 4]	0.3288 ***	CAR [0, 40]	0.3590 ***
CAR [-5, 5]	0.2881 ***	CAR [0, 50]	0.3723 ***
CAR [0, 10]	0.3089 ***	CAR [0, 60]	0.3657 ***

注：***、**和*分别表示相关系数在1%、5%及10%水平下显著。

以并购基金资本来源特征变量为影响变量，对短期内上市公司股价的超额收益率作单变量检验。由表7-9列示的结果，可以看到，金融资本型并购基金（Finance=1 组别）与非金融资本型（Finance=0 组别）并购基金并购的上市公司在短期和较短期内超额收益率存在显著差异，根据双边检验的结果，拒绝两类并购基金投资的上市公司短期内超额收益率相等的原假设。此外，在检验中发现两组别的均值差值具有方向性，非金融背景并购基金的投资的上市公司的短期累计超额收益率小于金融背景并购基金投资的上市公司。推断金融资本型并购基金的价值创造效应大于非金融背景，假设2a成立，秩和检验的结果也支持该假设。

表7-9　金融资本背景特征与上市公司股价累计超额收益率的单变量检验

	Finance = 0 组别		Finance = 1 组别		组间比较	
	均值	中位数	均值	中位数	Z 值	T 值
CAR[-2, 2]	0.07004	0.03440	0.17153	0.21103	-2.630 ***	-1.9895 **
CAR[-3, 3]	0.04702	0.02100	0.20242	0.21821	-2.700 ***	-2.4195 **
CAR[-5, 4]	0.04471	0.01409	0.22158	0.20806	-3.031 ***	-2.6513 **
CAR[-5, 5]	0.04812	0.01673	0.23426	0.25505	-2.656 ***	-2.5823 **
CAR[0, 10]	0.03880	-0.00046	0.25156	0.23674	-2.848 ***	-2.5580 **
CAR[0, 20]	0.02029	-0.00804	0.25076	0.19185	-2.761 ***	-2.5801 **
CAR[0, 30]	-0.00415	0.01053	0.24625	0.20522	-3.310 ***	-2.7107 ***
CAR[0, 40]	-0.00546	0.03220	0.29243	0.24390	-3.310 ***	-3.1154 ***
CAR[0, 50]	-0.01537	0.00717	0.31261	0.23401	-3.432 ***	-3.2512 ***
CAR[0, 60]	-0.00448	0.00527	0.30190	0.24407	-3.371 ***	-3.0585 ***

注：本表中，均值 T 检验和中位数 Wilcoxon 秩和检验均采用双尾检验，***、** 和 * 分别表示该统计量在1%、5%及10%水平下显著。

（三）上市公司经营效率检验

本节采用数据包络法对上市公司被并购基金并购后的经营效率进行考察。分别计算并购前第一年、并购前第二年、并购前第三年、并购当年、并购后第一年，并购后第二年，共六年的平均效率值。根据以下表格可知，样本的效率均值在并购后第一年、第二年较并购当年及并购前均有所增加。描述性统计结果如表7-10所示。

表7-10　并购基金控股的上市公司并购前后效率值描述性统计

研究时期	N	均值	中位数	标准差	最大值	最小值
并购前第三年	86	0.45558	0.48	0.26142	1	0
并购前第二年	86	0.37128	0.365	0.25627	1	0
并购前第一年	86	0.37174	0.380	0.24143	1	0

第七章 控股型并购基金价值创造效应的实证研究

续表

研究时期	N	均值	中位数	标准差	最大值	最小值
并购当年	86	0.36721	0.355	0.25826	1	0
并购后第一年	60	0.59360	0.564	0.20710	1	0.204
并购后第二年	46	0.52741	0.534	0.24236	1	0.003

由表7-11，对被控股上市公司并购前后效率值进行T检验结果，表明上市公司在并购前三年至并购后第二年效率值均拒绝均值为零的原假设，所获结果具有统计学意义。

表7-11 并购基金控股的上市公司并购前后效率值T检验结果

研究时期	T值	df	Sig.（双侧）	均值	差分的95%置信区间 下限	差分的95%置信区间 上限
并购前第三年	16.1610	85	0.000	0.45558	-0.39953	0.51163
并购前第二年	13.4356	85	0.000	0.37128	0.31634	0.42622
并购前第一年	14.2790	85	0.000	0.37174	0.31998	0.42351
并购当年	13.1856	85	0.000	0.36721	0.31184	0.42258
并购后第一年	22.2014	59	0.000	0.59360	0.54010	0.64710
并购后第二年	14.7592	46	0.000	0.52741	0.45544	0.59939

根据表7-12的配对T检验结果可知，并购后第一年与并购前第二年之差、并购后第二年与并购前第三年之差、并购后两年平均绩效与并购前两年平均绩效之差、并购后三年平均绩效与并购前三年平均绩效之差、并购后第一年与并购前第一年绩效之差、并购后第二年与并购前第一年样本的效率之差均值大于0，且T检验表明均有统计学意义，同时在检验过程中发现效率差均值具有方向性，并购后上市公司经营效率有所改善，并购基金有助于提高被并购企业的内在价值，因此假设3成立。

表 7-12　　并购基金控股的上市公司在并购前后绩效配对 T 检验结果

研究时期	样本数	r%	效率差均值	T 检验 P 值	Wilcoxon 检验 P 值
并购当年—并购前第一年	86	38.37	-0.005	0.830	0.694
并购后第一年—并购前第二年	60	88.33	0.24285	0.000	0.000
并购后第二年—并购前第三年	46	63.04	0.1156	0.041	0.013
并购后两年平均绩效—并购前两年平均绩效	60	81.67	0.1149	0.000	0.000
并购后三年平均绩效—并购前三年平均绩效	46	71.74	0.1174	0.001	0.000
并购当年—并购前第一年	86	38.37	-0.005	0.830	0.694
并购后第一年—并购前第一年	60	90.00	0.2322	0.000	0.00
并购后第二年—并购前第一年	46	80.43	0.1715	0.001	0.000

注：均值 T 检验和中位数 Wilcoxon 秩和检验均采用双尾检验，T 检验 P 值与秩和检验 P 值均表示该统计量在双尾检验中的显著性水平。

四、结论

本章的实证结果支持了研究假设，即我国并购基金控股并购上市公司能为其带来短期的超额收益率，从而为上市公司创造价值。金融资本背景的并购基金其并购标的可在短期内获得较高的市场价值。而从中长期视角来看，并购基金对上市公司的控股并购将显著提高上市公司的经营效率，对于其内在价值的提升有所助益。本章的实证结果说明了并购基金具有价值创造作用，能显著提高被并购企业的市场价值和内在价值。

第三节　本章小结

本章以 2002 年 1 月 1 日至 2015 年 12 月 31 日被并购基金控股的上市公司为研究对象，运用事件研究法、倾向得分匹配法以及财务分析法对我

第七章 控股型并购基金价值创造效应的实证研究

国并购基金的价值创造效应及其影响因素进行研究。本书的实证结果表明并购基金具有价值创造作用，能显著提高被并购企业的市场价值及内在价值。主要研究结论为：

第一，我国并购基金控股并购上市公司能为其带来短期的超额收益率，而金融资本背景的并购基金其财富效应更为明显，可以显著地为被并购上市公司带来市场价值的提高。

第二，从中长期视角来看，并购基金通过高效的控股并购对上市公司起到优化资源配置的作用，将显著提高上市公司的经营效率，最终反映为上市公司市场价值的增加。

本书认为控股型并购基金作为当前我国并购基金的主要类型之一，平均而言其针对公开市场的投资效率较高，不仅在短期内对并购标的具有一定的市值管理作用，在中长期内还能持续促进其经营效率的改善。因此，应积极推进我国控股型并购基金的发展，通过进一步深化要素配置市场化改革，在控制权获取、经理人市场发展以及融资退出渠道拓宽等方面为其他基金向控股型转型创造有利的政策条件。

第八章

参股型并购基金价值创造效应的实证研究

长期以来，囿于可利用融资工具的缺乏，我国并购基金大多以财务投资的形式收购目标公司的少数股权，即开展"参股型并购"，鉴于并购基金参股型投资的普遍性，本章从我国并购基金参股上市公司的案例入手，研究参股型并购的价值创造效应具有十分重要的理论及实践意义。本章首先概述我国并购基金参股上市公司的基本情况；其次实证分析了我国参股型并购基金投资于上市公司的短期市场价值创造效应；最后对参股型并购标的的中长期经营绩效进行检验，分析并购基金的内在价值创造效应。

第一节 参股型并购基金参股上市公司概览

并购基金作为私有股权基金的一大类别，主要投资于私有股权市场，但也部分投资于我国已上市公司。本章从 Wind"中国企业并购库"中选取并购基金参股我国上市公司案例，并结合上市公司权益变动的公告、定向增发公告等，对我国并购基金参股上市公司的案例进行进一步整理。

第八章　参股型并购基金价值创造效应的实证研究

参股型并购基金投资上市公司的目的,一方面是看好上市公司发展潜力,对上市公司少数股权进行财务投资,获得上市公司市场价值增加收益;另一方面是发挥融资辅助作用,为上市公司资本运作融通资金,或起到战略辅助的作用为上市公司的战略制定和实施提供帮助。

2001年1月1日至2015年12月31日,我国并购基金参股上市公司并进行公告有109次。由图8-1可以看出,2006~2008年,没有并购基金参股上市公司的相关信息,而2012~2015年,可搜集到的并购基金参股上市公司的事件增多,分别为10、16、19、34起。

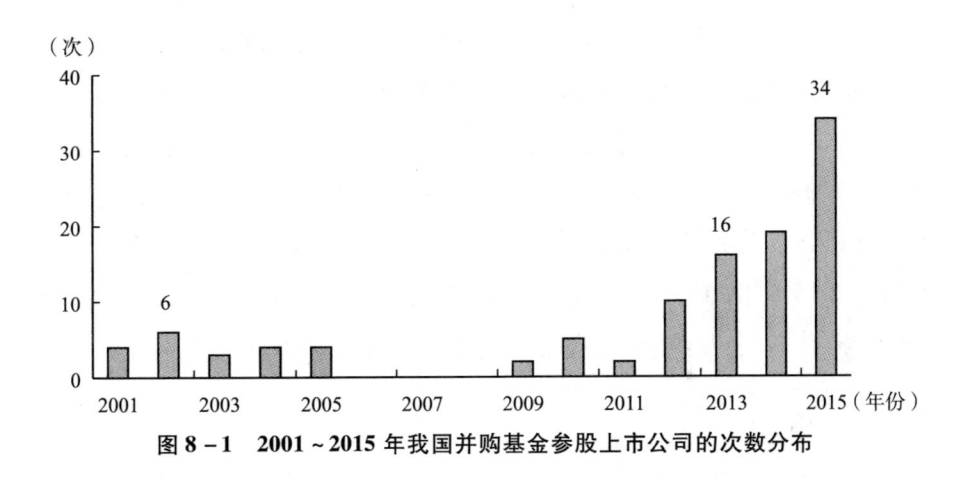

图8-1　2001~2015年我国并购基金参股上市公司的次数分布

并购基金参股上市公司为上市公司融资提供了便利,但是参股型并购所占公司股份比例较小,一般并不直接参与上市公司的经营决策等,对上市公司的影响不大。从上市公司公告并购基金的时间上,也可见上市公司并不认为单纯的参股型并购会影响股市大幅波动,因此无须特别选择节假日公告。在并购基金参股公告日的选择上,109次公告中有90次在工作日,占比83%,且周一至周五的公告次数较平均。19次的节假日公告中,17次为平时的周六,1次为法定节日假期的周六,1家为周二节假日,共占比17%(见图8-2)。

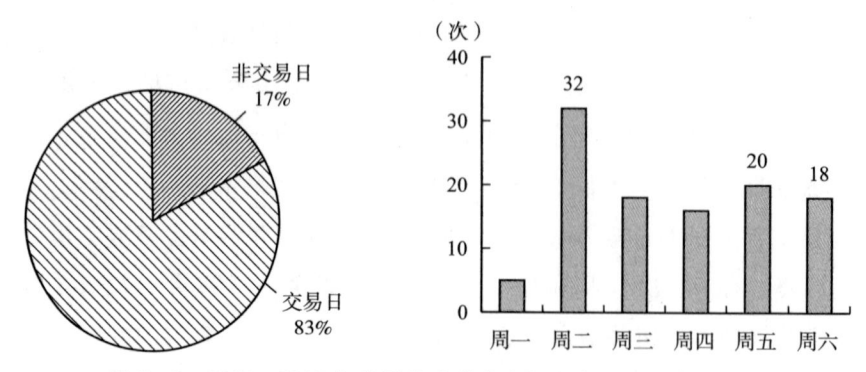

图 8-2　2001~2015 年我国并购基金参股上市公司公告日情况

在 109 起参股事件中，有 28 起公告期间及公告前长时间停牌样本，占比 26%，例如中泰桥梁（002659.SZ）2015 年 5 月 19 日公告其与华轩（上海）股权投资基金有限公司的股权变动，在此之前公司停牌长达半年之久。为避免上市公司停牌期间其他重大事项对公司股价的影响，应剔除此部分样本。另外，在实际运作中，联合投资的情况也比较普遍。在 2001~2015 年的 109 次参股中，有 87 次仅一家并购基金参股，占比 80%；而有 22 次为多家并购基金联合参股，占比 20%（见图 8-3）。

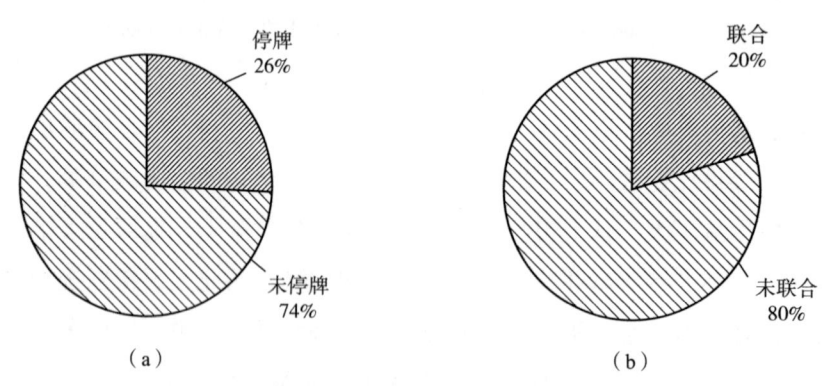

（a）　　　　　　　　　　　　（b）

图 8-3　2001~2015 年我国并购基金参股上市公司停牌与联合并购情况

第二节　参股型并购基金价值创造效应分析

一、研究问题的提出

实际上，2013年以前在我国并购基金的实际运作中，大部分以参股型为主。从2000年外资并购基金进入中国到本土并购基金的崛起，参股型投资策略的运用十分普遍。主要原因在于：第一，我国并购融资渠道狭窄，股权融资审核较为严格，债券市场也不发达，缺乏多层次的股债产品以满足大规模并购的需要；第二，并购基金退出渠道不通畅，投资收益不稳定；第三，我国还未形成规范的职业经理人市场，并且并购基金内部亦缺少产业专家，难以对标的公司进行有效的管理与整合。鉴于职业经理人市场的建设并不能一蹴而就，本章研究参股型并购，这种我国更常见的并购形式，即并购基金是否只需与上市公司开展"浅层合作"（即不需对并购标的实施治理监督）即可输出其价值创造能力。如果并购基金基于其金融背景及丰富的投资经验，在参股上市公司的合作中，就能够与被并购公司展开良好的合作，则我国并购基金产融结合效果已达到，无须出台更多支持并购融资的政策。而若参股的价值创造效应不明显，则显然低于第七章研究发现的控股型并购基金的价值创造效应，应当支持深层的产融合作。因此，对参股型并购基金的价值创造效应的研究具有较强意义。

二、研究设计

（一）研究假设

一方面，参股型并购基金对上市公司具有融资辅助作用，并购基金的

我国并购基金价值创造模式与价值创造效应研究

资本运作可能会引起上市公司投资者的正面预期，特别当声誉较好、历史业绩优秀的并购基金进行投资时，其良好的社会资源网络优势可能会起到"认证作用"，容易引起股票价格的正向波动。另一方面，许多参股型并购基金投资比例过低，对上市公司的控制能力较弱。鉴于职业经理人市场的建立并不能一蹴而就，并购基金中具备专业有效的管理与整合能力、能提高被并购企业的估值的人力资源有限，可能难于参与上市公司的投融资以及日常经营管理。特别并购基金参股的公司较多，因此并购基金与参股上市公司的产融合作中，针对某家被并购公司而言，投资者的隐含预期不明显，并购基金难以通过对投资标的内在价值推动而使其市场价值获得进一步提高，并购基金的价值溢出作用有限。因此，本章提出假设1。

假设1A：并购基金参股上市公司能为上市公司带来持续的市场价值创造效应。

假设1B：并购基金参股上市公司不能为上市公司带来持续的市场价值创造效应。

对于并购基金参股上市公司来说，其主要通过"并购融资+咨询"、财务投资者以及战略投资者模式对上市公司进行价值创造，其价值创造核心在于凭借自身的资本运作经验及网络资源优势为并购主导方（大多为产业资本）提供融资咨询、并购重组、战略规划等财务顾问服务，协助其对被并购企业进行重组整合，从而使得被并购企业得以通过获得经营协同、管理协同或者财务协同效应增厚自身利润，推动企业内在价值增长。但另一方面，我国参股型并购基金在实际运作中，由于所持股权比例的限制使其在被并购企业中的话语权相对较小，只能起到资金支持或财务顾问的作用，缺少如海外控股型并购基金的较高财务杠杆及控制权获取保障，其税盾效应、管理层约束以及投后管理激励较弱，价值创造过程缺少内生性及自发性，无法如控股型并购基金在被并购企业的内部资源整合、委托—代理问题减弱以及外延式发展中起到关键性作用，内在价值创造效应可能有限。因此，本章提出假设2。

第八章 参股型并购基金价值创造效应的实证研究

假设2A：并购基金参股上市公司能为上市公司带来内在价值创造效应。

假设2B：并购基金参股上市公司不能为上市公司带来内在价值创造效应。

（二）数据与样本

本节在Wind数据库的"中国并购库"中筛选自2002年1月1日至2015年12月31日之间的并购事件，将买方指标勾选"多元金融""Wind保险"两个行业，"控制权获取"选项勾选"否"，可获得246个私募机构参股上市公司数据。

本节从二级市场中权益变动的公告中，筛选出并购基金参股上市公司的情况作为研究样本。样本筛选规则：第一，删除属于国资委批准的国有股权无偿划拨样本，包括上市公司原有股东层面股权划拨，国有控股平台股权划拨等不属于市场化的并购基金并购重组行为；第二，删除集团内部或同一控制人下股权划转样本、非控股股东增持样本；第三，删除管理层通过投资公司持股平台持股上市公司，实施股权激励计划样本；第四，删除控股收购样本。2001~2015年，符合上述条件的并购基金参股上市公司并公告的事件有109起。

在数据抓取过程中，特别标注了公告期间停牌样本，以及公告前停牌样本，考虑区分上市公司停牌是否与并购基金参股有关，对于某些上市公司为收购其他标的定向增发而引入并购基金的情况，超额收益可能来自上市公司对外投资公告而不是并购基金本身，因此剔除此类样本。本节共剔除16家公告期间停牌以及12家公告前长时间停牌的上市公司数据，即重点研究并购基金参股时仍正常交易的上市公司样本。

本节研究并购基金参股上市公司且公告这类事件对上市公司市值的影响，为避免并购基金多次参股给上市公司影响的叠加作用，本节剔除3家两次参股的事件，即6个样本。考虑到并购基金参股之前上市公司交易日较少，可能影响正常收益的影响，需剔除并购基金设立公告日前少于240

个交易日的上市公司样本。本节重点分析 73 个并购基金参股上市公司，对上市公司市值影响的样本（见表 8-1）。

表 8-1　　并购基金参股上市公司的样本选择

2001~2015 年上市公司的并购买方来自金融业的并购记录	246
减：属于国资委批准的国有股权无偿划拨样本	(57)
减：集团内部或同一控制人下股权划转样本、非控股股东增持样本	(49)
减：管理层通过投资公司持股平台持股上市公司，实施股权激励计划样本	(16)
减：控股并购的样本	(15)
合计	109
减：公告期间停牌的上市公司	(16)
减：公告前长时间停牌的上市公司	(12)
并购基金参股时正常交易的上市公司数量	81
减：两次被并购基金参股的上市公司	(3×2)
并购基金仅参股一次的上市公司数量	75
减：被并购基金参股前上市时间不足 240 个交易日的公司	(2)
并购基金参股上市公司	73

（三）研究步骤

本节采用事件研究法，探讨并购基金参股上市公司后，是否能为投资者带来显著的超额收益，从而验证上市公司的市场价值是否有所提升。从短期及长期超额收益率两个层面入手，检验并购基金对其投资人的价值创造效应的存在性。具体的研究步骤如下：

1. 事件窗与估计窗的选择

上市公司为避免公告对股价波动一般选择下午收市后进行公告，事件日为并购公告后的第一个交易日。对于节假日公告、停牌期间公告样本，

第八章　参股型并购基金价值创造效应的实证研究

事件日均调整到公告后的第一个交易日。本节的事件窗口为公告前后五个交易日内,以及公告日之后的60个交易日内。本节选择的估计窗口为公告日前的240至60个交易日之内。

2. 超额收益率的估计模型

首先,根据 Fama – French 五因子模型,由估计窗数据估算模型系数。

$$R_{it} - R_{ft} = a_i + b_i(R_{Mt} - R_{ft}) + s_i SMB_t + h_i HML_t + r_i RMW_t + c_i CMA_t + e_{it} \tag{8.1}$$

各因子选择方法与上两章相同,本章不再赘述。

计算个股每日的超额收益率记为 AR_{it}。

$$AR_{it} = R_{it} - R_{ft} - [\hat{a}_1 + \hat{b}_1(R_{mt} - R_{ft}) + \hat{s}_1 SMB_t + \hat{h}_1 HML_t + \hat{r}_1 RMW_t + \hat{c}_1 CMA_t] \tag{8.2}$$

本节将个股超额收益率 AR_{it} 换算为对数形式 AR'_{it},以便计算累计超额收益率。

$$AR'_{it} = Ln(AR_{it} + 1) \tag{8.3}$$

则个股的在 [m, n] 时间内的累计短期超额收益率为:

$$CAR_i[m, n] = \sum_{t=m}^{n} AR'_{it} \tag{8.4}$$

3. 检验超额收益率的显著性

构造超短期超额收益率的 t 统计量:

$$t = \frac{\overline{CAR}}{\sigma_{CAR}/\sqrt{N}} \tag{8.5}$$

其中,N 为设立并购基金的上市公司家数。采用双侧检验的方法检验超额收益率是否为零,$H_0: CAR = 0$。

4. 并购基金参股上市公司的经营效率检验

与并购基金控股公司的中长期经营效率研究相似,本章也采用数据包络分析法(data envelope analysis, DEA)估计上市公司被并购基金参股后的经营效率，将企业看作在投入产出方面存在共性的追求利润最大化的个体，以单个上市公司为研究对象，对企业的投入产出效率进行衡量，从而获得并购前后三年的经营效率值，分析并购前后样本平均效率的差异。在投入产出指标选择上，与本书第七章的 DEA 分析相同，本章不再赘述。

三、实证结果分析

（一）较短期超额收益率的存在性检验结果

由并购基金参股上市公司事件窗口 [-5, 5] 内的超额收益率可见，并购基金参股上市公司较短期的超额收益率为正，且基本在 10% 的显著性水平下显著（见表 8-2 和表 8-3）。

表 8-2　并购基金参股上市公司的较短期累计超额收益率描述性分析

事件窗口期	N	均值	标准差	均值的标准误
CAR[-1, 0]	73	0.012	0.039	0.005
CAR[0, 1]	73	0.011	0.060	0.007
CAR[-1, 1]	73	0.019	0.070	0.008
CAR[-2, 2]	73	0.022	0.095	0.011
CAR[-2, 3]	73	0.020	0.095	0.011
CAR[-3, 3]	73	0.022	0.092	0.011
CAR[-5, 4]	73	0.023	0.102	0.012
CAR[-5, 5]	73	0.023	0.104	0.012
CAR[-5, -1]	73	0.020	0.067	0.008
CAR[1, 5]	73	-0.009	0.089	0.010

表 8-3　并购基金参股上市公司的较短期累计超额收益 T 检验结果

事件窗口期	T 值	df	Sig.（双侧）	均值差值	差分的95%置信区间 下限	差分的95%置信区间 上限
CAR[-1, 0]	2.561	72	0.013	0.012	0.003	0.021
CAR[0, 1]	1.556	72	0.124	0.011	-0.003	0.025
CAR[-1, 1]	2.374	72	0.020	0.019	0.003	0.036
CAR[-2, 2]	1.948	72	0.055	0.022	-0.001	0.044
CAR[-2, 3]	1.773	72	0.080	0.020	-0.002	0.042
CAR[-3, 3]	2.038	72	0.045	0.022	0.001	0.043
CAR[-5, 4]	1.899	72	0.062	0.023	-0.001	0.047
CAR[-5, 5]	1.911	72	0.060	0.023	-0.001	0.048
CAR[-5, -1]	2.585	72	0.012	0.020	0.005	0.036
CAR[1, 5]	-0.846	72	0.401	-0.009	-0.029	0.012

（二）短期超额收益率的存在性检验结果

由公告事件日起，买入持有的六十个交易日内的超额收益率来看，并购基金参股上市公司事件带来的平均超额收益率可能为负，没有显著的超额收益率（见表 8-4 和表 8-5）。

表 8-4　并购基金参股上市公司的短期累计超额收益率描述性分析

事件窗口期	N	均值	标准差	均值的标准误
CAR[0, 10]	73	0.004	0.134	0.016
CAR[0, 20]	73	-0.002	0.200	0.023
CAR[0, 30]	73	-0.012	0.244	0.029
CAR[0, 40]	73	-0.010	0.275	0.032
CAR[0, 50]	73	0.005	0.284	0.033
CAR[0, 60]	73	0.010	0.337	0.039

表 8-5　并购基金参股上市公司的短期累计超额收益 T 检验结果

事件窗口期	T 值	df	Sig.（双侧）	均值差值	差分的 95% 置信区间 下限	差分的 95% 置信区间 上限
CAR[0, 10]	0.276	72	0.784	0.004	-0.027	0.036
CAR[0, 20]	-0.076	72	0.940	-0.002	-0.049	0.045
CAR[0, 30]	-0.424	72	0.673	-0.012	-0.069	0.045
CAR[0, 40]	-0.303	72	0.763	-0.010	-0.074	0.054
CAR[0, 50]	0.139	72	0.890	0.005	-0.062	0.071
CAR[0, 60]	0.244	72	0.808	0.010	-0.069	0.088

（三）短期超额收益率的存在性进一步检验结果

为避免事件公告效应对收益率的影响，本节剔除公告效应影响进行进一步研究。把事件窗口变换为从公告日第六天开始的两年时间内以剔除公告效应的收益率，检验是否仍存在超额收益率。研究发现，剔除公告效应的影响后，并购基金参股上市公司并未带来超额收益率（见表 8-6 和表 8-7）。

表 8-6　剔除公告效应的并购基金参股上市公司累计超额收益率描述性分析

事件窗口期	N	均值	标准差	均值的标准误
CAR[6, 100]	73	0.015	0.377	0.044
CAR[6, 200]	73	0.085	0.629	0.074
CAR[6, 250]	73	0.082	0.693	0.081
CAR[6, 500]	57	0.064	1.061	0.141

表 8-7　剔除公告效应的并购基金参股上市公司长期累计超额收益 T 检验结果

事件窗口期	T 值	df	Sig.（双侧）	均值差值	差分的 95% 置信区间 下限	差分的 95% 置信区间 上限
CAR[6, 100]	0.331	72	0.742	0.015	-0.073	0.102
CAR[6, 200]	1.156	72	0.251	0.085	-0.062	0.232

续表

事件窗口期	T值	df	Sig.（双侧）	均值差值	差分的95%置信区间 下限	差分的95%置信区间 上限
CAR[6, 250]	1.01	72	0.316	0.082	-0.080	0.244
CAR[6, 500]	0.452	56	0.653	0.064	-0.218	0.345

（四）上市公司经营效率检验

本节采用数据包络法对上市公司被参股前后的经营效率进行考察。分别计算并购前第一年、并购前第二年、并购前第三年、并购当年、并购后第一年，并购后第二年，共六年的平均效率值。根据以下表格可知，样本的效率均值在并购后第一年呈现出下降趋势，由并购前第一年的0.537下降为并购后第二年的0.376，从长期来看，并购基金参股可能无法改善上市公司的经营效率。效率值描述性统计结果如表8-8所示。

表8-8 并购基金参股的上市公司并购前后效率值描述性统计

研究时期	N	均值	标准差	中位数	最大值	最小值
并购前第三年	73	0.506	0.150	0.519	0.787	0.190
并购前第二年	73	0.510	0.162	0.532	0.827	0.102
并购前第一年	73	0.537	0.122	0.541	0.779	0.202
并购当年	73	0.486	0.149	0.489	0.905	0.058
并购后第一年	73	0.442	0.134	0.456	0.871	0.104
并购后第二年	57	0.376	0.208	0.323	0.932	0.008

由表8-9，对被参股上市公司并购前后效率值进行T检验结果，表明上市公司在并购前三年至并购后第二年效率值均拒绝均值为零的原假设，所获结果具有统计学意义。

表8-9　并购基金参股的上市公司并购前后效率值 T 检验结果

研究时期	T 值	df	Sig.（双侧）	均值	差分的95%置信区间 下限	差分的95%置信区间 上限
并购前第三年	28.848	72	0.000	0.50605	0.47108	0.54101
并购前第二年	26.948	72	0.000	0.51004	0.47231	0.54777
并购前第一年	37.626	72	0.000	0.53723	0.50877	0.56569
并购当年	27.850	72	0.000	0.48649	0.45166	0.52131
并购后第一年	28.182	72	0.000	0.44238	0.41108	0.47367
并购后第二年	13.639	56	0.000	0.37572	0.32054	0.43090

根据表8-10配对检验结果可知，在所有的研究时期内，上市公司在并购基金参股前后经营效率均存在显著差异，参股后上市公司经营效率显著降低，特别是并购后第二年较并购前第一年效率均值显著下降0.166，上市公司经营效率有所恶化。因此，基于本书的样本数据，从长期来看并购基金参股无法提高上市公司的经营效率，参股型并购基金对投资标的内在价值创造有限，因此假设2B成立。

表8-10　并购基金参股的上市公司在并购前后配对 T 检验结果

研究时期	样本数	r%	效率差均值	T 检验 P 值	Wilcoxon 检验 P 值
并购当年—并购前第一年	73	38.356	-0.051	0.021	0.021
并购后第一年—并购前第二年	73	35.616	-0.068	0.005	0.004
并购后第二年—并购前第三年	57	31.579	-0.114	0.002	0.000
并购后两年平均绩效—并购前两年平均绩效	73	32.877	-0.059	0.001	0.002
并购后三年平均绩效—并购前三年平均绩效	57	31.579	-0.064	0.001	0.000
并购当年—并购前第一年	73	38.356	-0.051	0.021	0.021

续表

研究时期	样本数	r%	效率差均值	T检验P值	Wilcoxon检验P值
并购后第一年—并购前第一年	73	27.397	-0.095	0.000	0.000
并购后第二年—并购前第一年	57	26.316	-0.166	0.000	0.000

注：均值T检验和中位数Wilcoxon秩和检验均采用双尾检验，T检验P值与秩和检验P值均表示该统计量在双尾检验中的显著性水平。

四、结论

本节研究了并购基金与上市公司的"浅层合作"，是否能为上市公司带来价值创造。研究表明，第一，上市公司股价在时间窗口[-5,5]内具有显著的超额收益率，但买入持有的六十个交易日内的超额收益率并不显著，同时扣除公告效应后，上市公司股价在长期内并未显示出超额收益，因此并购基金参股上市公司并不能给上市公司带来持续的市场价值创造效应，因此假设1B成立。第二，基于本章的样本数据，并购基金参股后上市公司经营效率显著降低，参股型并购基金未能使投资标的内在价值增加，因此假设2B成立。

第三节 本章小结

整体来看，参股型并购基金主要提供融资支持和财务顾问服务，并不参与上市公司经营管理，对上市公司的价值创造效应有限。第一，从市场价值创造效应来看，参股型并购基金只在较短期内具有价值创造效应，长期来看其市场价值创造效应并不明显，其市场价值创造不具有持续性。第二，基于本章样本数据，从长期来看并购基金参股无法提高上市公司的经营效率，参股型并购基金对投资标的内在价值创造有限。

因此，本章认为参股型并购基金作为当前我国并购基金的主要类型之一，平均而言其针对公开市场的投资效率较低，并购标的在并购后两年经营效率持续下降，同时市场价值在剔除并购公告效应影响后 500 个交易日区间内并不显著增加，预计参股型并购基金禁售期后成功退出并购标的存在一定困难。

第九章

控股型并购基金价值创造机制的实证研究

本书第六~第八章分别从"上市公司+PE"设立并购基金、并购基金控股上市公司、并购基金参股上市公司的角度对上市公司的价值创造效应进行研究，获得并购基金能在不同程度上为上市公司创造价值的结论，本章将进一步对我国控股型并购基金的价值创造机制进行研究。并购基金是我国控股权市场的重要参与者，对其主导的控股并购的价值创造机制进行研究具有重要的理论及实践意义。本章将采用财务指标分析方法，从并购基金控股上市公司的资本结构、经营绩效、公司估值的角度，分析我国并购基金对上市公司创造价值的路径及效果。

第一节 引 言

海外学者在并购基金的价值创造机制领域已形成了丰富的研究成果，主要是采用会计指标法进行分析，如伦内布格等（Renneboog et al.，2007）对杠杆收购后标的公司股票价格增长的可能原因进行了分析，其研究结果表明，并购标的投资者财富增长的原因是交易前的价值低估、增长的税盾效应以及管理层激励调整。而勒恩和波尔森（Lehn & Poulsen，1989）则发现杠杆收购创造价值的主要原因是投资标的并购后自由现金流的增长。

怀特等（Wright et al.，1996）对英国的 MBO 数据进行研究，发现经过管理层收购后的上市公司其总资产收益率在并购后二至五年较未经过管理层收购的对照组公司获得显著的增长，上市公司内在价值获得提升。勒纳（Gurunghe Lerner，2010）发现有私募基金背景的杠杆并购中，标的企业在财务压力下能保持更高的增长效率。科恩（Cohn et al.，2014）的研究发现杠杆收购后公司创造了超额的现金流量，但其资产负债率并没有下降，被并购公司得以从持续的税盾效应中获益。以上研究主要以一类或多类财务指标为视角，从不同角度深入挖掘杠杆收购中的价值创造机制，如投资标的资本结构指标（资产负债率、权益乘数）、成长能力指标（总资产增长率、销售收入增长率）、盈利能力指标（ROA、ROE、ROIC）、企业自由现金流量指标以及市场价值指标（企业价值、估值倍数），大部分研究获得了并购基金可改善投资标的财务绩效的有益结论。

本章同样运用财务分析方法，研究我国并购基金对不同财务运行趋势的上市公司的价值创造机制，分别从资本结构、业绩表现以及企业价值的变化这三个方面对展开研究。

第二节 研究设计

一、样本选择

正如本书第五章所述，海外并购基金的价值创造模式是我国并购基金价值创造模式的基础，同时海外并购基金的价值创造研究亦普遍基于控股型这一价值创造模式，因此本书在对并购基金价值创造机制进行定量研究时，也基于控股型并购基金的价值创造模式，采用被并购基金控股收购的上市公司的样本数据进行分析。本章选择 2001 年 1 月 1 日至 2015 年 12 月 31 日并购基金控股并购的上市公司为样本，根据一定的删减规则共获得86个样本数据（该部分样本来源及数据筛选标准已在第七章进行详细分析，本章不再赘述）。

二、变量选择

本书采用财务分析法，分析上市公司的资本结构、业绩表现、企业价值在并购前后的变化，尝试探索控股型并购基金的价值创造机制。资本结构方面，主要选择权益乘数变量，对企业的负债程度进行研究；业绩表现方面，选择总资产净利率（ROA）、净资产收益率（ROE）、投入资本回报率（ROIC）三个指标对并购前后企业的经营业绩变化进行研究；企业价值方面，采用企业价值（EV）、企业估值倍数（EV/EBITDA）、Z值指标分析基金控股后企业的价值变化。变量定义及说明如表9-1所示。

表9-1 变量定义与说明

变量	名称		变量定义	算法
资本结构相关变量	Lev	权益乘数	权益乘数表示企业的负债程度，权益乘数越大，企业负债程度越高	权益乘数 = 1/（1 - 资产负债率）
业绩表现相关变量	ROA	总资产净利率	企业报告期内获得的可供投资者分配的经营收益占总资产的百分比，反映投资者（含少数股东权益）利用全部资产获利的能力	ROA = 净利润×2/（期初总资产 + 期末总资产）
	ROE	净资产收益率	净利润与平均净资产的百分比，反映公司所有者权益的投资回报率	ROE = 归属母公司股东的净利润/加权平均归属母公司股东的权益
	ROIC	投入资本回报率	生产经营活动中所有投入资本赚取的收益率，而不论这些投入资本是被称为债务还是权益	ROIC = 归属于母公司股东的净利润×2/（期初全部投入资本 + 期末全部投入资本）

续表

变量	名称	变量定义	算法	
企业价值相关变量	EV	企业价值	企业全部资产的总体价值，也称"企业实体价值"	EV = 股权价值（总市值）+ 带息债务 − 货币资金
	EV/EBITDA	估值倍数	价值收益比，是企业价值（剔除货币资金）与企业收益（扣除利息、税金、折旧和摊销前的收益）的比值	EV/EBITDA = 企业价值/息税折旧摊销前利润
	Zscore	Z值	通过综合分值来分析预测企业财务失败或破产的可能性。一般来说，当Z值大于2.675时，则表明企业的财务状况良好，发生破产的可能性就小；当Z值小于1.81时，则表明企业潜伏着破产危机；当Z值介于1.81和2.675之间时被称之为"灰色地带"，说明企业的财务状况极为不稳定	Z = 1.2X1 + 1.4X2 + 3.3X3 + 0.6X4 + 0.999X5，其中，X1代表营运资本/总资产；X2代表留存收益/总资产；X3代表息税前利润/总资产；X4代表总市值2/负债总计；X5代表营业收入/总资产，五个指标中任何一个指标为空，则Z值为空
其他相关变量说明	FCFF	企业自由现金流量	企业全部投资人拥有的现金流量总和，包括股东和债权人	FCFF = 息前税后利润 + 折旧与摊销 − 营运资本增加 − 资本支出

三、研究步骤与假设

（一）资本结构变化分析

首先，对上市公司权益乘数作整体趋势和分类趋势判断。记 Lev_t 表示 t 期公司的杠杆率。采用表格和图示的形式，描述性分析并购基金控股的上市公司的杠杆率变动趋势。资本结构受公司自身现金流的影响，即如果企业有多余的自由现金流，则企业增加杠杆的需求不足，甚至可能用于偿还以前欠款，减轻负债；而若自由现金流不足，则倾向于增加杠杆。本节区分基金控股年份的前一年企业自由现金流为正或负的两类公司,分析研究基金控股公司的资本结构选择。构建企业自由现金流量(FCFF)指标,即实体自由现金流量,是指扣除了为满足生产经营和增长的需要所必需的、受约束的支出后企业可以自由支配的现金,是企业包括股东和债权人的全部投资人拥有的现金流量总和。

其次,趋势检验。对基金控股的所有公司、控股前上市公司的企业自由现金流量为正或负的两类公司,采用配对 T 检验与符号秩和检验的方法,检验并购当年与并购后的杠杆率变化是否显著。两个配对 T 检验的原假设均设为杠杆率不变,即分别为:

$$H_0:Lev_t = Lev_{t+1}$$
$$H_0:Lev_t = Lev_{t+2}$$

类似地,符号秩和检验条件为控股对比期差值的总体中位数为 0。若检验假设成立,则差值的总体分布应是对称的,故正负秩和相差不应悬殊。

(二)业绩表现分析

首先,对上市公司作整体趋势和分类趋势判断。因为在基金并购上市公司的当年运营中,基金仅控股了公司一段时间,该年为上市公司独立经营及有基金控股的混合年,因此,我们重点分析从基金并购公司之前年份到之后的 ROA/ROE/ROIC 业绩表现,而不考虑并购期当年的业绩表现。但是控股并购并非随机事件。我们依据基金控股前公司是否有正的总资产净利率,将控股公司分为两类。分别研究两类上市公司在被基金控股之后的表现。

其次,趋势检验。记控股事件发生前一年为 $t-1$ 年,$ROA_{i,t-1}$ 为 i 公司在 $t-1$ 年末的资产收益率。检验所有基金控股的上市公司、$ROA_{i,t-1}>0$ 的上市公司、$ROA_{i,t-1}<0$ 的上市公司并购前后业绩表现的差异性。若 $ROA_{i,t-1}>0$ 我们称该公司为盈利公司,若 $ROA_{i,t-1}<0$ 我们称该公司为亏损公司。用配对 T 检验和秩和检验的方法,看并购基金是否为上市公司的

业绩带来显著的差异。原假设条件为并购前后两年组合的 (t-1, t+1)、(t-1, t+2)、(t-2, t+1)、(t-2, t+2) 四组 ROA 业绩变化没有差异。即

$$H_0: ROA_{i,t+1} = ROA_{i,t-1}$$

$$H_0: ROA_{i,t+2} = ROA_{i,t-1}$$

$$H_0: ROA_{i,t+1} = ROA_{i,t-2}$$

$$H_0: ROA_{i,t+2} = ROA_{i,t-2}$$

类似地，秩和检验研究四期业绩总体样本无差异。

最后，"年—行业"均值调整后趋势检验。因公司业绩的变动不会长期保持不变，可能表现为业绩回复的特征，即 $ROA_{i,t-1} > 0$ 的上市公司在并购后表现为 ROA 下降；而 $ROA_{i,t-1} < 0$ 的上市公司在并购后表现为 ROA 上升。为排除业绩回复引起的业绩波动，我们通过与同时期同行业其他公司平均业绩波动对比，来探讨基金控股的上市公司业绩是否由并购基金的价值创造所引起。本节采用了经"年—行业"均值调整的业绩变动来检验。将"年—行业"均值调整的 ROA(ROE) 变动，界定为一定时期内公司 ROA(ROE) 变动减去同一时期行业 ROA(ROE) 加权平均值的变动。本节选择的行业划分标准为计算期当年的证监会行业划分标准，"年—行业"平均 ROA 以年度行业各公司的总资产加权；"年—行业"平均 ROE 以年度行业各公司的所有者权益加权。

通过排除业绩表现的行业趋势，本节控制了行业层面上可能导致被并购上市公司业绩变动的因素，避免了目标公司所在行业的系统性业绩波动与并购基金投后管理对并购标的的叠加影响。同时本节剔除了企业在控股并购之后所属行业发生变更的样本，由于没有可与之对比的行业平均变动值。

以配对 T 检验、秩和检验分析并购前一年（t-1 期）到并购后一年（t+1 期）、并购前一年（t-1 期）到并购后两年（t+2 期）的基金控股公司的总资产收益率（ROA）、净资产收益率（ROE）变动与行业平均值的差异。以并购前一年（t-1 期）到并购后一年（t+1 期）的基金控股

上市公司的 ROA 差异为例，令基金控股公司的 ROA 变动为：

$$\Delta \text{ROA}_{i,(t-1,t+1)} = \text{ROA}_{i,t+1} - \text{ROA}_{i,t-1}$$

行业平均的 $\text{IROA}_{i,t} = \dfrac{\text{Assets}_i \times \text{ROA}_i}{\sum_{i=1}^{N} \text{Assets}_i}$ 的同期 ROA 变动为：

$$\Delta \text{IROA}_{i,(t-1,t+1)} = \text{IROA}_{i,t+1} - \text{IROA}_{i,t-1}$$

行业调整后 ROA 变动为：

$$\text{ROA\_adj} = \Delta \text{ROAi} - \Delta \text{IROAi}$$

我们采用双侧配对 T 检验，检验所有基金控股公司的 ROA 变动。原假设为：

$$H_0: \Delta \text{ROA}_{i,(t-1,t+1)} = \Delta \text{IROA}_{i,(t-1,t+1)}$$

对于分类样本，我们假设 $\text{ROA}_{i,t-1} > 0$ 的上市公司在控股后业绩下降幅度小于同期行业内其他公司。采用单侧配对 T 检验，原假设为：

$$H_0: \Delta \text{ROA}_{i,(t-1,t+1)} > \Delta \text{IROA}_{i,(t-1,t+1)}$$

假设 $\text{ROA}_{i,t-1} < 0$ 的上市公司在控股后业绩上升幅度大于同期行业内其他公司。采用单侧配对 T 检验，原假设为：

$$H_0: \Delta \text{ROA}_{i,(t-1,t+1)} > \Delta \text{IROA}_{i,(t-1,t+1)}$$

而本节令符号秩和检验条件均为公司 ROA 变动与行业 ROA 变动的差值的总体中位数为 0。若检验假设成立，则差值的总体分布应是对称的，故正负秩和相差不应悬殊。

（三）企业价值分析

首先，分析企业估值倍数（EV/EBITDA）变动是否是上市公司市值变化的原因，若上市公司估值倍数提升，表明并购基金让企业价值提升的预期较高，市场估值提升。其次，从上市公司的破产风险（Z 值指标）研究其企业价值的变化，若并购基金控股上市公司能带来其企业价值的上升，将降低企业破产风险。特别是对于 $\text{ROA}_{i,t-1} < 0$ 的公司，破产风险降低的可能性更大。最后，探讨上市公司的公司价值（EV）是否获得显著

的提升。综上所述，本章假设从财务角度来看，上市公司的价值会显著提升。本部分采用描述性分析、T检验与秩和检验的方法，分析并购基金控股上市公司的估值倍数、Z值与企业价值。

第三节 实证分析结果

一、基金控股并购公司资本结构变化分析

（一）公司杠杆变动趋势

由基金控股公司之后，公司杠杆率研究企业资本结构。表9-2给出2001~2015年所有基金控股并购的上市公司的杠杆率变化趋势。表9-2a表明，控股并购后企业的杠杆率明显降低，杠杆率均值（中位数）从控股当年的2.769（1.922）降至两年后的2.539（1.888）。表9-2b显示，基金控股前企业自由现金流为正的公司，控股前后两年内，杠杆率基本保持着下降的趋势。而表9-2c表明，基金控股前自由现金流为负的公司并购后杠杆率表现为先上升再下降。从基金控股公司的方差来看，平均而言基金控股后杠杆率方差变小，公司选择的资本结构更加趋同。

企业杠杆率受到其负债或所有者权益变化的影响，负债规模的减少或所有者权益的增加降低了企业杠杆，缓解了其财务困境。因此，推断我国并购基金可能通过资本结构优化为上市公司创造价值。

表 9-2　基金控股并购公司的杠杆率变化趋势

	a. 基金控股所有上市公司杠杆率变化趋势				
	Lev_{t-2}	Lev_{t-1}	Lev_t	Lev_{t+1}	Lev_{t+2}
样本量	86	86	86	62	46
均值	2.660	3.606	2.769	2.835	2.539
标准差	2.455	7.049	3.011	3.559	2.161
1/4 分位	1.430	1.500	1.463	1.386	1.412
中分位	1.908	1.997	1.922	1.936	1.888
3/4 分位	2.804	2.907	2.863	2.795	2.605
	b. FCFF(t-1)>0 公司的杠杆率变化趋势				
	Lev_{t-2}	Lev_{t-1}	Lev_t	Lev_{t+1}	Lev_{t+2}
样本量	50	50	50	37	26
均值	2.907	3.447	2.874	2.368	2.565
标准差	2.429	4.584	3.426	2.176	2.115
1/4 分位	1.475	1.496	1.463	1.464	1.523
中分位	2.102	2.005	1.941	1.931	1.931
3/4 分位	2.888	3.504	2.878	2.795	2.605
	c. FCFF(t-1)<0 公司的杠杆率变化趋势				
	Lev_{t-2}	Lev_{t-1}	Lev_t	Lev_{t+1}	Lev_{t+2}
样本量	36	36	36	25	20
均值	2.316	3.828	2.622	3.526	2.504
标准差	2.483	9.549	2.355	4.925	2.273
1/4 分位	1.389	1.527	1.521	1.309	1.209
中分位	1.837	1.944	1.922	1.980	1.785
3/4 分位	2.565	2.749	2.740	2.453	2.583

图 9-1 绘制了基金控股前所有公司、自由现金流为正的公司、自由现金流为负的公司杠杆率变动趋势。事实表明，除了基金控股前公司的自由现金流不足的公司，并购后一年杠杆率呈现出短暂的上升趋势，整体上样本公司的杠杆率有所降低。

a. 基金控股的所有上市公司杠杆率

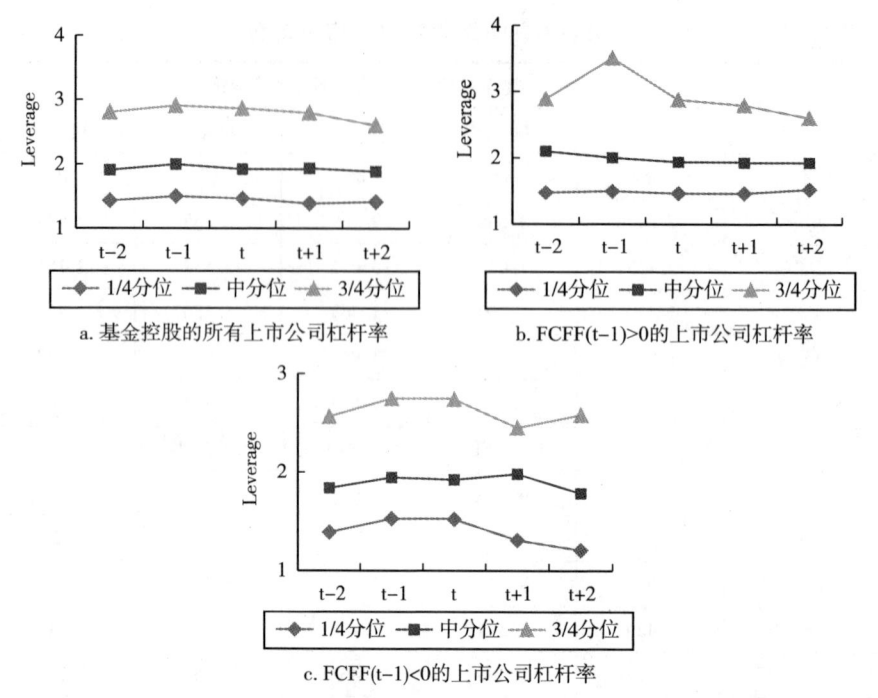

b. FCFF(t-1)>0的上市公司杠杆率

c. FCFF(t-1)<0的上市公司杠杆率

图 9-1　基金控股并购上市公司的杠杆率变化趋势

（二）资本结构变化检验

表 9-3 结果表明，并购基金收购上市公司后，其杠杆率并未发生显著的增加，反而一定程度上不显著地降低了企业财务杠杆。这与科恩等（2014）所获结论相反，其认为海外并购基金价值创造来自杠杆率提高带来的税盾效应。

表 9-3　　并购基金控股并购公司的杠杆率变化的检验

		$Lev_{t+1} - Lev_t$	$Lev_{t+2} - Lev_t$
基金控股并购的所有上市公司	均值	-0.154	-0.365
	中位数	0.014	-0.034
基金控股并购前 FCFF(t-1)>0 的上市公司	均值	-0.785	-0.381
	中位数	-0.01	-0.01

续表

		$Lev_{t+1} - Lev_t$	$Lev_{t+2} - Lev_t$
基金控股并购前 FCFF(t-1) < 0 的上市公司	均值	0.780	-0.345
	中位数	0.058	-0.137

注：***、**和*分别表示该统计量在1%、5%及10%的水平下显著。

这主要是由于我国并购基金与海外并购基金的杠杆融资结构存在区别，一方面，由于并购融资工具的缺乏，我国并购基金主要基于自身募集份额进行并购融资，高收益债券的缺乏与并购贷款的运用受到较多限制，使得其结构性融资杠杆较低，上市公司本身不存在较大的偿债压力。另一方面，并购基金还可能以有效的投后管理，从而使标的公司资本结构获得优化。

而海外杠杆收购中，主要以目标公司的资产和未来现金流为抵押，以债务融资方式收购目标公司的整体或一部分资产，杠杆收购常采用含银行贷款、高息债券、夹层债券构成的复杂资本结构。在较高的偿债压力下，标的公司的偿债能力受到较大挑战，特别对于并购前自由现金流为负的标的公司，因而海外杠杆收购中被并购企业通常可从持续的税盾效应中获益。表9-3上市公司杠杆率变化的结果虽然为负但并不显著，无法获得上市公司杠杆率显著下降的结论，因此难以推断我国并购基金主要通过资本结构优化为上市公司创造价值。

二、基金控股并购后公司业绩表现分析

（一）业绩表现趋势

表9-4给出了基金控股并购的上市公司的经营业绩。整体上，由于基金控股公司的业绩指标方差较大，本节主要观察中位数变化趋势情况。表9-4a~表9-4c反映了基金控股并购的所有上市公司的ROA、ROE、ROIC指标变化情况，观察到基金控股公司的ROA、ROE、ROIC指标中位

数分别从并购前一年的 0.719、1.055 以及 0.872 上升至两年之后的 1.247、2.970 以及 1.836，1/4 分位以及 3/4 分位数也表现出相似的变化趋势。并购基金控股的上市公司在并购后表现出业绩提升的趋势。

表 9－4　　　　　　基金控股并购公司的经营业绩变化趋势

a. 所有公司 ROA 变化趋势					
	ROA_{t-2}	ROA_{t-1}	ROA_{t0}	ROA_{t+1}	ROA_{t+2}
样本量	86	86	86	60	46
均值	0.996	－2.139	－0.162	－0.402	－0.034
标准差	9.536	16.928	10.752	10.326	14.064
1/4 分位	0.055	－5.311	－2.556	－1.209	0.018
中分位	1.332	0.719	1.124	1.162	1.247
3/4 分位	4.066	2.819	3.789	4.299	4.051
b. 所有公司 ROE 变化趋势					
	ROE_{t-2}	ROE_{t-1}	ROE_{t0}	ROE_{t+1}	ROE_{t+2}
样本量	86	86	86	60	46
均值	－0.076	－4.378	－0.280	－16.704	4.562
标准差	23.295	19.893	30.438	142.591	13.641
1/4 分位	0.000	－10.123	0.000	－0.153	0.000
中分位	2.005	1.055	1.550	2.350	2.970
3/4 分位	7.105	4.105	7.200	10.435	8.923
c. 所有公司 ROIC 变化趋势					
	$ROIC_{t-2}$	$ROIC_{t-1}$	$ROIC_{t0}$	$ROIC_{t+1}$	$ROIC_{t+2}$
样本量	85	85	85	60	45
均值	0.789	－2.873	－0.008	－19.265	－3.057
标准差	11.979	28.121	18.234	142.567	38.908
1/4 分位	0.000	－8.677	－2.696	－1.202	－0.454
中分位	2.313	0.872	1.217	1.320	1.836
3/4 分位	4.805	3.556	5.666	5.744	6.404

续表

d. ROA(t-1)>0 公司的 ROA 变化趋势						
	ROA_{t-2}	ROA_{t-1}	ROA_{t0}	ROA_{t+1}	ROA_{t+2}
样本量	52	52	52	38	32
均值	3.606	4.747	2.033	2.535	0.901
标准差	8.106	7.594	10.312	4.126	5.372
1/4 分位	0.729	1.009	-0.103	0.422	-0.426
中分位	2.547	2.067	1.736	1.650	1.081
3/4 分位	5.590	5.442	6.434	4.430	3.018

e. ROA(t-1)>0 公司的 ROE 变化趋势						
	ROE_{t-2}	ROE_{t-1}	ROE_{t0}	ROE_{t+1}	ROE_{t+2}
样本量	52	52	52	38	32
均值	5.493	6.646	2.379	4.776	1.665
标准差	14.329	7.032	19.371	8.757	11.211
1/4 分位	0	1.845	-0.21	0.795	-0.193
中分位	3.755	3.757	3.884	3.795	2.445
3/4 分位	9.18	11.333	9.823	9.548	7.39

f. ROA(t-1)>0 公司的 ROIC 变化趋势						
	$ROIC_{t-2}$	$ROIC_{t-1}$	$ROIC_{t0}$	$ROIC_{t+1}$	$ROIC_{t+2}$
样本量	51	51	51	37	31
均值	3.998	8.401	3.717	3.028	0.072
标准差	8.811	19.399	15.516	5.435	9.183
1/4 分位	0.744	1.229	-0.481	0.573	-1.402
中分位	3.099	2.609	2.438	2.237	1.411
3/4 分位	6.146	7.049	8.228	6.355	5.323

g. ROA(t-1)<0 公司的 ROA 变化趋势						
	ROA_{t-2}	ROA_{t-1}	ROA_{t0}	ROA_{t+1}	ROA_{t+2}
样本量	34	34	34	22	14
均值	-2.997	-12.67	-3.519	-5.474	-2.172

续表

\multicolumn{6}{c	}{g. ROA(t-1)<0 公司的 ROA 变化趋势}
	ROA_{t-2}	ROA_{t-1}	ROA_{t0}	ROA_{t+1}	ROA_{t+2}
样本量	34	34	34	22	14
标准差	10.272	21.447	10.689	15.067	24.673
1/4 分位	-3.741	-12.127	-5.59	-11.49	0.285
中分位	0.407	-8.296	0.761	-0.138	2.79
3/4 分位	1.88	-4.581	1.464	3.346	6.062

\multicolumn{6}{c	}{h. ROA(t-1)<0 公司的 ROE 变化趋势}
	ROE_{t-2}	ROE_{t-1}	ROE_{t0}	ROE_{t+1}	ROE_{t+2}
样本量	34	34	34	22	14
均值	-8.592	-21.239	-4.348	-53.805	11.185
标准差	30.933	21.412	42.169	233.905	16.628
1/4 分位	-3.532	-27.208	0.000	-16.925	0.425
中分位	0.840	-16.495	1.075	0.895	3.375
3/4 分位	4.055	-6.808	2.530	14.213	16.088

\multicolumn{6}{c	}{i. ROA(t-1)<0 公司的 ROIC 变化趋势}
	$ROIC_{t-2}$	$ROIC_{t-1}$	$ROIC_{t0}$	$ROIC_{t+1}$	$ROIC_{t+2}$
样本量	34	34	34	21	13
均值	-4.024	-19.784	-5.596	-60.378	-10.752
标准差	14.417	30.848	20.687	239.113	72.455
1/4 分位	-4.440	-16.263	-6.156	-24.765	0.561
中分位	0.440	-11.619	0.880	0.300	3.735
3/4 分位	3.615	-5.320	2.055	5.557	14.321

本节进一步依据标的公司并购前一年总资产收益率（ROA）情况，将其分类为盈利公司［ROA(t-1)>0］与亏损公司（ROA(t-1)<0），研究并购基金控股收购对该两类不同经营状况公司的影响。表 9-4d ~ 表 9-4f 表明盈利公司被控股后经营业绩有所降低，从均值和中位数变化情况来看，总资产收益率（ROA）和投入资本回报率（ROIC）在并

第九章 控股型并购基金价值创造机制的实证研究

购当年及并购后表现出连续的下降趋势，净资产收益率（ROE）均值则在并购后第一年大幅上升而后表现为明显的下降。表9-4g~表9-4i表明亏损公司被控股后的经营业绩改善明显，各分位数的变化情况均表明亏损公司并购后第二年绩效较并购前一年明显改善。图9-2绘制了业绩变化趋势。因此，从描述性统计结果发现，上市公司并购后的业绩改善主要来自亏损公司的贡献。

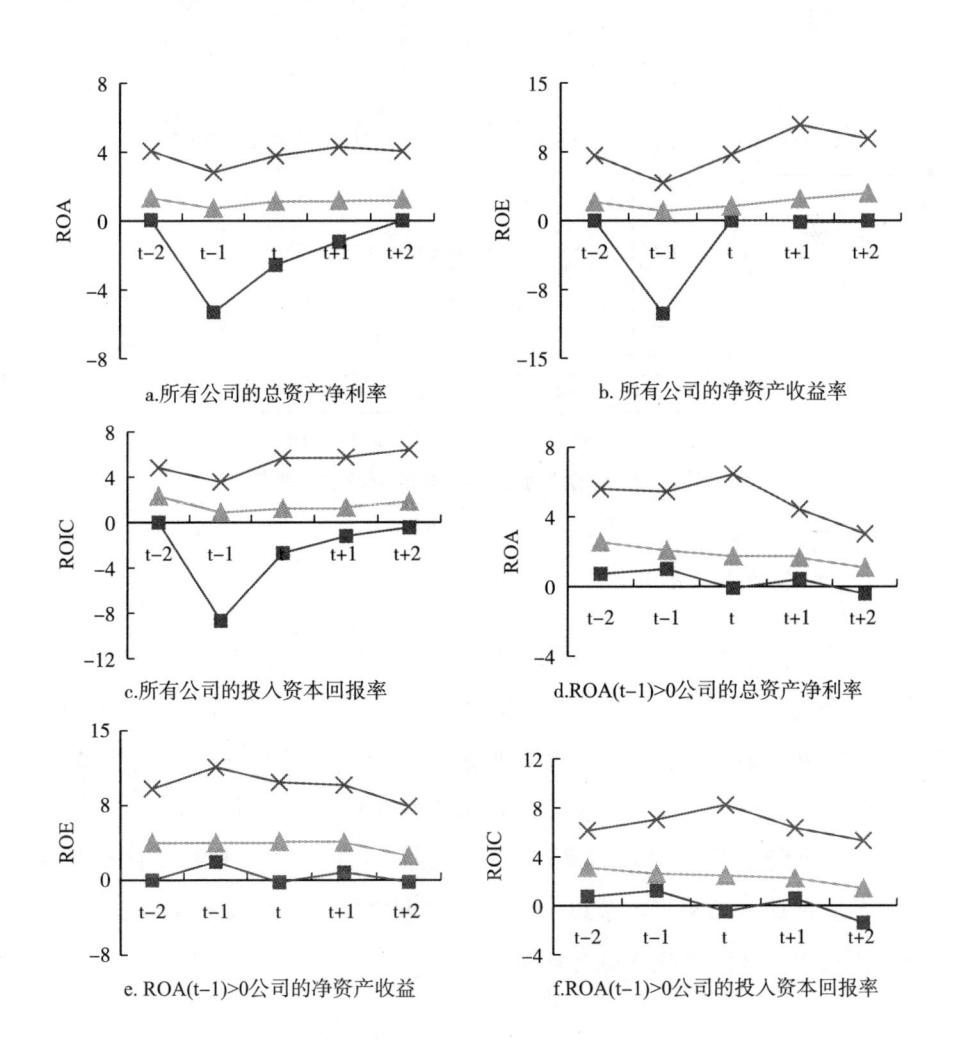

a. 所有公司的总资产净利率

b. 所有公司的净资产收益率

c. 所有公司的投入资本回报率

d. ROA(t-1)>0公司的总资产净利率

e. ROA(t-1)>0公司的净资产收益

f. ROA(t-1)>0公司的投入资本回报率

g. ROA(t−1)<0公司的总资产净利率

h. ROA(t−1)<0公司的净资产收益率

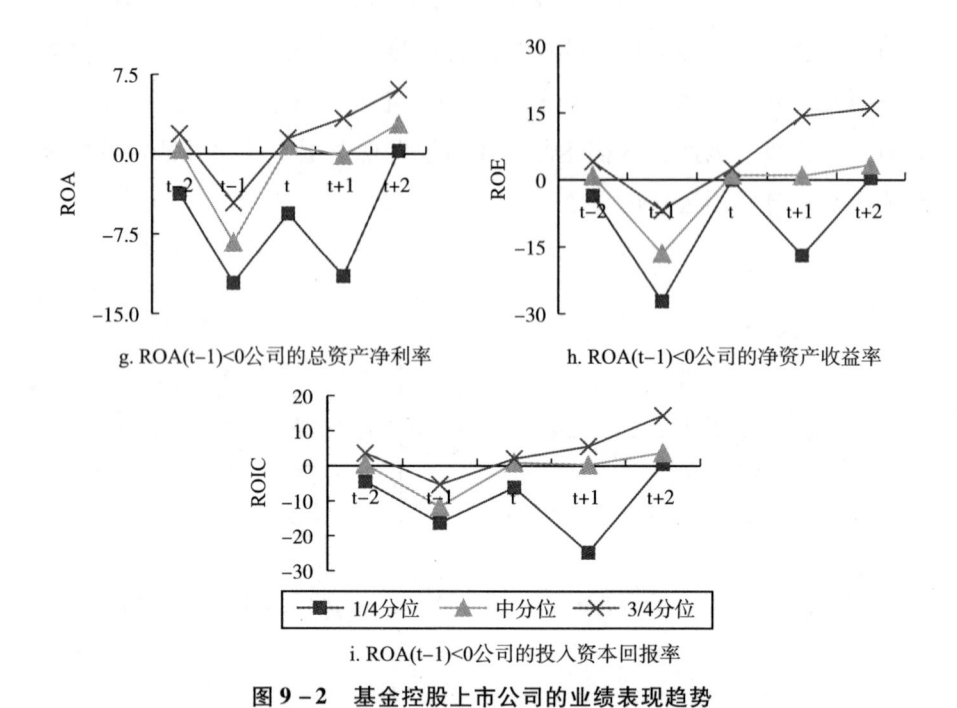

i. ROA(t−1)<0公司的投入资本回报率

图9−2 基金控股上市公司的业绩表现趋势

（二）业绩表现检验

本节采用配对 T 检验与秩和检验的方法，分析基金控股并购公司的经营业绩变化。由表 9−5 检验结果表明，平均意义上基金控股后上市公司业绩改善并不显著，盈利公司被控股后呈现出经营业绩显著变差的趋势，亏损公司被控股后呈现出经营业绩显著变好的趋势。因此，推断经营业绩变动是因业绩表现向平均水平回复的原因所引起，而不是并购基金带来的。为验证这一结果，本节以同一会计年度中同行业业绩变动作为基准，对上市公司的业绩变化重新分析。

第九章 控股型并购基金价值创造机制的实证研究

表 9 – 5　　　　　基金控股并购公司的经营业绩变化检验

a. 所有控股并购公司业绩变化的检验

		t−1 到 t+1	t−1 到 t+2	t−2 到 t+1	t−2 到 t+2
ΔROA	均值	2.112	−0.961	2.155	−1.410
	中位数	0.344	−0.903	−0.267	−1.117
	样本量	60	60	46	46
ΔROE	均值	−11.908	−13.965	5.652	7.149
	中位数	0.495	0.625	0.015	0.225
	样本量	60	60	46	46
ΔROIC	均值	−15.955	−19.024	−0.255	−3.347
	中位数	0.146	−0.459	−0.213	−0.933
	样本量	60	60	46	46

b. 控股并购前盈利公司业绩变化的检验

		t−1 到 t+1	t−1 到 t+2	t−2 到 t+1	t−2 到 t+2
ΔROA	均值	−2.452**	−1.311***	−4.054	−2.936**
	中位数	−0.761*	−0.806***	−1.396	−1.197*
	样本量	38	38	32	32
ΔROE	均值	−1.207	0.711**	−4.134	−2.359
	中位数	−0.370	0.625*	−1.230	−1.050
	样本量	38	38	32	32
ΔROIC	均值	−6.133**	−0.589**	−9.599	−3.289*
	中位数	−0.389	0.178	−2.287	−1.280
	样本量	38	38	32	32

c. 控股并购前亏损公司业绩变化的检验

		t−1 到 t+1	t−1 到 t+2	t−2 到 t+1	t−2 到 t+2
ΔROA	均值	9.996	−0.357	16.345	2.077
	中位数	5.705**	−1.005**	14.751	0.393
	样本量	22	22	14	14

续表

c. 控股并购前亏损公司业绩变化的检验

		t-1 到 t+1	t-1 到 t+2	t-2 到 t+1	t-2 到 t+2
ΔROE	均值	-30.391	-39.313	28.021	28.881
	中位数	19.705*	1.264***	20.420	12.240**
	样本量	22	22	14	14
ΔROIC	均值	-32.921	-50.867	21.104	-3.479
	中位数	7.574	-2.751	20.581	4.474
	样本量	22	22	14	14

注：***、**和*分别表示该统计量在1%、5%及10%水平下显著。

（三）"年—行业"均值调整的业绩表现变化分析

本部分所有控股并购公司的"年—行业"均值调整的业绩变化的检验条件为"年—行业"业绩变动与公司业绩变动相等。获得表9-6经"年—行业"业绩变动均值调整的业绩变化检验结果。表9-6a结果表明平均意义上控股并购没有显著为正或者为负的价值创造效应。

表9-6　　　　基金控股并购公司的调整经营业绩变化检验

a. 所有控股并购公司的"年-行业"调整的业绩变化的检验

		t-1 到 t+1	t-1 到 t+2	t-2 到 t+1	t-2 到 t+2
ROA_adj	均值	1.097	-1.702	2.049	-1.620
	中位数	0.003	-0.488	-0.036	-1.225
	样本量	50	47	39	36
ROE_adj	均值	3.698	1.428	4.928	8.680*
	中位数	0.601	0.050	-1.050	2.519
	样本量	50	47	39	36

续表

b. 控股并购前盈利公司的"年–行业"调整的业绩变化检验

		t-1 到 t+1	t-1 到 t+2	t-2 到 t+1	t-2 到 t+2
ROA_adj	均值	-3.099**	-1.327	-4.629***	-2.987*
	中位数	-0.967**	-0.357	-2.923	-3.969
	样本量	33	30	27	24
ROE_adj	均值	-2.813*	1.580	-5.999**	-1.548
	中位数	-1.583	2.426	-9.442**	-1.382
	样本量	33	30	27	24

c. 控股并购前亏损公司的"年–行业"调整的业绩变化的检验

		t-1 到 t+1	t-1 到 t+2	t-2 到 t+1	t-2 到 t+2
ROA_adj	均值	9.243	-2.362	17.075*	1.113
	中位数	5.541	-0.626	14.943**	1.114
	样本量	17	17	12	12
ROE_adj	均值	16.336*	1.159	29.515**	29.137**
	中位数	18.922*	-4.490	23.209***	14.396*
	样本量	17	17	12	12

注：***、**和*分别表示该统计量在1%、5%及10%水平下显著。

如果并购基金选择了控股前 ROA 为正的公司，则排除均值回复的原因之外，控股前后公司 ROA 降低幅度应当小于行业 ROA 的降幅，因此，配对 T 检验的假设条件设为同一时期公司 ROA 变化与行业 ROA 变化之差大于零。表 9-6b 结果表明，并购基金控股公司控股前一年至后一年的业绩表现（t-1 到 t+1）显著劣于同期行业平均业绩表现；控股前两年至后一年的业绩表现（t-2 到 t+1）更加显著地劣于同期行业水平。基金控股公司的 ROE 检验结果相似。

如果并购基金选择了控股前亏损公司，则排除均值回复的原因之外，控股前后公司 ROA 提升幅度应当大于行业 ROA 的涨幅，因此，配对 T 检验的假设条件设为同一时期公司 ROA 变化与行业 ROA 变化之差大于零。

表9-6c结果表明，并购基金控股公司控股前两年至后一年的业绩提升（t-2到t+1）显著优于同期行业平均业绩表现。而净资产收益率ROE业绩指标检验结果显示，控股前后一年（t-1到t+1）、控股前后两年（t-2到t+2）以及控股前两年至控股后一年（t-2到t+1）业绩提升效果显著好于同行业水平。

虽然经过行业平均绩效调整后，整体而言上市公司盈利能力改善并不明显，但对于并购前$ROA_{i,t-1}<0$公司所表现的并购后业绩提升现象，在经过行业平均调整后，表现出业绩更佳的显著结果，说明并购基金对陷入盈利困境的并购标的具有比较明显的经营绩效改善作用。

三、基金控股并购后公司价值变化分析

（一）公司价值变化趋势

表9-7给出了基金控股并购后公司价值评估的相关变量。由于金融机构的估值方法与其他类型公司的估值方法不同且可对比性不强，因此本节删除了金融类机构的样本。表9-7a~表9-7c为所有公司样本、控股前盈利公司样本、控股前亏损公司样本的企业估值倍数（EV/EBITDA）变化情况，同样由于标准差过大本书主要从中位数趋势进行分析，从中位数趋势来看，基金控股并购后的企业估值倍数其总体样本及分类样本均有所提升。由表9-7d~表9-7f，总体来说企业Z值基本在并购后获得提升，尤其是控股前亏损企业其财务状况明显好转，破产风险大幅降低。表9-7g~表9-7i为企业价值（EV）趋势变化与其他变量类似，表明标的企业在并购后获得价值提升。

第九章 控股型并购基金价值创造机制的实证研究

表 9-7　　基金控股并购公司的企业价值变化趋势

	a. 所有控股公司的估值倍数				
	EVG_{t-2}	EVG_{t-1}	EVG_{t0}	EVG_{t+1}	EVG_{t+2}
样本量	85	85	85	85	85
均值	25.357	12.248	50.342	53.544	-203.88
标准差	109.50	129.04	1254.1	999.07	2531.0
1/4 分位	10.039	-28.134	-50.412	-49.404	-54.988
中分位	26.200	20.326	27.394	24.339	30.126
3/4 分位	55.680	50.275	78.508	91.532	84.584

	b. 控股前盈利公司的估值倍数				
	EVG_{t-2}	EVG_{t-1}	EVG_{t0}	EVG_{t+1}	EVG_{t+2}
样本量	52	52	51	51	51
均值	17.350	-44.694	-75.31	13.948	-92.45
标准差	120.02	89.211	1218.2	1114.95	1218.9
1/4 分位	11.250	-82.506	17.946	12.852	-17.344
中分位	27.445	-36.388	28.558	26.737	31.098
3/4 分位	51.576	9.801	64.934	90.778	80.925

	c. 控股前亏损公司的估值倍数				
	EVG_{t-2}	EVG_{t-1}	EVG_{t0}	EVG_{t+1}	EVG_{t+2}
样本量	34	34	34	34	34
均值	34.079	-29.195	239.63	135.18	-326.83
标准差	93.114	156.78	1301.5	771.87	3751.6
1/4 分位	-8.578	-66.585	-115.01	-53.487	-153.41
中分位	25.791	-30.151	-35.328	-4.183	4.095
3/4 分位	56.404	29.761	101.45	89.020	73.602

	d. 所有控股公司的 Z 值				
	Zs_{t-2}	Zs_{t-1}	Zs_{t0}	Zs_{t+1}	Zs_{t+2}
样本量	85	85	85	58	44
均值	5.422	5.218	8.755	13.001	8.019
标准差	8.429	8.498	12.414	34.894	13.068

续表

	\multicolumn{5}{c}{d. 所有控股公司的 Z 值}
	Zs_{t-2}	Zs_{t-1}	Zs_{t0}	Zs_{t+1}	Zs_{t+2}
1/4 分位	1.300	1.644	1.899	1.811	1.433
中分位	2.821	2.812	4.017	3.975	4.212
3/4 分位	6.111	5.172	9.647	8.216	8.178
	\multicolumn{5}{c}{e. 控股前盈利公司的 Z 值}
	Zs_{t-2}	Zs_{t-1}	Zs_{t0}	Zs_{t+1}	Zs_{t+2}
样本量	51	51	51	37	31
均值	6.959	6.316	8.015	6.828	5.949
标准差	10.029	9.225	10.890	7.591	7.208
1/4 分位	1.715	2.124	2.394	1.970	1.552
中分位	4.346	3.128	4.406	4.017	3.643
3/4 分位	6.807	5.443	8.597	8.226	5.394
	\multicolumn{5}{c}{f. 控股前亏损公司的 Z 值}
	Zs_{t-2}	Zs_{t-1}	Zs_{t0}	Zs_{t+1}	Zs_{t+2}
样本量	34	34	34	21	13
均值	3.117	3.570	9.865	23.876	12.954
标准差	4.395	7.085	14.508	56.318	21.087
1/4 分位	0.961	0.792	1.209	1.370	1.312
中分位	1.658	2.112	2.619	3.745	7.459
3/4 分位	3.557	3.634	12.668	8.184	9.505
	\multicolumn{5}{c}{g. 所有控股公司的价值变动（亿元）}
	EV_{t-2}	EV_{t-1}	EV_{t0}	EV_{t+1}	EV_{t+2}
样本量	85	85	85	84	86
均值	32.40	35.40	52.50	59.70	68.30
标准差	44.30	39.30	52.40	53.20	78.10
1/4 分位	13.00	15.00	20.00	19.50	20.00
中分位	21.00	24.00	31.00	48.50	47.50
3/4 分位	34.00	41.00	75.00	83.00	87.00

续表

	h. 控股前盈利公司的价值变动（亿元）				
	EV_{t-2}	EV_{t-1}	EV_{t0}	EV_{t+1}	EV_{t+2}
样本量	51	51	51	51	52
均值	35.80	35.70	54.70	59.10	77.00
标准差	47.20	43.00	59.00	53.30	94.30
1/4 分位	16.00	14.00	19.00	19.00	18.50
中分位	22.00	21.00	37.00	48.00	48.50
3/4 分位	42.00	41.00	77.00	83.00	90.00
	i. 控股前亏损公司的价值变动（亿元）				
	EV_{t-2}	EV_{t-1}	EV_{t0}	EV_{t+1}	EV_{t+2}
样本量	34	34	34	33	34
均值	27.30	34.90	49.30	60.60	55.00
标准差	39.80	33.60	41.20	53.80	40.70
1/4 分位	11.00	17.00	22.00	30.00	22.00
中分位	16.00	26.00	28.50	49.00	45.00
3/4 分位	32.00	42.00	71.00	69.00	87.00

（二）公司价值变化检验

表 9-8 给出了企业价值估值倍数、Z 值和企业价值（EV）变量并购后与并购前差值的 T 检验与秩和检验的结果。对总体样本而言，企业估值倍数的变化并不显著，但 Z 值检验结果表明并购后企业的破产风险有所降低，财务状况改善明显，同时企业价值（EV）则在并购后获得显著提升。对盈利公司，并购后企业价值（EV）获得大幅的显著提升，企业估值倍数、破产风险则无显著变化。对亏损公司，企业的破产风险大幅下降，企业价值（EV）显著提升。因此，本节推断并购基金的价值创造机制在于通过并购重组所带来的资产整合一定程度上改善企业的财务状况，降低其破产风险，使得投资者预期上升，并体现在被并购公司的市场价值获得显著提升。

表9–8　　　　　基金控股并购公司的企业价值变化检验

a. 所有控股公司价值变化的检验

		t−1到t+1	t−1到t+2	t−2到t+1	t−2到t+2
EV/EBITDA	均值	53.263	40.406	−193.406	−206.543
	中位数	9.08	2.645	4.73	2.17
	样本量	84	84	85	85
Z_score	均值	8.162**	8.190**	3.042**	2.497
	中位数	0.765***	1.370*	0.846***	0.446
	样本量	60	60	45	45
EV	均值	24.20***	27.00***	33.80***	36.80***
	中位数	16.50	23.50	16.00	26.00
	样本量	84	84	85	85

b. 控股前盈利公司的企业价值变化检验

		t−1到t+1	t−1到t+2	t−2到t+1	t−2到t+2
EV/EBITDA	均值	−23.736	−3.449	−126.791	−106.504
	中位数	8.770	4.870	6.880	1.690
	样本量	51	51	51	51
Z_score	均值	0.941	0.684	0.581	−0.265
	中位数	0.713	0.812	0.574	0.200
	样本量	37	37	31	31
EV	均值	23.40***	23.20***	42.90***	42.70***
	中位数	18.00***	24.00***	26.00***	29.00***
	样本量	51	51	51	51

c. 控股前亏损公司的企业价值变化检验

		t−1到t+1	t−1到t+2	t−2到t+1	t−2到t+2
EV/EBITDA	均值	172.262	108.181	−293.328	−356.601
	中位数	11.530	−7.510	4.420	9.100
	样本量	33	33	34	34
Zscore	均值	19.779**	20.264**	8.491**	8.613**
	中位数	1.705**	2.699**	4.753***	2.781**
	样本量	23	23	14	14

续表

c. 控股前亏损公司的企业价值变化检验

		t-1 到 t+1	t-1 到 t+2	t-2 到 t+1	t-2 到 t+2
EV	均值	25.40***	32.80***	20.10***	27.80***
	中位数	15.00***	23.00***	11.00***	19.00***
	样本量	33	33	34	34

注：***、** 和 * 分别表示该统计量在1%、5%及10%水平下显著。

第四节 本章小结

本章以2001年1月1日至2015年12月31日之间并购基金控股并购的上市公司为研究样本，采用财务分析法，分析上市公司的资本结构、业绩表现、企业价值在并购前后的变化，尝试探索控股型并购基金的价值创造机制。研究结论为：

第一，对并购基金控股后上市公司资本结构的分析表明，虽然总体来看并购后上市公司杠杆率有所降低，但资本结构变化检验结果并不显著，因此难以推断并购基金能通过资本结构优化为上市公司带来价值。

第二，虽然经过行业平均绩效调整后，整体而言上市公司盈利能力改善并不明显，但对于并购前亏损公司在经过行业平均调整后表现出业绩更佳的显著结果，说明并购基金对陷入亏损困境的并购标的具有比较明显的经营绩效改善作用。

第三，对标的公司价值变化检验结果表明，企业被并购后其破产风险显著降低，财务状况改善明显，以EV衡量的企业价值在并购后获得显著提升。因此，并购基金的价值创造作用体现在对标的企业市场估值的改善以及破产风险的降低。

第四，总体来看，相较于盈利企业，并购基金对亏损公司的价值提升作用更加明显，对亏损企业盈利能力的提升、破产风险的降低以及企业估值的改善作用较大。

  综合来看，本书推断我国控股型并购基金的价值创造机制并非主要来源于为企业提供融资通道、改善企业的盈利能力，而是通过并购重组所带来的资产整合有效降低其破产风险，使得投资者预期上升，从而被并购公司的市场价值获得显著提升。同时，相比于盈利企业，并购基金对亏损企业的业绩改善、破产风险消除及市值提升作用十分明显。

第十章

研究结论、建议与展望

第一节 研究结论

我国并购基金经过近二十年时间的快速发展，已成为我国资本市场中重要的机构投资者之一，其在推动我国经济转型升级以及资本市场健康发展方面发挥着重要的作用。但并购基金如何创造价值以及如何更好地创造价值，需要进行更加系统深入的研究，以便不断完善我国并购基金发展所需的市场环境、政策环境，提升我国并购基金的运营管理效率，从而为并购基金的各方利益主体创造更大的价值。

基于此，本书对我国并购基金的价值创造模式、价值创造效应以及价值创造机制进行研究。在研究过程中，本书首先对国内外并购基金价值创造的相关文献以及理论基础进行了综述，然后在对海外并购基金价值创造研究的基础上，对我国并购基金价值创造的背景、机遇与挑战以进行了分析与研究，并运用定性分析与定量研究相结合的研究方法，对我国并购基金的价值创造模式、价值创造效应及其影响因素进行了分析。具体而言，本书研究的主要结论如下：

第一，并购基金的价值创造主要体现在帮助标的企业实现价值增长，其作用体现在以下两个方面：一是宏观上积极参与到全球产业结构调整的过程中去，促进了全球技术、人才、资本等生产要素的重新配置，推动了全球产业的转型及技术的创新发展；二是微观上主导或者协助企业完成并购活动，是并购活动的主要参与者和并购融资工具的主要提供者。并购基金价值创造效应最终是通过并购基金的成功溢价退出来实现的，而溢价退出又主要取决于被并购企业是否在被并购基金并购后实现了内在价值的增长。

第二，海外并购基金价值创造功能的实现，受到全球并购浪潮、宏观经济周期、金融制度变迁以及公司治理结构变革等外部因素的影响呈现出一定的周期性，并在发展周期中形成了稳定的投资人结构、成熟的合约及组织形式，以及高杠杆的财务结构特点。而海外并购基金高杠杆与控制权获取为核心的价值创造模式，使其价值创造具有内生性和自发性：高杠杆为对管理层形成了"软性约束机制"，而以控制权为基础的公司治理则有效减弱了委托—代理问题。

第三，我国并购基金面临的机遇和挑战并存，传统产业转型、资本市场改革、"一带一路"倡议机遇等为并购基金的价值创造实现提供了有利的条件，特殊的宏观经济政治环境塑造了独具特色的"中国式并购基金"，但本土并购基金在快速成长的同时，也面临着融资、退出、内部委托—代理风险以及谋求转型的困境。

第四，我国控股型并购基金在实际运作中，往往会在对被并购企业实施内部整合的基础上，通过资源整合、资产重组等手段实现被并购企业的内在价值的增长，并通过分拆、上市、二次转让或管理层回购等形式实现获利退出。我国参股型并购基金在实际运作中，在被并购企业中的话语权相对较小，只能起到资金支持或财务顾问的作用，往往无法在被并购企业的内部资源、外延式发展中起到关键性作用。"上市公司+PE"型并购基金致力于上市公司所在的产业发展，其价值创造作用体现在：一是为上市公司拓宽并购融资渠道、提高并购效率、实现资源优化配置提供了便利；二是帮助标的企业合理避税、减少债务、改善经营管理；三是对并购基金

第十章 研究结论、建议与展望

投资者可提前锁定退出渠道，享受 A 股市场高估值带来的股票收益。

第五，上市公司设立并购基金具有价值创造效应，体现为上市公司设立并购基金能使其股价在短期内表现为超额收益。在其他条件相同的情况下，设立并购基金的上市公司对于可比公司而言，能在较短期内获得相对较高收益，但在更长的期限内相对收益并不明显。进一步检验发现，总体上大股东或高管参股并购基金会减弱并购基金对上市公司的价值创造效应，而并购基金管理公司/GP 承诺出资比例与上市公司的价值创造效应则呈现正向变动关系。

第六，我国并购基金在控股收购上市公司后，短期内上市公司的股价收益率能得到显著的提升，而金融资本背景并购基金其并购标的股价收益率的提升更加明显，因此，推断我国金融背景较为深厚的并购基金具有较强的市值管理水平，但经营利润的提高需要更多的产业资本经验，对于产业资本背景设立的并购基金尚处于发展初期，其价值创造功能还有待研究。而从中长期视角来看，并购基金对上市公司的控股并购将显著提高上市公司的经营效率，对于其内在价值的提升有所助益。实证结果说明了并购基金具有价值创造作用，能显著提高被并购企业的市场价值和内在价值。

第七，整体来看，参股型并购基金对上市公司的价值创造效应有限。参股型并购基金主要作为上市公司的资金提供方而出现，并不参与上市公司的经营管理。我国并购基金参股收购上市公司后，上市公司的短期收益率能得到显著提升，但长期收益率提升却不明显。同时，并购基金参股无法提高上市公司的中长期经营效率，参股型并购基金对投资标的内在价值创造有限。

第八，我国控股型并购基金的价值创造机制并非主要来源于为企业提供融资通道、改善企业的盈利能力，而是通过并购重组所带来的资产整合有效降低其破产风险，使得投资者预期上升，从而被并购公司的市场价值获得显著提升。同时，相比于盈利企业，并购基金对亏损企业的业绩改善、破产风险消除及市值提升作用十分明显。

第二节 政策建议

2000年以来，我国并购基金以其灵活的运行机制获得了快速的发展，而2010年以来我国并购市场政策体系的不断完善更赋予了并购基金难得的成长机遇，当前我国已构建了自上而下的并购市场政策体系，但政策环境约束较多、政策细则落实困难以及随之导致的并购市场效率不足等，仍是阻碍我国并购基金发展的主要障碍，我国并购基金与成熟市场并购基金相比仍存在较大差距。未来我国还应在优化并购市场制度及政策环境，规范我国并购基金运作模式以及加快本土并购基金转型升级等方面有所突破，以推进我国并购基金的健康发展。

一、优化我国并购市场的制度环境

我国并购基金的实际运作过程中，存在着控股型并购基金发展受限的问题。尽管比较研究与实证分析的结论显示，控股型并购基金无论从价值创造机制还是效果均优于参股型并购基金[1]，但融资工具缺乏、支付手段单一、退出渠道狭窄以及职业经理人市场尚不成熟等并购市场制度因素使我国控股型并购基金在融投管退各个阶段均遭遇困境，参股型并购基金仍是我国当前并购基金的主要类型。不断优化并购市场制度环境，实现并购

---

[1] 在对我国控股及参股型并购基金价值创造模式及效应的研究中，本书发现控股型并购基金较参股型并购基金具有明显优势：一是通过控股权保证了投资机构对被并购方进行资产重组、公司治理改善的过程中增值权利的最大化；二是控制权获取是并购方对被并购方实施"积极监督"的内在机制，能够有效较少项目运营过程中的委托—代理问题。实证研究的结果也支持了以上结论，即控股型并购基金具有短期市场价值提升以及中长期的经营效率改善的作用，而参股型并购基金的价值创造作用则相对有限。另外，将我国参股型并购基金与海外并购基金相比，海外并购基金的高杠杆以及控制权获取的运行特征使其价值创造具有内生性和自发性，而参股型并购基金并不具备以上两个特征，其价值创造效果的不确定性更大。

第十章 研究结论、建议与展望

基金投资策略的多样化,对我国并购基金的发展具有重要的意义。

第一,进一步鼓励职业经理人市场的快速发展。当前我国职业经理人文化尚未形成,本土并购基金难以通过成熟的职业经理人市场获得管理经验丰富的职业经理人,因此在投后管理中往往依赖于原有管理层,大大降低了并购整合效率。未来应从政策上不断规范和引导职业经理人市场的建设,完善职业经理人激励机制,充分调动职业经理人的积极性和责任感,以提高本土并购基金的投后管理水平。

第二,拓宽并购融资渠道,提供多样化的金融创新工具。在我国并购基金面临资金来源匮乏,支付手段较为单一的困境,同时由于收购过程中债权义务人是并购基金本身而非收购标的企业,并购风险较大。未来可从两个方面着手:一是引导商业银行在保持风险可控前提下积极开展并购贷款业务,为并购基金提供优先级的债务支持;二是大力支持并购基金或并购基金联合并购企业发行普通股、优先股以及可转债等,为并购提供劣后级债务以及股权支持,形成结构性融资,合理放大融资杠杆。

第三,推进我国金融市场体系改革发展,为并购基金提供良好的投资退出渠道。当前我国并购基金退出渠道单一且受限较多,新股发行节奏变化以及交易信息的不对称使得传统以 IPO、股权转让为主的项目退出方式遭遇困境。未来应进一步完善资本市场结构、加强多层次资本市场建设、加快推进股票发行注册制改革、推动新三板股权融资机制成熟、创新债券市场产品并提供配套政策环境等以促进我国金融市场体系改革发展,为我国并购基金提供适宜的金融市场环境。

二、优化我国并购基金的政策环境

我国并购基金的发展离不开并购重组政策的大力支持,但当前我国并购重组市场仍面临审批较多、服务体系不健全、体制机制不完善、跨地区跨所有制兼并重组困难等系列问题,并购基金发展的政策环境亟须优化。因此,应从审批制度、财税政策、产业政策、体制机制等方面进一步优化并购重组政策环境，提高我国并购重组的市场化运作水平和并购基金的资源配置效率。

第一，在审批制度方面，我国应以进一步取消下放部分审批事项，简化审批程序，对并购基金的募集、备案、投资等环节的审批流程进行优化，缩短审批时间。

第二，在财税政策方面，我国应进一步完善和细化并购重组相关的财税政策，如在企业所得税、增值税方面给予私募股权投资机构、并购标的公司适当优惠；同时加大财政资金投入，引导企业通过并购重组实施转型升级，进而带动并购基金的发展。

第三，在产业政策方面，我国应支持企业通过并购重组淘汰过剩产能，实现产业升级。特别是推动优势企业实施战略性重组，鼓励企业间的战略性联合，同时带动中小企业围绕业务核心发展，注重提高其技术创新和市场竞争策略的灵活性，形成龙头企业与中小企业协调发展的产业格局。对并购基金参与的并购重组活动，给予产业政策方面的扶持。

第四，在体制机制方面，我国应进一步深化要素配置市场化改革，加快建立现代企业产权制度，促进产权顺畅流转，尤其是打破针对民营资本的"天花板"和"玻璃门"，对非明确禁止民营资本进入的行业和领域应鼓励民营资本进入，形成民营资本与国有资本应互相融合的市场化竞争格局。同时，还应积极推进国有企业改革，发展混合所有制经济，扫除我国并购基金发展的体制机制障碍。

三、规范我国并购基金的运作模式

第一，应加强对并购基金内幕交易以及市场操纵行为的监督。尽管《证券法》《上市公司信息披露管理办法》《证券市场内幕交易行为认定指引》《证券市场操纵行为认定指引》对内幕交易及市场操纵等证券投资违法行为作出了严格的规范，但在我国并购基金产融互动的价值创造机制下，仍然存在股价操纵和内幕交易风险。并购基金持有上市公司股权之前，可能与上市公司大股东或高管存在联结，知悉上市公司的内幕信息，从而借市值管理之名，通过并购重组、战略合作等与上市公司内部人进行联合炒作，推高股价，形成"大股东/高管减持—并购基金减持—共同获利"的利益输送链条，完成一二级市场的套利。因此，针对一些并购基金触碰监管红线的行为，应进一步加强法律约束及监管强度，加强投资者保护力度，同时构建行业自律协会备案、同业监督以及证券监督机构监管的三位一体的监督机制，以更好地规范我国并购基金的运作行为，使其回到基于产业发展的价值发现、价值提升以及价值实现的价值创造模式来。

第二，应积极解决 PE 与上市公司共同成立并购基金进行产业投资过程中存在的利益分配冲突。在该模式下的二次收购过程中，目标资产装入上市公司时，上市公司与 PE 就资产估值存在利益冲突，上市公司出于自身利益希望尽量降低估值而 PE 则相反。在此，应通过制定适当的合伙协议构建上市公司与 PE 之间的合理利益分配机制，对上市公司回购价格、回购方式进行明确的规定，同时也可通过 PE 反向增持上市公司股份形成利益共同体，以减少二次收购中的利益冲突。

第三，应加强对上市公司大股东或高管关联交易行为的监督，保护中小投资者利益。本书实证研究发现"上市公司 + PE"模式下大股东或高管的参与减弱了并购基金的价值创造效应。一方面，大股东或高管参股并购基金时其作为并购基金投资者，当上市公司对并购基金投资标的进行二次收购时将构成关联交易，大股东或高管存在促成上市公司以较高估值进行二次收购的利益动机；另一方面大股东或高管还可能作为并购基金投资决策委员会委员，参与或监督并购基金的投资决策，为其有意提高并购标的估值提供了便利。因此，在二次收购过程中应对并购交易的公允价格进行监督，防止关联交易及信息不对称造成的中小投资者利益损害。

四、加快我国并购基金的转型升级

一是投资模式转型，由参股向控股转型。本研究发现，控股型并购基金无论从价值创造机制还是效果均优于参股型并购基金。因此应积极推进我国并购基金由参股型向控股型转变，在控制权获取、经理人市场发展以及融资退出渠道拓宽等方面为并购基金转型创造有利的政策条件。二是投资功能转型，由投机型向投资型转型。并购基金价值创造作用的根本来源在于投资标的内在价值的增长，海外并购基金存续期较长且多以封闭式运行保证了其对并购标的治理监督的长期性，而我国并购市场中部分并购基金擅长短期项目投资，一年内即退出标的[①]，投机性大于投资性，存在内幕交易及市场操纵之嫌，扰乱了证券市场秩序，因此应积极推进并购基金投资功能的转型。三是制度转型，配套人才培养模式、法律制度、金融体系转型，例如培养精通我国并购市场专业知识的并购专门人才、大力发展我国职业经理人市场、进一步放宽我国并购投融资支持政策等。四是投资的资本市场层次转型，投资标的应不局限于上市公司，还应包括新三板公司、区域性股权交易中心挂牌公司等。

第三节 局限与展望

一、研究局限

本书在已有文献和理论研究基础上，分别从并购方（并购基金）与被并购方（标的企业）视角，对我国控股型、参股型及"上市公司+PE"型并购基金的价值创造效应及影响因素进行研究，尽管取得一定的研究成果，但仍然存在一些局限，主要表现在以下几个方面。

---

① 如"泽熙系"并购基金。

第十章 研究结论、建议与展望

(一) 研究数据来源受限

布鲁姆和范·里内 (Bloom & Van Reenen, 2007) 分析并购基金是否能给被并购企业带来经营效率的改善，最大的挑战是数据局限性。本书主要体现在并购基金主体的私募属性和并购对象的非公开性。从并购基金的主体来看，并购基金多为私募股权投资公司，其股东结构、操作方式等信息公开不足。从并购基金的投资标的来看，并购基金多投资于非上市民营企业，且项目退出除了标的公司上市、并购重组方式之外其他大多为非公开退出方式。因此，研究者获取并购基金相关投资信息来源有限，并且以上市公司公告信息为主，且所能获得的公开数据可能是选择性公开的结果，这可能导致研究结论偏于并购基金的正面价值创造效应。

(二) 难以从并购基金层面对价值创造效应展开研究

一方面，囿于私募股权投资数据库的缺乏，本书尚无法对并购基金投融资的完整过程进行跟踪，无法获取并购基金过往投资项目信息。另一方面，现有的"上市公司 + PE"型并购基金设立时间基本集中于 2015 年及以后，且基金存续期大多在 5~7 年甚至更长，投资项目大多仍在进行中，少有项目投资或是退出的公告信息，且如果并购基金退出时，项目的接收方不是上市公司，则也没有公告的信息。因此目前已有信息，尚不支持本书从并购基金层面对其整体绩效、绩效的持续性以及绩效影响因素展开深入研究，同时对并购基金异质性特征的研究也存在一定局限性。

(三) 并购基金价值创造机制较难界定

并购基金的价值创造机制研究主要是使用财务分析法，但财务数据类别较多，难以遵循统一的研究框架，财务数据的选择对研究结论的影响较大。并且对标的公司而言，财务数据仅能概括有限的公司信息，对于非公开的内幕信息研究者难以获取，例如并购基金与投资标的之间的"抽屉协议"、并购基金对投资标的的日常监管行为、并购基金与其投资者及投资标的之间的委托—代理关系等。

二、研究展望

结合国内外已有的研究成果以及本书的研究工作，围绕并购基金价值创造这一主题尚有一些领域有待进一步探索，具体如下：

（一）进一步拓展并购基金价值创造机制的实证领域

随着并购数据来源不断丰富，国内学者可将并购基金价值创造的实证研究从效应结果的检验，转向机制的分析。并购基金作为一种创新的治理结构，对并购标的公司委托—代理问题缓解、公司治理提升、战略重塑以及创新能力增强等均具有重要作用。后续可从上市公司的融资行为、投资行为、公司治理、战略选择等方面对并购基金的投后管理效果进行多维度的研究，除财务数据之外，还可利用调查问卷、走访研究等形式对典型案例进行深入剖析，围绕并购基金对投资标的内在价值创造机制作进一步的深入探索。

（二）从投资者异质性角度研究我国并购基金价值创造效应的影响因素

相比海外学者丰硕的研究成果，我国学者较少从并购基金异质性角度对其价值创造效应展开定量分析。可考虑从并购基金的投资者类型（产业/金融背景，国资/民营/混合背景，独立募资投资机构/非独立募资投资机构）、基金经理投资背景及经验（学历背景，院校背景，累计投资或管理项目数量）、投资模式（投资行业、阶段的专业度）、基金声誉及过去经验（是否明星基金，累计投资项目数量）、参与投后管理程度（是否占有董事会席位）等角度出发，进一步探索我国并购基金的异质性特征与其价值创造效应之间的关联性。

（三）从委托代理关系角度对"上市公司+PE"型并购基金进行深入研究

与传统并购基金仅存在两重委托—代理关系[①]，且委托、受托主体关系相对独立不同，"上市公司+PE"型并购基金的委托—代理问题更为复杂。原因是该模式下上市公司（或其控股股东、管理层）身兼多职，不仅作为积极的投资人，还同时兼任基金发起人、基金管理人、甚至基金投资标的的受让方，使得委托代理关系中委托与受托主体关系紧密，形成了共同的利益基础，极易滋生内外联结，引发内幕交易，从而侵占信息不充分的中小股东和基金内部其他投资人的利益。因此，关于是否对并购基金管理人进行监督以及所应付出的监督成本，并购基金管理人在可获得私人利益的情况下选择尽职还是卸责，并购基金中第三方投资者是否付出监督成本等问题的讨论，学者们可构建博弈论模型进一步研究，并可扩展到并购基金内部的治理结构以及投资人出资结构优化领域。

（四）构建并购基金产业结构效应的研究体系

与国外以PE为主导的杠杆收购有所不同，我国并购基金大多采用产融合作的并购模式，形成了产业资本与金融资本优势互补、利益共享的风险分摊机制。同时近年来大量设立的"上市公司+PE"型并购基金则致力于上市公司所在的产业发展，为上市公司拓宽并购融资渠道、提高并购效率、实现资源优化配置提供了便利。并购基金对产业结构转型升级的促进作用正逐步显现。因此，学者们可对并购基金推进产业结构转型升级的作用机理进行研究，构建并购基金产业结构效应的理论体系；同时从宏观和微观、线性与非线性角度探寻并购基金产业结构效应及其影响因素，并构建实证模型加以检验，完善并购基金产业结构效应的实证研究。

[①] 一是并购标的层面，并购基金与标的公司管理层之间的委托代理关系；二是并购基金层面，基金管理人（PE）与投资人之间的委托—代理关系。

附录 1　说　明　表

附表 1-1　　　　　　　　　变量说明

	变量	名称	变量定义
被解释变量	$CAR[-2,2]$	短期累计超额收益率	上市公司设立并购基金公告日前后两个交易日的短期累计超额收益率
	$CAR[-5,5]$	短期累计超额收益率	上市公司设立并购基金公告日前后五个交易日的短期累计超额收益率
解释变量	$comprelated\_attend$	上市公司高管或股东是否参投并购基金	根据披露公告，只要满足上公司高管、股东在并购基金管理公司、合作的私募机构任职，持股并购基金管理公司、合作的私募机构，直接投资或通过持股公司间接投资并购基金其中之一条件则取1，否则取0
	$mancomp\_ratio$	管理公司/GP 承诺出资比例	披露公告中，管理公司/GP 承诺出资规模占并购基金总规模的比例，衡量管理公司及 GP 在并购基金中所占份额
并购基金特征变量	$mancomp\_holded$	公司是否持股并购基金管理公司	披露公告中，上市公司自身直接或间接持股并购基金管理公司、合作的私募机构，则该变量取1；否则取0
	$investdec$	上市公司及其关联方是否在并购基金中占有席位	披露公告中，上市公司及其关联方参与投资决策委员会，则该变量取1；否则取0
	$ln\_fundsize$	并购基金拟募集规模	披露公告中，设立的并购基金拟募集规模或首期募资规模的自然对数

附录1 说 明 表

续表

	变量	名称	变量定义
并购基金特征变量	comp_ratio	上市公司承诺出资比例	披露公告中，上市公司承诺出资规模占并购基金总规模的比例
被并购上市公司的控制变量	ln_asset	总资产的对数	上市公司在公告设立并购基金的前一年会计年度末总资产的自然对数，衡量上市公司的规模大小
	roebasic	净资产收益率ROE（加权）	净利润/净资产，衡量上市公司公告设立并购基金前一个会计年度的盈利能力
	leverage	权益乘数	资产总额/所有者权益总额，衡量上市公司公告设立并购基金前一个会计年度末的杠杆
	assetsturn	总资产周转率	销售收入/平均资产总额，衡量上市公司设立并购基金前一个会计年度末的资产利用情况
	growth	成长能力	上市公司公告设立并购基金前一个会计年度的营业收入的增长率
	shareholder	前十大股东持股比例	样本公司公告设立并购基金前一个会计年度前十大股东持股比例总计

附表1-2　　　　　　倾向性得分匹配变量说明

	变量	名称	变量定义
产出变量	$\Delta CR(m,n)$	累计收益率之差	处理公司与其配对公司在事件窗口期$[m,n]$内的累计收益率之差
处理变量	$D_{i,j}$	出资设立并购基金与否	虚拟变量：判断i公司是否在第j年出资设立了并购基金
协变量	Board	板块	根据上市公司所属的板块：主板、中小企业板、创业板，构建2个虚拟变量
	industry	行业分类	根据证监会《上市公司行业分类指引》（2001年版），将上市公司分为13类行业，构建12个行业虚拟变量

· 247 ·

续表

变量	名称		变量定义
协变量	$nature$	公司属性	按中央国有企业、地方国有企业、集体企业、民营企业、公众企业、外资企业、其他企业的公司属性，构建6个虚拟变量
	ln_asset	总资产的对数	上市公司总资产的自然对数，用于衡量上市公司规模大小
	$roebasic$	净资产收益率ROE（加权）	净利润/平均净资产总额，用于衡量上市公司的盈利能力
	$leverage$	权益乘数	资产总额/所有者权益总额，用于衡量上市公司的财务杠杆
	$assetsturn$	总资产周转率	营业收入/总资产平均余额，用于衡量上市公司的资产运营效率
	$growth$	成长能力	（上市销售收入－本年销售收入）/本年销售收入，用于衡量上市公司成长能力
	$top10pct$	前十大股东持股比例	前十大股东持股数量/年度平均股本总额，用于衡量上市公司的持股集中度

附录 2 并购重组政策汇编

附表 2-1　并购重组纲领性文件列表

出台时间	出台部门	政策名称	核心政策要点	政策点评
2006 年 12 月	国务院	《关于推进国有资本调整和国有企业重组的指导意见》	鼓励非公有制企业通过并购和控股、参股等多种形式，参与国有企业的改组改制改造。按照有进有退、合理流动的原则，实行依法转让、防止国有资产流失。对国有资产转让收益，应严格按照国家有关政策规定进行使用和管理	第四轮国有企业改革以积极推动股份制改革及股权分置改革为核心，通过并购重组、混合所有制改革等形式加大国有股权的流动性，充分利用资本市场平台完成国有企业改革背景下的公司制改造。该《意见》在国企产权改革重组上保证了国有企业并购重组的合规性及合法性，从制度上保证了国企并购重组的应运而生，开启了混合所有制改革的序幕
2010 年 4 月	国资委	《关于进一步做好利用外资工作的若干意见》	鼓励外资以参股、并购等方式参与国内企业改组改造和兼并重组，支持 A 股上市公司引入境内外战略投资者。规范外资参与境内证券和企业并购	鼓励外商拓宽投资渠道，不仅包括独自或合资设立外资公司，还可以参控股外机构在华参与国内企业并购重组，利用境外机构在并购重组资本运作方面积累的丰富经验，促进我国并购重组市场形式发展

· 249 ·

续表

出台时间	出台部门	政策名称	核心政策要点	政策点评
2010年8月	国务院	《国务院关于促进企业兼并重组的意见》	以国企改制重点行业结构调整为政策导向；消除企业兼并重组制度障碍；加强政府出台相关财税、金融、土地政策和政策扶植，支持企业兼并重组；应积极拓宽兼并重组融资来源，鼓励银行、券商、股权投资基金等开展并购贷款，委托贷款、过桥贷款等为企业提供融资支持，并首次提出可积极探索设立专门的并购基金等兼并重组融资新模式	首次以国务院的纲领性文件提出促进企业兼并重组改革意见，着重强调了以兼并重组为重要手段促进国有汽车、钢铁等产业改革和产业结构调整，特别是服务产业落实意见之坚决，同时将细分到各部委，监管层态度之坚决，标志着国企兼并重组监管制度空前松绑，全面改革的历史时期超越以往，度开启了我国兼并重组
2012年6月	发改委	《关于鼓励和引导民营企业积极开展境外投资的实施意见》	加大金融保险对民营企业开展境外投资的支持力度。鼓励国内银行为境外投资提供流动资金贷款、出口信贷、出口贷款、并购贷款等多种方式信贷支持；指导和推动有条件的企业通过构设立涉外股权投资基金，发挥股权投资对促进企业境外投资的积极作用	金融危机和欧债危机过后，欧美成熟市场资产价格大跌，为我国民营企业积极开展境外投资提供了有利机会。支持民营企业深度参与国际竞争合作，实现多种形式的股权并购和产业升级和结构调整
2014年3月	国务院	《关于进一步优化企业兼并重组市场环境的意见》	提出加快并购重组审批制度改革，进一步简政放权；进一步完善配套金融服务，发挥资本市场作用，特别指出各类投资主体可通过设立创业投资基金、产业投资基金、并购基金参与兼并重组，形式的股权投资基金和产业并购基金等；落实不同的财税政策和产业引导政策等	本次《意见》是2010年《国务院关于促进企业兼并重组的意见》的进一步完善，政策导向由鼓励国有企业和产能过剩行业兼并重组，转变为充分发挥市场在资源配置中的决定性作用，扫除我国企业兼并重组体制机制障碍，以建立为所有企业服务为主要完善便利的兼并重组政策环境的更为完善相关的政策目标，为我国并购市场的健康发展奠定了稳定的政策基础

· 250 ·

续表

出台时间	出台部门	政策名称	核心政策要点	政策点评
2014年5月	国务院	《国务院关于进一步促进资本市场健康发展的若干意见》	充分发挥资本市场在企业并购重组过程中的主渠道作用，强化资本市场的产权定价和交易功能，拓宽并购融资渠道，丰富并购支付方式；尊重企业自主决策，鼓励各类资本公平参与并购，破除市场壁垒和行业分割，实现公司产权和控制权跨地区、跨所有制顺畅转让	该《意见》鼓励了市场化的并购重组，体现了国家健全多层次资本市场体系，促进经济转型升级的决心。《意见》首次强调了要充分发挥资本市场在并购重组中的定价、融资以及交易功能，建立流动性较强、透明度高、壁垒较少的并购重组市场
2015年9月	发改委	《关于推进企业发行外债备案登记制管理改革的通知》	将企业外债发行的额度审批制转变为备案登记管理制；扩大企业外债规模，尤其对重点领域及涉及产业转型升级的重要项目要加大支持力度	该《通知》跨出了我国资本改革的重要一步，进一步拓宽了企业的融资渠道。境外低廉的资本成本料将优惠及行业内规模较大的龙头企业，尤其在企业以转型升级为目的的大规模并购重组中发挥较大的作用

附表2-2　并购重组投融资支持政策列表

出台时间	出台部门	政策名称	核心政策要点	政策点评
2008年12月	银监会	《商业银行并购贷款风险管理指引》	允许符合条件的商业银行开展并购贷款业务；明确并购贷款金额占比限制，借款人需提供充足担保；银行需进行充分的风险评估，做好并购贷款风险控制	允许符合条件的商业银行开展并购贷款业务；明确并购贷款金额占比限制，借款人需提供充足担保；银行需进行充分的风险评估，做好并购贷款风险控制

续表

出台时间	出台部门	政策名称	核心政策要点	政策点评
2011年5月	证监会	《上市公司重大资产重组管理办法（2011年修订）》	明确了借壳上市的标准与IPO趋同，完善了发行股份购买资产的制度规定；鼓励上市公司采用多种金融支付手段进行并购融资；允许重大资产重组与配套融资同步操作；进一步支持通过资本市场的并购重组手段实现行业整合和产业升级	贯彻落实了《国务院关于促进企业兼并重组的意见》中支持资本市场开展并购重组的有关意见，意在遏制借壳上市投机的非理性现象，同时提高并购重组审核效率，拓宽融资渠道
2012年11月	中国证券业协会	《证券公司直接投资业务规范》	允许直投子公司及其下属机构可以设立和管理股权投资基金、创业投资基金、并购基金，以及以前述基金为主要投资对象的直投基金	为券商直投设立并购基金提供了直接的政策依据，但根据《规范》，债务资金来源首先，严格的合格投资者要求以及较高投资门槛使券商系并购融资的募集和投资存在一定局限
2014年1月	中国证券业协会	《证券公司直接投资业务规范》（修订版）	扩大了券商系并购基金合格投资者范围，将具有较高风险识别与承受能力且投资领人合格投资者范围；放宽了对投资杠杆化的限制，取消并购基金不能获得证券公司担保性的禁止性要求；并购基金为补充流动性或流动过桥并购贷款可以负债经营	投资者范围的扩大及投资领域的扩大有助于并购基金受资金来源的丰富，并获取更高的投资收益；同时负债杠杆融资的合规性使券商系并购基金迈出杠杆融资的第一步，并赋予基金运作方式逐步迈向成熟
2014年3月	证监会	《优先股试点管理办法》	本《办法》首次披露了上市公司发行优先股的主体资格、股东权利、发行的原则及程序、交易、登记结算以及监管的一系列实操规则	支持上市公司通过增发优先股进行并购融资，使优先股发行有法可依

附录2 并购重组政策汇编

续表

出台时间	出台部门	政策名称	核心政策要点	政策点评
2014年10月	证监会	《上市公司重大资产重组管理办法（2014年修订）》	与前版重组管理办法相比，提出鼓励依法设立的并购基金、股权投资基金、创业投资基金、产业投资基金等投资收购、置换、出售资产的行为；全面取消现金收购、置换、出售资产的行政审核；明确现金并购的市场化行政许可，取消上市公司并购重组审批效率；保护中小投资者，取消证监会对股份发行要约义务豁免；完善上市公司并购重组信息披露监管，借壳上市的执行与IPO等同；丰富并购重组的定价机制，强调创业板企业不可借壳上市，包括普通股、优先股、可转债以及定向权证；明确中介机构责任	上市公司的并购重组行为，无论是收购还是被收购都已成为资本市场公司价值、提升竞争力的重要手段，是上市公司提升经济发展方式和调整经济结构的有效途径，亦是资本市场高度重视企业兼并重组的发展。国务院历次公告并修订发挥资本市场在企业兼并重组中的主渠道作用，此次修订落实了国务院意见，强调进一步发挥资本市场在企业兼并重组中的主渠道作用，此次修订落实了国务院意见，放松了企业资产重组行政管制，并加强对上市公司信息披露、相关并购主体责任人行为的事后监管。同时更加强调资产重组中的中介机构责任，保护中小投资者利益，意在提高并购重组的质量和效率
2014年10月	证监会	《上市公司收购管理办法（2014年修订）》	《办法》是针对上市公司收购及相关权益变动的操作细则，管理层对要约收购、协议收购、间接收购中要约收购人及被收购人的收购程序及收约收购的信息披露规范以及收购中的职责以及监管机构的监管措施亦做出了规定	
2014年11月	证券业协会	《并购重组私募债券试点办法》	允许不包括沪深交易所的有限责任公司或股份有限公司发行私募债券，募集资金用于支持并购重组活动，包括但不限于支付并购款项、偿还并购重组贷款等	明确了非上市公司可通过私募债券募集资金支持并购重组活动，有助于缓解非上市公司并购融资渠道匮乏的窘境，有利于我国中小型并购市场的发展
2015年3月	银监会	《商业银行并购贷款风险管理指引（2015年修订）》	本次修订主要做出的调整为：将贷款期限从5年延长至7年；将并购贷款占并购交易价款的比例从50%提高到60%；将并购贷款担保的强制性规定改为原则性规定；要求商业银行进一步强化并购贷款风险防控	进一步放松并购贷款发放限制，满足不断扩张的企业并购重组融资需求，进一步促进并购重组市场发展

· 253 ·

附表 2-3　并购重组产业鼓励政策列表

出台时间	出台部门	政策名称	核心政策要点	涉及行业	政策点评
2013年1月	工信部、发改委、财政部等十二部委	《关于加快推进重点行业企业兼并重组的指导意见》	细化了9个产能过剩行业的产业整合目标，提出利用兼并重组为主要手段，加快推进以上产业的改造升级，重点任务是通过横向并购、纵向并购以及跨国并购等多种方式提高产业集中度，改善公司治理水平，形成一批极具竞争实力的跨国企业，跨国的大型骨干企业，最终实现产业结构的调整及升级，同时为地方政府积极引导企业开展兼并重组提出意见	汽车、钢铁、水泥、船舶、电解铝、稀土、电子信息、医药、农业	为贯彻落实《国务院关于促进企业兼并重组的意见》中支持九大重点产业利用兼并重组手段进行产业结构优化升级、鼓励该类产业通过兼并重组化解过剩产能，集约化、规模化，技术先进化的新战略方向转型，从2013年起各部委相继出台细化了针对重点行业的并购政策指引，明确了以市场化的并购重组方式来合理配置资源，逐步化解剩余产能转型和行业领域转型的发展困境
2013年8月	国务院	《船舶工业加快结构调整促进转型升级方案（2013~2015年）》	支持开展海外产业重组；支持大型船舶和配套企业开展全球产业布局；加大对船舶企业兼并重组、海外并购以及中小船厂业务转型和产品结构调整的信贷融资支持	船舶	
2013年10月	国务院	《关于化解产能严重过剩矛盾的指导意见》	完善和落实促进企业兼并重组的财税、金融以及土地政策资源，优化产业技术、产品结构；支持兼并重组内部资源，鼓励和引导非公有制企业通过参股、控股以及实施跨国产业合作；允许收购兼并多种方式参与企业兼并重组，调整优化产能，转移国内过剩产能	钢铁、水泥、电解铝、平板玻璃、船舶等产能严重过剩行业	
2014年3月	保监会	《保险公司收购合并管理办法》	《办法》详细规定了保险业收购合并的实操细则，同时为鼓励保险公司开展并购促进保险资金来源，允许投资人采用最高规模达货币总价50%的并购贷款作为融资方式，亦适度放宽保险公司股东资质，允许同业收购	保险	
2014年6月	工信部、发改委、财政部、食品药品监管总局	《推动婴幼儿配方乳粉企业兼并重组工作方案》	《方案》细化了婴幼儿配方乳粉配方乳粉过程中的工作重点和任务，以及兼并企业以并购、协议转让、控股参股等多种方式开展资质条件企业兼并，统筹协调各部委、各级政府出台并落实一系列政策和保障保障企业兼并重组工作的顺利进行	乳制品	

· 254 ·

参 考 文 献

一、中文文献

［1］蔡永明.中国企业并购历程的划分［J］.新理财,2007（12）:62-64.

［2］康永博,王苏生,彭珂.并购基金信息披露对上市公司价值的短期影响［J］.大连海事大学学报（社科版）,2015,14（6）:24-30.

［3］陈颖.我国并购基金的价值创造效应及其影响因素研究——基于"上市公司+PE"型并购基金的实证检验［J］.亚太经济,2019（6）:102-111.

［4］陈信元,张田余.资产重组的市场反应——1997年沪市资产重组实证分析［J］.经济研究,1999（9）:47-55.

［5］陈忠勇.利用产业并购基金推进上市公司并购重组的研究［J］.财会学习,2013（8）:17-18.

［6］陈瑶.论并购基金管理下公司的代理问题［D］.北京:对外经济贸易大学,2013:19-29.

［7］崔永梅,张忠阳,赵妍.基于产业转型升级的我国政策性并购基金研究［J］.北京交通大学学报（社会科学版）,2014（4）:92-98.

［8］董银霞,杨世伟.我国私募股权并购基金发展研究——基于资本市场的视角［J］.财会月刊,2013（20）:16-19.

［9］道麟,熊德华.中国上市公司多元化与企业绩效分析——基于内生性的考察［J］.金融研究,2006（11）:33-43.

[10] 方军雄. 政府干预、所有权性质与企业并购 [J]. 管理世界, 2008 (9): 118-123.

[11] 方明月. 资产专用性、融资能力与企业并购——来自中国A股工业上市公司的经验证据 [J]. 金融研究, 2011 (5): 156-170.

[12] 冯根福, 吴林江. 我国上市公司并购绩效的实证研究 [J]. 经济研究, 2001 (1): 54-61.

[13] 郭玉姣. 我国房地产养老PE的可行性分析 [D]. 北京: 首都经济贸易大学, 2014: 14-24.

[14] 何云月. 并购基金支持的中国上市公司并购绩效研究 [D]. 北京: 中国人民大学, 2010: 68-128.

[15] 何孝星, 叶展, 陈颖, 林建山. 并购基金是否创造价值?——来自上市公司设立并购基金的经验证据 [J]. 审计与经济研究, 2016, 31 (5): 50-60.

[16] 金玮. PE在我国上市公司并购中的作用、影响与发展趋势——理论、实务与案例分析 [J]. 中央财经大学学报, 2013 (4): 41-47.

[17] 李雅君. 并购基金并购上市公司的绩效研究 [D]. 北京: 首都经济贸易大学, 2012: 32-44.

[18] 赖步连, 杨继东, 周业安. 异质波动与并购绩效——基于中国上市公司的实证研究 [J]. 金融研究, 2006 (12): 126-139.

[19] 卢永真. 私募股权基金在国有企业改革发展中的功能研究 [D]. 成都: 西南财经大学, 2011: 124-128.

[20] 李善民, 陈玉罡. 上市公司兼并与收购的财富效应 [J]. 经济研究, 2002 (11): 27-35.

[21] 李善民, 朱滔. 多元化并购能给股东创造价值吗?——兼论影响多元化并购长期绩效的因素 [J]. 管理世界, 2006 (3): 129-137.

[22] 李彬, 潘爱玲, LIBin, 等. 会计师事务所特征与公司并购绩效反应——来自中国上市公司的经验证据 [J]. 审计与经济研究, 2016 (1): 46-54.

[23] 李善民, 周小春. 公司特征、行业特征和并购战略类型的实证研究 [J]. 管理世界, 2007 (3): 130-137.

[24] 李悦月, 郑权. 上市公司内在价值的分析与评价 [J]. 商场现代化, 2016 (1): 74-75.

[25] 刘淑莲, 张广宝, 耿琳. 并购对价方式选择: 公司特征与宏观经济冲击 [J]. 审计与经济研究, 2012 (4): 55-65.

[26] 刘益涛. 并购基金在中国并购交易中的作用 [D]. 上海: 上海交通大学, 2012: 31-41.

[27] 马才华, 马芸. 上市公司设立并购基金事件短期市场价值效应检验 [J]. 财会月刊, 2016 (32).

[28] 罗添添. 中国并购基金发展模式选择研究 [D]. 天津: 天津财经大学, 2012: 43-48.

[29] 蒙柳燕. 我国并购基金发展研究 [D]. 成都: 西南财经大学, 2008: 57-65.

[30] 牛晓洁. 信托在企业并购融资中的应用研究 [D]. 济南: 山东财经大学, 2014: 36-37.

[31] 庞家任, 周桦, 王玮. 上市公司成立并购基金的影响因素及财富效应研究 [J]. 金融研究, 2018 (2): 157-175.

[32] 彭威. 券商并购基金发展模式探析 [D]. 北京: 中国社会科学院研究生院, 2012: 55-61.

[33] 沈坤荣, 滕永乐. 中国经济发展阶段转换与增长效率提升 [J]. 北京工商大学学报 (社会科学版), 2015 (2): 1-7.

[34] 唐建新, 陈冬. 地区投资者保护、企业性质与异地并购的协同效应 [J]. 管理世界, 2010 (8): 102-116.

[35] 田波平, 苏杭, 孙威, 等. 沪深并购上市公司绩效评估的二次相对效益法 [J]. 哈尔滨工业大学学报, 2006, 38 (2): 231-233.

[36] 汪诚. 当前我国并购市场的问题研究 [J]. 中国商贸, 2014 (8): 85-86, 88.

[37] 王凤荣，苗妙. 税收竞争、区域环境与资本跨区流动——基于企业异地并购视角的实证研究 [J]. 经济研究，2015（2）：16-30.

[38] 伍康鸿. 关于发展我国企业并购基金的探析 [J]. 学理论，2012（25）：65-67.

[39] 吴晓华. 中国并购基金的发展现状分析 [J]. 江苏商论，2015（25）：87-88.

[40] 衣龙涛. 我国并购基金的组织治理机制研究 [D]. 北京：北京交通大学，2013：70-74.

[41] 肖颖. 政府引导型并购基金的运行机制研究 [D]. 北京：北京交通大学，2013：46-54.

[42] 肖玉香. 并购基金风险控制研究 [J]. 学术探索·理论研究，2011（2）：16-18.

[43] 徐婧婧. "PE+上市公司"模式被纳入监管重点 大湖股份相关事项收到上交所问询函 [N]. 证券时报，2015-03-05（9）.

[44] 颜永平. PE系并购基金模式浅析 [J]. 江苏商论，2015（3）：189-190.

[45] 杨振华，任宝元. 建立企业并购基金的若干思考 [J]. 金融研究，1997（5）：55-57.

[46] 杨景海. 企业并购融资存在的问题及对策 [J]. 财会月刊，2007（8）：29-30.

[47] 亚洲商学院. 新世纪中国十大并购 [M]. 北京：首都经济贸易大学出版社，2011：67-79.

[48] 余鹏翼，王满四. 国内上市公司跨国并购绩效影响因素的实证研究 [J]. 会计研究，2014（3）：64-70.

[49] 张新. 并购重组是否创造价值？——中国证券市场的理论与实证研究 [J]. 经济研究，2003（6）：20-29.

[50] 赵光明. 浅析私募股权投资基金的行业监管 [J]. 商业经济研究，2012（9）：67-68.

[51] 赵鑫."PE+上市公司"模式并购基金分析[J]. 经营管理者, 2016（5）：34.

[52] 赵玉. 论我国有限合伙型股权投资基金的制度结构与完善路径 [J]. 社会科学研究, 2010（6）：80-86.

[53] 周小春, 李善民. 并购价值创造的影响因素研究 [J]. 管理世界, 2008（5）：134-143.

二、英文文献

[54] Acharya V V, Gottschalg O F, Hahn M, et al. Corporate Governance and Value Creation: Evidence from Private Equity [J]. Social Science Electronic Publishing, 2010, 26（2）：368-402.

[55] Adler P S, Kwon S W. Social Capital: Prospects for A New Concept [J]. Academy of Management Review, 2002, 27（1）：17-40.

[56] Akbulut M, Matsusaka J G. Fifty years of diversification announcements [J]. Financial Review 45（2）：231-262.

[57] Ansoff, H. Igor. Corporate Strategy: An Analytic Approach to Business Policy For Growth and Expansion [M]. New York: McGraw-Hill. 1965: 35-39.

[58] Axelson U, Strömberg P, Weisbach M S. Why Are Buyouts Levered? The Financial Structure of Private Equity Funds [J]. Journal of Finance, 2009, 64（4）：1549-1582.

[59] Baker G P, Wruck K H. Organizational changes and value creation in leveraged buyouts: The case of the O. M. Scott & Sons Company [J]. Journal of Financial Economics, 1989, 25（2）：0-190.

[60] Berger P G, Ofek E. Causes and Effects of Corporate Refocusing Programs [J]. Review of Financial Studies, 1999, 12（2）：311-345.

[61] Bertoni F, Colombo M G, Grilli L. Venture capital investor type and the growth mode of new technology-based firms [J]. Small Business Economics, 2013, 40（3）：527-552.

[62] Bottazzi L, Rin M D, Hellmann T. Who are the active investors? Evidence from venture capital [J]. Journal of Financial Economics, 2008, 89 (3): 488-512.

[63] Bottazzi L, Rin M D, Hellmann T F. Active Financial Intermediation: Evidence on the Role of Organizational Specialization and Human Capital [EB/OL]. (2004-07-28) [2020-02-01]. https://papers.ssrn.com/sol3/papers.cfm?abstract_id=569602.

[64] Bradley M, Desai A, Kim E H. Synergistic gains from corporate acquisitions and their division between the stockholders of target and acquiring firms [J]. Journal of Financial Economics, 1988, 21 (1): 3-40.

[65] Bruining H, Verwaal E, Wright M. Private equity and entrepreneurial management in management buy-outs [J]. Small Business Economics, 2011, 40 (3): 591-605.

[66] Bruner R F. Does M&A pay? A survey of evidence for the decision-maker [J]. Journal of Applied Finance, 2002, 12 (1): 48-68.

[67] Boucly, Quentin, David Sraer, and David Thesmar. Do Leveraged Buyouts Appropriate Worker Rents? Evidence from French Data. Working Paper, 2008 HEC Paris.

[68] Bygrave W D, Timmons J. Venture Capital at the Crossroads. [EB/OL]. (2009-11-04) [2020-02-01]. https://papers.ssrn.com/sol3/papers.cfm?abstract_id=1496172.

[69] Cao J, Lerner J. The performance of reverse leveraged buyouts [J]. Journal of Financial Economics, 2009, 91 (2): 139-157.

[70] Copeland T E, Koller T, Murrin J. Valuation: Measuring and Managing the Value of Companies [J]. Journal of Finance, 1991, 46 (1): 35-54.

[71] Chung, J. W. (2010). Performance persistence in private equity funds [EB/OL]. (2012-03-01) [2020-02-01]. https://papers.ssrn.com/sol3/papers.cfm?abstract_id=1686112.

参考文献

[72] Castanias R P, Helfat C E, Helfat C E. Managerial Resources and Rents [J]. Journal of Management, 1991, 17 (1): 155 - 171.

[73] Caves R E. Mergers, takeovers, and economic efficiency: foresight vs. hindsight [J]. International Journal of Industrial Organization, 1989, 7 (1): 151 - 174.

[74] Clercq D D, Dimo D. Internal Knowledge Development and External Knowledge Access in Venture Capital Investment Performance [J]. Journal of Management Studies, 2008, 45 (3): 585 - 612.

[75] Chauvin K W, Hirschey M. Market structure and the value of growth [J]. Managerial & Decision Economics, 1997, 18 (3): 247 - 254.

[76] Coff R W. When Competitive Advantage Doesn't Lead to Performance: The Resource - Based View and Stakeholder Bargaining Power [J]. Organization Science, 1999, 10 (2): 119 - 133.

[77] Cohen W M, Levinthal D A. Absorptive Capacity: A New Perspective on Learning and Innovation. [J]. Administrative Science Quarterly, 1990, 35 (1): 128 - 152.

[78] Cohn J B, Mills L F, Towery E M. The evolution of capital structure and operating performance after leveraged buyouts: Evidence from U. S. corporate tax returns [J]. Journal of Financial Economics, 2014, 111 (2): 469 - 494.

[79] Cressy R, Munari F, Malipiero A. Creative destruction? Evidence that buyouts shed jobs to raise returns [J]. Venture Capital, 2011, 13 (1): 1 - 22.

[80] Cumming D, Siegel D S, Wright M. Private equity, leveraged buyouts and governance [J]. Journal of Corporate Finance, 2007, 13 (4): 439 - 460.

[81] Davis S, Haltiwanger J, Jarmin R, Lerner J, Miranda A. Private Equity and Employment [J]. Globalization of Alternative Investments Working Papers, 2008, 79 (5): 423 - 426.

[82] Dai N. Monitoring via staging: Evidence from Private investments in

public equity [J]. Journal of Banking & Finance, 2011, 35 (12): 3417 - 3431.

[83] Deangelo L E. Accounting Numbers as Market Valuation Substitutes: A Study of Management Buyouts of Public Stockholders [J]. Accounting Review, 1986, 61 (3): 400 -420.

[84] Elgers P T, Clark J J. Merger types and shareholder returns: Additional evidence [J]. Financial Management, 1980, 9 (2): 66 -72.

[85] Fuller K, Netter J, Stegemoller M. What do returns to acquiring firms tell us? Evidence from firms that make many acquisitions [J]. The Journal of Finance, 2002, 57 (4): 1763 -1793.

[86] Gregory A. An examination of the long run performance of UK acquiring firms [J]. Journal of Business Finance & Accounting, 1997, 24 (7 -8): 971 -1002.

[87] Groh A, Gottschalg O. The risk-adjusted performance of US buyouts [EB/OL]. (2006 -01 -02) [2020 -02 -01]. https://www.researchgate.net/publication/4802882_The_Risk - Adjusted_Performance_of_US_Buyouts.

[88] Paul Gompers, Steven N. Kaplan, Vladimir Mukharlyamov. What do private equity firms say they do? [J]. Journal of Financial Economics, 2016, 121 (3): 449 -476.

[89] Guo S, Hotchkiss E S, Song W. Do Buyouts (Still) Create Value? [J]. Nber Working Papers, 2011, 66 (2): 479 -517.

[90] Harbir S, Montgomery C A. Corporate acquisition strategies and economic performance [J]. Strategic Management Journal, 1987, 8 (4): 377 -386.

[91] Harris, Richard, Siegel, et al. Assessing the Impact of Management Buyouts on Economic Efficiency: Plant - Level Evidence from the United Kingdom [J]. Review of Economics & Statistics, 2006, 87 (1): 148 -153.

[92] Harris R S, Jenkinson T, Kaplan S N. Private equity performance: What do we know? [J]. The Journal of Finance, 2014, 69 (5): 1851 -1882.

[93] Harris, R. S., Jenkinson, T., Kaplan, S. N., & Stucke, R. (2013). Has persistence persisted in private equity? Evidence from buyout and venture capital funds. [EB/OL]. (2014 - 08 - 30) [2020 - 02 - 01]. https://papers.ssrn.com/sol3/papers.cfm?abstract_id = 2304808.

[94] Higson C, Stucke, Rüdiger. The Performance of Private Equity [J]. Social ence Electronic Publishing, 2012, volume 22 (4): 1747 - 1776.

[95] Holmstrom B, Kaplan S N. Corporate Governance and Merger Activity in the United States: Making Sense of the 1980s and 1990s [J]. Chemotherapy, 2001, 54 (1): 1 - 8.

[96] Ireland R D, Hitt M A, Sirmon D G. A Model of Strategic Entrepreneurship: The Construct and its Dimensions [J]. Social Science Electronic Publishing, 2009, 29 (1): 963 - 989.

[97] Jensen M C. The Eclipse of the Public Corporation [J]. Harvard Business Review, 1989, 5 (5): 61 - 74.

[98] Jensen M C. Agency Costs of Free Cash Flow, Corporate Finance, and Takeovers. [J]. American Economic Review, 1986, 76 (2): 323 - 329.

[99] Jensen M C, Ruback R S. The market for corporate control: The scientific evidence [J]. Journal of Financial economics, 1983, 11 (1): 5 - 50.

[100] Jesse E. Agency Problems in Public Firms: Evidence from Corporate Jets in Leveraged Buyouts [J]. Social Science Electronic Publishing, 2011, 67 (6): 2187 - 2213.

[101] Kaplan, S N. Management Buyouts: Evidence on Taxes as a Source of Value [J]. The Journal of Finance 1989, 44 (3): 611 - 632..

[102] Kaplan, S N. The Effects of Management Buyouts on Operating Performance and Value [J]. Journal of Financial Economics, 1989, 24 (2): 217 - 254.

[103] Kaplan S N, Schoar A. Private equity performance: Returns, persistence, and capital flows [J]. The Journal of Finance, 2005, 60 (4):

1791 - 1823.

[104] Kaplan S N, Strömberg P. Leveraged Buyouts and Private Equity [J]. Jouranl of Economic Perspectives, 2009, 23 (1): 121 - 146.

[105] Katz S. Earnings Quality and Ownership Structure: The Role of Private Equity Sponsors [J]. Nber Working Papers, 2008, 84 (3): 623 - 658.

[106] Klein P G, Mondelli M P. Private Equity and Entrepreneurial Governance: Time for a Balanced View [J]. Academy of Management Perspectives, 2013, 27 (1): 39 - 51.

[107] Klein P G. Opportunity discovery, entrepreneurial action, and economic organization [J]. Strategic Entrepreneurship Journal, 2008, 2 (3): 175 - 190.

[108] Lerner J., Sørensen M., Strömberg P. Private Equity and Long - Run Investment: The Case of Innovation [J]. The Journal of Finance, 2011, 66 (2): 445 - 477.

[109] Lichtenberg F R, Siegel D. The Effects Of Leveraged Buyouts On Productivity And Related Aspects Of Firm Behavior [J]. Working Papers, 1989, 27 (1): 165 - 194.

[110] Ljungqvist A, Richardson M P. The Cash Flow, Return and Risk Characteristics of Private Equity [EB/OL]. (2003 - 03 - 18) [2020 - 08 - 25]. https: //papers. ssrn. com/sol3/papers. cfm? abstract_id = 369600.

[111] Lee D S. Management Buyout Proposals and Inside Information [J]. The Journal of Finance, 1992, 47 (3): 1061 - 1079.

[112] Lubatkin M. Merger strategies and stockholder value [J]. Strategic Management Journal, 1987, 8 (1): 39 - 53.

[113] Manigart S, Wright M. Reassessing the relationships between private equity investors and their portfolio companies [J]. Small Business Economics, 2013, 40 (3): 479 - 492.

[114] Yasuda A, Metrick A. The Economics of Private Equity Funds [J].

Social ence Electronic Publishing, 2010, 23 (6): 2303 -2341.

[115] Megginson W L, Weiss K A. Venture Capitalist Certification in Initial Public Offerings [J]. The Journal of Finance, 1991, 46 (3): 879 -903.

[116] Meuleman M, Amess K, Wright M, et al. Agency, Strategic Entrepreneurship, and the Performance of Private Equity - Backed Buyouts [J]. Entrepreneurship Theory & Practice, 2010, 33 (1): 213 -239.

[117] Moeller S B, Schlingemann F P, Stulz R M. Firm size and the gains from acquisitions [J]. Journal of Financial Economics, 2004, 73 (2): 201 -228.

[118] Miller, M. H. and F. Modigliana. Some Estimates of the Cost of Capital to the Electric Utility Industry, 1954 -57 [J]. American Economic Review, 1966, 6 (6): 333 -391.

[119] Cressy R, Munari F, Malipiero A. Playing to their strengths? Evidence that specialization in the private equity industry confers competitive advantage [J]. Journal of Corporate Finance, 2007, 13 (4): 647 -669.

[120] Phalippou, L., Gottschalg, O.. The performance of private equity funds [J]. Review of Financial Studies. 2009, 22 (4), 1747 -1776.

[121] Phalippou L. Why is the Evidence on Private Equity Performance So Confusing? [EB/OL]. (2011 -10 -27) [2020 -08 -25]. https://papers.ssrn.com/sol3/papers.cfm?abstract_id = 1864503.

[122] Phalippou L. Performance of Buyout Funds Revisited? [J]. Social Science Electronic Publishing, 2015, 18 (1): 189 -218.

[123] Patrícia, B. N., Balázs, F. Returns of Private Equity-comparative Analyses of the Returns of Venture Capital and Buyout Funds in Europe and in the US [J]. Annals of the University of Oradea Economic Science, 2014, 23 (1): 1 -7.

[124] Poulsen A, Netter J. Private equity, leveraged buyouts and governance [J]. Journal of Corporate Finance, 2007, 13 (4): 439 -460.

[125] Phalippou L, Gottschalg O. The performance of private equity funds [J]. Review of Financial Studies, 2009, 22 (4): 1747 – 1776.

[126] Rappaport A. Creating shareholder value: a guide for managers and investors [J]. Ivey Business Quarterly, 1999 (4): 69 – 70.

[127] Renneboog L, Simons T, Wright M. Why do public firms go private in the UK? The impact of private equity investors, incentive realignment and undervaluation [J]. Journal of Corporate Finance, 2007, 13 (4): 591 – 628.

[128] Robinson D T, Sensoy B A. Private Equity in the 21st Century: Cash Flows, Liquidity, Contract Terms, and Performance from 1984 – 2010 [EB/OL]. (2011 – 08 – 15) [2020 – 08 – 25]. https://papers.ssrn.com/sol3/papers.cfm?abstract_id = 1909626.

[129] Sahlman W A. The structure and governance of venture-capital organizations [J]. Journal of Financial Economics, 1990, 27 (90): 473 – 521.

[130] Servaes H. The value of diversification during the conglomerate merger wave [J]. Journal of Finance, 1996, 51 (4): 1201 – 1225.

[131] Seth, Anju. Value creation in acquisitions: A re-examination of performance issues [J]. Strategic Management Journal, 1990, 11 (2): 99 – 115.

[132] Smith A J. Corporate ownership structure and performance: The case of management buyouts [J]. Journal of Financial Economics, 1990, 27 (1): 143 – 164.

[133] Shapiro R J, Pham N D. The Impact of a Pre – Borrow Requirement for Short Sales On Failures-to – Deliver and Market Liquidity [EB/OL]. (2003 – 03 – 18) [2020 – 08 – 25]. https://papers.ssrn.com/sol3/papers.cfm?abstract_id = 369600.

[134] Wang C. Does the monitoring role of buyout houses improve discretionary accruals quality? [J]. Accounting & Finance, 2010, 50 (4): 993 – 1012.

[135] Weir C, Jones P, Wright M. Public to Private Transactions, Private Equity and Performance in the UK: An Empirical Analysis of the Impact of

Going Private [J]. Social Science Electronic Publishing, 2008, 19 (1): 91 -112.

[136] Wilson N, Wright M, Siegel D S, et al. Private equity portfolio company performance during the global recession [J]. Journal of Corporate Finance, 2012, 18 (1): 193 -205.

[137] Wright M, Busenitz L W. Firm rebirth: Buyouts as facilitators of strategic growth and entrepreneurship [J]. Academy of Management Executive, 2001, 15 (1): 111 -125.

[138] Walz U, Cumming, D. Private equity returns and disclosure around the world [J]. Journal of International Business Studies, 2010, 41 (4): 727 - 754.

后　　记

时光荏苒，岁月如梭。蓦然回首，青春最美好的六年时光与这座最美丽的校园结下了不解之缘。忘不了普陀寺的晨鸣暮鼓，忘不了芙蓉湖畔的巍巍山影，忘不了情人谷的静谧悠然，忘不了隧道里属于青春的嫣嫣笑语，也忘不了花楹树上露红烟紫，阵阵浮动花香。对厦大的记忆是滴出水的绿，是热烈的凤凰红，是古老石墙上的斑驳。倏然远，忽然又近，是梦里的水印一样的底色。

六年的时光，感谢我的师长好友家人，不仅带给我欢声笑语，还在苦闷伤怀时予我支持，让我在撰写博士论文的五百多个日日夜夜里，获得了更多力量。首先，衷心感谢我的导师何孝星教授，在硕博连读的岁月里，何老师是领路人，是慈父也是严父，当取得成绩时为我欢欣鼓舞，当面临坎坷时教我成长也默默为我铺平道路，难忘老师的殷殷期盼和温暖关怀。其次，感谢我的师兄张宁博士、师姐邱杨茜博士对论文选题写作的指导，感谢我的师弟师妹——叶展、振源、粤阳、思哲、庄敏、文敏、菲菲等对论文数据收集、写作思路、格式校对等提供的帮助，也感谢我的各位同门、舍友，谢谢大家一直以来的关爱和祝福。再次，感谢我的同学倩倩、俊峰、丁超等，在宝贵的校园时光里带给我单纯欢乐的陪伴。最后，我要感谢我的家人好友，谢谢你们一路上的支持和陪伴，尤其是父母亲无条件的爱，让我能心无旁骛地完成学业；也谢谢我的另一半，在最彷徨苦闷的一段旅程中牵起了我的手，让我看到更多的可能；谢谢我的好友们，心照不宣的支持和鼓励。

谢谢生命的这段旅途，谢谢厦大，谢谢你们！谢谢这个完满的结束，也期待可能的新的开始！此行虽远，历历难忘！